Westfalen in der Zeit der Salier

Veröffentlichungen der Historischen Kommission für Westfalen

Neue Folge 49

Westfalen in der Zeit der Salier

Neue Forschungen
zur Geschichte einer herrscherfernen Region
im römisch-deutschen Reich

Beiträge der Tagung
am 22. April 2018
an der Fernuniversität Hagen

Herausgegeben von
Stefan Pätzold
und Felicitas Schmieder

Aschendorff Verlag

Umschlagabbildung:
Heinrich III. bei der Weihe der Klosterkirche in Stablo am 5. Juni 1040, dem Jahrestag seines Herrschaftsantritts. Zwei Äbte stützen seine Hände, die Adlerszepter und Reichsapfel halten, ein Laie trägt das Schwert. Miniatur aus dem Perikopenbuch Heinrichs III., Echternach, Mitte des 11. Jahrhunderts.
Staats- und Universitätsbibliothek Bremen, msb 0021, fol. 3v

Verlag: Aschendorff Verlag GmbH & Co. KG, Münster

© 2020 Historische Kommission für Westfalen, Landschaftsverband Westfalen-Lippe

Das Werk ist urheberrechtlich geschützt. Die dadurch begründeten Rechte, insbesondere die der Übersetzung, des Nachdrucks, der Entnahme von Abbildungen, der Funksendung, der Wiedergabe auf fotomechanischem oder ähnlichem Wege und der Speicherung in Datenverarbeitungsanlagen bleiben, auch bei auszugsweiser Verwendung, vorbehalten. Die Vergütungsansprüche des § 54, Abs. 2 UrhG, werden durch die Verwertungsgesellschaft Wort wahrgenommen.

Redaktion: Dr. Burkhard Beyer, Maureen Bössow, Christian Möller

Register: Charlotte Christina Mewis

Satz: Historische Kommission für Westfalen, Münster

Druck: Druckhaus Tecklenborg, Steinfurt

Gedruckt auf säurefreiem, alterungsbeständigem Papier

ISBN 978-3-402-15133-4

Inhalt

Stefan Pätzold und Felicitas Schmieder
Vorwort 7

Stefan Pätzold
Einführung 11

Stefan Pätzold
Das salische Westfalen – ein Aufriss 13

Burkhard Beyer
Bauwerke in Westfalen aus salischer Zeit 33

Caspar Ehlers
Zur Wirkungsgeschichte eines Ordnungsbegriffes:
Westfalen zwischen Karolingern und Saliern 51

Alena Reeb
Das Königtum auf der Durchreise?
Westfalen am Übergang von den Ottonen zu den Saliern 77

Florian Hartmann
Westfalen – ein „Hinterland" der Billunger in salischer Zeit? 101

Andreas Bihrer
Westfalia Salica – Westfalia Sacra? Bischöfe, ihre Diözesen
und die Entstehung Westfalens im 11. und 12. Jahrhundert 117

Stephan Freund
Paderborn und Magdeburg:
(Kirchen-)Politische Vororte in Westfalen und Ostfalen im Vergleich ... 143

Gerd Althoff
Das Kanonissenstift Borghorst
im Spiegel seines Necrologs (968–1048) 165

Die Autorinnen und Autoren 185

Personenregister 189

Ortsregister 193

Vorwort

Auch das Ruhrgebiet hat – selbst wenn es einiger Fantasie bedarf, sich dies vorzustellen – eine vorindustrielle Geschichte.[1] Die Vormoderne jenes Raumes, über den sich heute das so bezeichnete nordrhein-westfälische Industrierevier erstreckt, musste und muss freilich immer wieder in Publikationen und Ausstellungen entdeckt und geradezu freigelegt werden.[2] Eine Institution, die sich langfristig und schwerpunktmäßig mit der mittelalterlichen und frühneuzeitlichen Geschichte der Region beschäftigt, gab und gibt es bis heute nicht.[3] So entstand im Jahr 2012 am Lehrstuhl für die „Geschichte des Mittelalters unter besonderer Berücksichtigung des späten Mittelalters" der Ruhr-Universität Bochum die Idee, die Veranstaltungsreihe „Gespräche zur Regionalgeschichte an Rhein und Ruhr" ins Leben zu rufen, um diesem Mangel wenigstens ansatzweise abzuhelfen. Der Lehrstuhlinhaber Prof. Dr. Nikolas Jaspert und Dr. Stefan Pätzold (zu dieser Zeit stellvertretender Leiter des Bochumer Zentrums für Stadtgeschichte), beschlossen damals, einmal im Jahr ein Kolloquium zu regionalgeschichtlichen Themen zu organisieren. Nach Nikolas Jasperts Berufung an die Universität Heidelberg im Jahr 2013 fehlte den Gesprächen vorübergehend eine akademische Heimat. Sie fanden jedoch 2015 dank des Engagements von Prof. Dr. Felicitas Schmieder, der Vertreterin des Lehrgebiets „Geschichte und Gegenwart Alteuropas", ein neues Zuhause an der Fernuniversität Hagen, die im Rahmen des „Hagener Forschungsdialogs" die Kooperation mit wissenschaftlichen Initiativen des näheren und weiteren Raumes großzügig unterstützt.

Die „Gespräche" zeichnen sich durch vier wesentliche Merkmale aus. Erstens: Die Veranstaltungen fördern die Erforschung und Diskussion historischer Phä-

---

1 Anschaulich einführend: Dieter Scheler, Von der Alten Welt zum Bergbauland, in: Klaus Tenfelde/Thomas Urban (Hg.), Das Ruhrgebiet – ein historisches Lesebuch. Bd. 1, Essen 2010, S. 51–123.

2 Hans-Werner Goetz, Das Ruhrgebiet im frühen Mittelalter. Zur Erschließung einer Randlandschaft, in: Blätter für deutsche Landesgeschichte 126 (1990), S. 123–159; Ferdinand Seibt u. a. (Hg.), Vergessene Zeiten. Mittelalter im Ruhrgebiet, Katalog zur Ausstellung im Ruhrlandmuseum Essen, 26. September 1990 bis 6. Januar 1991, 2 Bde., Essen 1990; LWL-Museum für Archäologie – Westfälisches Landesmuseum Herne (Hg.), Ritter, Burgen und Intrigen. AufRuhr 1225! Das Mittelalter an Rhein und Ruhr, Ausstellung im LWL-Museum für Archäologie, Westfälisches Landesmuseum Herne, 27. Februar bis 28. November 2010, Mainz 2010; Heinrich Theodor Grütter/Patrick Jung/Reinhild Stephan Maaser (Hg.), Werdendes Ruhrgebiet. Spätantike und Frühmittelalter an Rhein und Ruhr. Katalog zur Ausstellung im Ruhr-Museum, 27. März bis 23. August 2015, Essen 2015.

3 Der Erforschung „von Geschichte und Gegenwart des Ruhrgebiets", naturgemäß mit einem deutlichen Schwerpunkt in der Neuzeit, dient die im Bochumer „Haus der Geschichte des Ruhrgebiets" untergebrachte „Stiftung Geschichte des Ruhrgebiets". Siehe hierzu: http://www.isb.ruhr-uni-bochum.de/ [04.02.2020].

nomene der vorindustriellen Geschichte des seit 1867 „Ruhrgebiet" genannten Raums. Zweitens: Sie dienen der Überwindung von Forschungsgrenzen zwischen der „rheinischen" und der „westfälischen" Landesgeschichte, die sachlich nicht angemessen sind, sich vielmehr aus dem räumlichen Zuschnitt der preußischen Provinzen Rheinland bzw. Westfalen ergeben haben. Die „Gespräche" betonen damit die gemeinsamen Kräfte in der Geschichte des historischen Raumes zwischen Rhein und Ruhr. Drittens: Sie schaffen ein niedrigschwelliges Kommunikationsangebot für professionelle Historikerinnen und Historiker an Universitäten, außeruniversitären Instituten, (Landes- wie Kommunal-)Archiven, Museen und anderen Einrichtungen sowie für fortgeschrittene Studierende und Doktoranden. Und schließlich viertens: Die „Gespräche" verfolgen ein offenes Konzept der Erforschung der Region an Rhein und Ruhr während der Vormoderne. Thematische oder theoretische Vorgaben werden nicht gemacht. Deshalb hat die hier betriebene „Regionalgeschichte" auch nichts gemein mit der marxistisch-leninistisch ausgerichteten Regionalgeschichte der DDR-Geschichtswissenschaft, mit dem gleichnamigen westdeutschen Konzept der 1970er-Jahre, das sich – dem Paradigma der „Historischen Sozialwissenschaft" folgend und Strukturen wie überindividuelle Prozesse in den Vordergrund stellend – in begrenzten Räumen vornehmlich wirtschafts- und sozialgeschichtlichen Fragen zuwandte, und ebensowenig mit anderen, unter der gleichen Bezeichnung existierenden wissenschaftlichen Unternehmungen.[4]

Die bisher abgehaltenen „Gespräche" waren folgenden Themen gewidmet:

▶ „Das kölnische Westfalen im hohen und späten Mittelalter" 2012 in Bochum, mit Beiträgen von Prof. Dr. Nikolas Jaspert (Bochum), Prof. Dr. Dieter Scheler (Bochum), Dr. Joachim Oepen (Köln), Prof. Dr. Gerhard Lubich (Bochum), Dr. Matthias Kordes (Recklinghausen), Dr. Stefan Leenen (Herne) und Dr. Stefan Pätzold (Bochum).

▶ „Vor dem Ruhrgebiet: Der Hellwegraum im Mittelalter" 2013 in Bochum, mit Beiträgen von Prof. Dr. Andreas Rüther (Bochum), Prof. Dr. Heinrich Schoppmeyer (Witten), Dr. Reinhild Stephan-Maaser (Essen), Dr. Henriette Brink-Kloke (Dortmund), Dr. Stefan Leenen (Herne), Dr. Stefan Pätzold (Bochum) und Prof. Dr. Dieter Scheler (Bochum).[5]

---

[4] Ernst Hinrichs, Regionalgeschichte, in: Klaus Fehn/Carl-Hans Hauptmeyer (Hg.), Landesgeschichte heute, Göttingen 1987, S. 16–34, hier S. 18–22 (Kleine Vandenhoeck-Reihe, 1522); Walter Rummel, Landes- und Regionalgeschichte. Komplementärdisziplinen im gesellschaftlichen Umfeld, in: Sigrid Hirbodian/Christian Jörg/Sabine Klapp (Hg.), Methoden und Wege der Landesgeschichte, Ostfildern 2015, S. 29–40, hier S. 30f. (Landesgeschichte, 1). Als allgemeiner Überblick: Werner Freitag/Michael Kißener/Christine Reinle/Sabine Ullmann (Hg), Handbuch Landesgeschichte, Berlin/Boston 2018.

[5] Siehe hierzu den Tagungsbericht: Stefan Pätzold, Bochumer „Gespräche zur Regionalgeschichte" thematisieren den Hellwegraum im Mittelalter, in: Forum Geschichtskultur Ruhr 1 (2014), S. 86f.

▶ „Städte – Urkunden – Editionen. Interdisziplinäre Projekte im Ruhrgebiet" 2015 in Hagen, mit Beiträgen von Dr. Daniel Pachurka (Bochum), Dr. Marcus Weidner (Münster), Dr. Matthias Kordes (Recklinghausen), Heike Cosson M. A. (Bochum), Dr. Stefan Pätzold (Bochum) und Prof. Dr. Dieter Scheler (Bochum).

▶ „Die Grafen von der Mark. Neue Forschungen zur Sozial-, Mentalitäts- und Kulturgeschichte" 2016 in Hagen, mit Beiträgen von Jun.-Prof. Dr. Michael Hecht (Münster), Dr. Stephanie Marra (Dortmund), Dr. Stefan Pätzold (Bochum), Thorsten Fischer M. A. (Duisburg) und Dr. Stefan Leenen (Herne).

▶ „Wie man in vorindustrieller Zeit an Rhein und Ruhr wirtschaftete – Regional- und Wirtschaftsgeschichte im Dialog" 2017 in Hagen, mit Beiträgen von Prof. Dr. Wilfried Reininghaus (Senden-Bösensell), Prof. Dr. Andreas Rüther (Duisburg-Essen) und Stefan Kötz M. A. (Münster).

▶ Im Jahr 2018 ging es um die Frage: „Westfalen – ein ‚Hinterland' des Herzogtums Sachsen in salischer Zeit?". Dazu beigetragen haben Prof. Dr. Andreas Bihrer (Kiel), Prof. Dr. Caspar Ehlers (Frankfurt am Main), Prof. Dr. Florian Hartmann (Aachen), Dr. Stefan Pätzold (Bochum) und Alena Reeb M. A. (Magdeburg).

▶ 2019 lautete das Thema dann „Regionalgeschichte – Regionalkartographie. Die Anfänge graphischer Darstellung topographischer Verhältnisse". Dazu beigetragen haben Dr. Evelien Timpener (Gießen), Elisabeth Kisker (Hagen), Dr. Margriet Hoogvliet (Groningen), Sabine Hynek (Hagen) und Martina Hacke (Düsseldorf).

▶ Im Frühjahr 2020 sollte es dann um die „Kleinen unter den Großen" gehen und damit um die zum Niederadel zählenden Ministerialen und Ritter. Für die Tagungsorganisation konnte Dr. Katrin Jaspers (Münster) als Kooperationspartnerin gewonnen werden. Die Veranstaltung musste als Folge der Corona-Krise allerdings abgesagt werden, der Tagungsband soll dennoch erscheinen

Eine Publikation von Beiträgen zu den Gesprächen zur Regionalgeschichte war zunächst nicht vorgesehen. Im Anschluss an die „Gespräche" des Jahres 2016 wurden an die Veranstalter jedoch wiederholt Bitten herangetragen, die Referate zu veröffentlichen. Die Historische Kommission für Westfalen erklärte sich freundlicherweise bereit, den Band über die „Grafen von der Mark", herausgegeben von Stefan Pätzold und Felicitas Schmieder, in ihre Schriftenreihe aufzunehmen, das Buch ist 2018 als Band 41 der „Neuen Folge" erschienen. Die Nachfrage war erfreulicherweise so groß, dass der Band 2020 nachgedruckt werden musste.

Mit dem Band über „Westfalen in der Zeit der Salier" erscheinen nun die Beiträge einer weiteren Veranstaltung der Tagungsreihe im Druck. Alle Vortragenden haben ihre Texte in überarbeiteter Form für die Publikation zur Verfügung gestellt. Mit den Beiträgen von Prof. Dr. Gerd Althoff (Münster) und Prof. Dr. Stephan Freund (Magdeburg) konnten zwei ergänzende Aufsätze gewonnen werden.

Dem Vorstand der Kommission, allen voran den beiden Vorsitzenden Prof. Dr. Mechthild Black-Veldtrup und Prof. Dr. Werner Freitag, sowie dem Geschäftsführer Dr. Burkhard Beyer gebührt großer Dank für die Bereitschaft, den Band in die Reihe der „Veröffentlichungen der Historischen Kommission für Westfalen, Neue Folge" aufzunehmen. In der Geschäftsstelle haben dankenswerterweise Frau Maureen Bössow und Herr Christian Möller die redaktionelle Betreuung des Bandes äußerst sorgfältig erledigt.

Mülheim an der Ruhr und Hagen im Mai 2020

Stefan Pätzold und Felicitas Schmieder

Stefan Pätzold

Einführung

Ist die Salierzeit nicht längst erschöpfend behandelt? Lohnt es sich noch, sich mit dem Thema zu beschäftigen? Und was soll die Beschränkung auf Westfalen? Der vorliegende Band vereint sechs Aufsätze und einen Bildbericht, die nach Ansicht der Herausgeber in der Lage sind das Gegenteil zu beweisen. Die Beiträge zeigen ein breites, sich fruchtbar ergänzendes Themenspektrum.

Der einleitende Beitrag „Das salische Westfalen – ein Aufriss" versucht mehrere, diesen Raum betreffende geschichtswissenschaftliche Forschungsperspektiven zu skizzieren. Insbesondere behandelt wird dabei die Frage nach der Herausbildung eines westfälischen Selbstbewusstseins. Im Ergebnis schließt er sich der 1997 geäußerten Ansicht des Göttinger Landeshistorikers Ernst Schubert an: Diesem zufolge distanzierten sich die führenden Westfalen während der 1073 beginnenden Auseinandersetzungen Heinrichs IV. mit den Sachsen von eben diesen – und leiteten so in der zweiten Hälfte des 11. Jahrhunderts eine Absonderung Westfalens von den östlich gelegenen Teilen des Herzogtums Sachsen ein. Dieser Prozess wurde 1180 mit der Bildung des kölnischen Herzogtums Westfalen zumindest politisch abgeschlossen. Die Frage nach einer westfälischen Identitätsbildung jenseits des Politischen muss indes einer noch zu schreibenden Kulturgeschichte Westfalens vorbehalten bleiben.

Caspar Ehlers mustert die einschlägigen Quellen „Zur Wirkungsgeschichte eines Ordnungsbegriffes: Westfalen zwischen dem 8. und 12. Jahrhundert". Er resümiert, dass die Begriffe „Westfalen", „Engern" und „Ostfalen" innerhalb „Sachsens" damals eine große und schwankende Bedeutungsbreite aufwiesen. Es waren fränkische Bezeichnungen, die aus der militärischen Praxis der Sachsenkriege erwuchsen. Darüber hinaus dürfte die Bistumsorganisation jener Zeit die „Genese der Teillandschaften" beeinflusst haben. Ehlers weist überdies daraufhin, dass gefälschte oder interpolierte Urkunden aus späterer Zeit, vornehmlich des 11. Jahrhunderts, geographische Terminologien in die Ordnungsmuster einführen, die den älteren Zuständen nicht entsprechen.

Alena Reeb untersucht die Itinerare Heinrichs II. sowie Konrads II. und kommt in ihrem Aufsatz „Das Königtum auf der Durchreise? Westfalen am Übergang von den Ottonen zu den Saliern" zu dem Ergebnis, dass insbesondere Paderborn und Dortmund anderen Aufenthaltsorten der Könige im Reich an Bedeutung gleichkamen, da dort durchaus häufig Hoftage abgehalten und hohe kirchliche Feste begangen wurden. Darüber hinaus gab es noch zahlreiche weitere westfälische Orte, an denen die königliche Entourage verweilte. Somit war Westfalen keineswegs nur ein bloßes Durchzugsgebiet der römisch-deutschen Könige.

Florian Hartmann stellt die Frage: „Westfalen – ein ‚Hinterland' der Billunger in salischer Zeit?" und meint, dass der Raum bis zum Ende des 11. Jahrhunderts ein wichtiges Aktionsfeld der Verwandtengruppe gewesen sei. Erst damals habe sich der Schwerpunkt der billungischen Herrschaft an die östliche Reichsgrenze verschoben. Mit dieser Verlagerung wurde Westfalen dann tatsächlich für die Familie der sächsischen Herzöge zu einem Hinterland ihres Gebotsbereiches.

Andreas Bihrer beschäftigt sich in seinem Beitrag „Westfalia Salica – Westfalia Sacra?" mit den Bischöfen, ihren Diözesen und der Entstehung Westfalens im 11. und 12. Jahrhundert. Er resümiert, dass die Bischöfe in der Salierzeit nicht als Verbündete der Könige, der Herzöge oder des Adels bei der Raumerfassung oder gar der Integration Westfalens agiert, sondern ihr Handeln vielmehr auf ihre Diözesen ausgerichtet hätten. In der Historiographie aus jener Zeit finden sich, so schreibt Bihrer weiter, keine gelehrten Formen der Wahrnehmung von Westfalen als Raum, der dort lebenden Westfalen als Personenverband oder gar Vorformen eines westfälischen Landesbewusstseins.

Stephan Freund untersucht „Paderborn und Magdeburg: (Kirchen-)Politische Vororte in Westfalen und Ostfalen im Vergleich". Er kommt zu dem Ergebnis, dass die Entwicklung beider Bischofssitze vielfach in konträr zueinander verlaufenden Wellenbewegungen vonstatten gegangen sei. Unter Heinrich II. wurde Paderborn wieder für einige Jahrzehnte zu einem Zentralort in Sachsen, während Magdeburg in jener Zeit und anschließend unter den Saliern an Bedeutung verlor.

Gerd Althoff schildert „Das Kanonissenstift Borghorst im Spiegel seines Necrologs (968–1048)" als wesentlichen Memorialort der Billunger. Anhand des Totenbuchs lassen sich die Beziehungen der Hochadelsfamilie zu den Ottonen und anderen Verwandtengruppen jener Epoche ablesen. Die Verengung des Personenkreises, dessen in Borghorst im Gebet gedacht wurde, spiegelt die „Regionalisierung" des westlichen Münsterlandes nach dem abrupten Ende des Zusammenwirkens der Klosterherren mit den Königen des 11. Jahrhunderts.

Mögen manche Historikerinnen oder Historiker auch der Ansicht sein, dass die Salierzeit „ausgeforscht" sei, so belegen die vorliegenden Aufsätze doch, dass eine intensive Musterung der bekannten Quellen – sei es unter alten Fragestellungen, sei es aus neuen Perspektiven – zu einer Vertiefung der Diskussion, zur Erschütterung bisher akzeptierter Ansichten und damit zu einer Korrektur der gängigen geschichtswissenschaftlichen Konstrukte beitragen kann. Das gilt auch für das heutige Bild vom salischen Westfalen.

Stefan Pätzold

Das salische Westfalen – ein Aufriss

Wer die Anfänge Westfalens im frühen und hohen Mittelalter sucht, findet ältere Karten, auf denen dieser historische Raum scheinbar klar umrissen ist.[1] Doch wer sich nicht bloß mit der Illusion einer umgrenzten Region begnügen will, sondern darüber hinaus nach der Genese Westfalens im sozialen, kulturellen und politischen Kontext jener Epoche fragt,[2] wird merken, dass viele Aspekte der Entwicklung des damals zu Sachsen gehörenden Westfalen vom 8. bis 12. Jahrhundert unklar sind. Der 2006 verstorbene Göttinger Landeshistoriker Ernst Schubert hat die wenig deutliche Situation des 11. bis 13. Jahrhunderts folgendermaßen zusammengefasst:

„Unscharf sind die räumlichen Grenzen Sachsens; unscharf sind auch die institutionellen Konturen des Stammes. Verblaßt sind die alten Umrisse aus karolingischer Zeit. Westfalen, Engern und Ostfalen (Ostsachsen) sind nur noch als unpolitische Raumbegriffe bisweilen in den Urkunden erwähnt, sie bezeichnen nicht mehr selbständige Personenverbände. Aber eines ist um das Jahr 1000 noch nicht erkennbar: die Absonderung Westfalens. Das ist erst Folge eines Prozesses, der in den Sachsenkriegen unter Heinrich IV. einsetzt, als sich die westfälischen Großen nicht dem Aufstand gegen den König anschließen, und der im Jahre 1180 mit dem Sturz Heinrichs des Löwen und der Bildung des kölnischen Dukats besiegelt wird."

Weiter schreibt Schubert: „Ebensowenig wie für den König gibt es für den sächsischen Adel ein eigenständiges Westfalen".[3]

Die Absonderung Westfalens von Sachsen fand Schuberts Ansicht zufolge während der Salierzeit statt. Fragt man allerdings nach den politischen und kulturellen Einzelheiten dieses Vorgangs sowie nach der *Westfalia Salica* überhaupt, begegnet man in der zu diesem Thema vorliegenden Literatur der wiederholt geäußerten Ansicht, dass es sich bei Westfalen um einen abseitigen und geradezu unbedeutenden Raum gehandelt habe, der den Zeitgenossen kaum der Erwähnung wert gewesen

---

1 So beispielsweise die aus der Wikipedia stammende, hier in Abb. 1 gezeigte Karte der „Stammesherzigtümer Sachsens" um 1000 (https://de.wikipedia.org/wiki/Stammesherzogtum_Sachsen). Die Karte ist unkritisch übernommen aus einer 1886 erschienenen Ausgabe des „Allgemeinen Historischen Handatlas" von Gustav Droysen.
2 Als (freilich in die Jahre gekommene) Einstiegslektüre siehe: Johannes Bauermann, Das Land Westfalen, seine Grenzen und sein Wesen, in: ders., Von der Elbe bis zum Rhein. Aus der Landesgeschichte Ostsachsens und Westfalens. Gesammelte Studien, Münster 1968, S. 227–235 (Neue Münstersche Beiträge zur Geschichtsforschung, 11).
3 Ernst Schubert (Hg.), Geschichte Niedersachsens, Bd. 2,1: Politik, Verfassung, Wirtschaft vom 9. bis zum ausgehenden 15. Jahrhundert, Hannover 1997, S. 173f. (Veröffentlichungen der Historischen Kommission für Niedersachsen und Bremen, 36).

sei. Westfalen galt und gilt in der Geschichtswissenschaft noch immer als „Hinterland" Ostsachsens, als unbedeutend im Vergleich zur „Königslandschaft" der Ottonen sowie Heinrichs III., der Goslar liebte. So schrieb Joseph Prinz 1983 über das Land zwischen Rhein und Weser unter den beiden ersten Saliern Konrad II. und Heinrich III.:

> „Auch wenn der König noch des öfteren nach Westfalen kam, geschah es doch immer nur auf der Durchreise von Ost nach West oder umgekehrt. Still und ruhig wurde es in Westfalen. Von einer Anteilnahme seiner Großen am politischen Leben im Reich hört man für längere Jahrzehnte so gut wie nichts mehr. Kein westfälischer Graf oder Bischof stand oder trat […] in nähere Beziehung zum Königshof."[4]

Paul Leidinger sekundierte später, Westfalen stelle

> „[…] keine alte Stammeslandschaft wie Sachsen und auch zu Beginn der Salierzeit keine Region eigener politischer Prägung dar. Die Spärlichkeit der Quellenüberlieferung in Westfalen erschwert überdies Einblicke und Zusammenhänge. Dennoch ist die Sonderentwicklung Westfalens in der Salierzeit nicht zu übersehen."[5]

Gerade dieses Westfalen zwischen politischer Stille, ja Bedeutungslosigkeit einerseits und einer „Sonderentwicklung" während der Salierzeit andererseits macht neugierig. Deshalb soll hier die *Westfalia Salica* näher untersucht werden. Wenn auch nur stark gedrängt und lediglich auf der Grundlage der vorhandenen Literatur, werden dabei vier Aspekte zur Sprache kommen: Erstens die Herausbildung einer als „Westfalen" bezeichneten Gruppe von Personen während der Sachsenfeldzüge Karls des Großen (772–804), zweitens die Entstehung und weitere Entwicklung „Westfalens" als Raumname bis zum Ende des Mittelalters, drittens die Herausbildung eines westfälischen Selbst-Bewusstseins und schließlich viertens die Identitätsbildung und -perpetuierung jenseits des im engeren Sinn Politischen.

---

4   Joseph Prinz, Das hohe Mittelalter vom Vertrag von Verdun (843) bis zur Schlacht von Worringen (1288), in: Wilhelm Kohl (Hg.), Westfälische Geschichte. Bd. 1: Von den Anfängen bis zum Ende des Alten Reichs, Düsseldorf 1983, S. 337–402, hier: 357 (Veröffentlichungen der Historischen Kommission für Westfalen, XLIII, 1).
5   Paul Leidinger, Die Salier und Westfalen – eine Übersicht (1024–1125), in: ders., Von der karolingischen Mission zur Stauferzeit. Beiträge zur früh- und hochmittelalterlichen Geschichte Westfalens vom 8.–13. Jahrhundert, Warendorf 2012, S. 170–190, hier: 171 (Quellen und Forschungen zur Geschichte des Kreises Warendorf, 50).

Die Herausbildung einer als „Westfalen" bezeichneten Gruppe von Personen während der Sachsenfeldzüge Karls des Großen (772–804)

Es stellt sich die Frage, aufgrund welcher Eigenschaften eine Gruppe von Menschen durch Zeitgenossen als Westfalen wahrgenommen und bezeichnet wurde. Erstmals begegnen sie in den zwischen 787 und 829 von namentlich nicht bekannten Verfassern niedergeschriebenen *Annales regni Francorum* im Eintrag zum Jahr 775. Dort heißt es, dass Karl der Große in diesem Jahr gegen die Sachsen zu Felde gezogen sei und bei den *Westfalai* reiche Beute gemacht habe. Sie wurden ebenso wie „jene anderen Sachsen" *(illi alii Saxones)* gezwungen, dem Frankenkönig Geiseln zu stellen.[6] Aus der Sicht des diesen Satz formulierenden fränkischen Annalisten waren die Westfalen also eine – wodurch auch immer bestimmte – Gruppe innerhalb der Sachsen. Das muss freilich keineswegs heißen, dass sich gegen Ende des 8. Jahrhunderts die westfälischen von den anderen Sachsen ethnisch unterschieden.

Selbst wenn Reinhard Wenskus die ältere Auffassung von „einem einheitlichen Sachsenvolk" bereits gegen Ende der 1960er Jahre vehement bestritten hat[7] und auch jüngere, vornehmlich archäologische Forschungen der fränkischen Wahrnehmung gentiler Einheitlichkeit bei den Sachsen die Beobachtung von Multiethnizität im westlichen Sachsen entgegenstellten,[8] müssen es nicht – in den Quellen bestenfalls undeutlich aufscheinende – ethnische Kriterien gewesen sein,[9] derentwegen die fränkischen Annalisten im Kontext ihrer Berichte von den Kriegszügen Karls des Großen die Gruppe der Westfalen von den anderen Sachsen unterschieden. Es

---

6   Annales regni Francorum inde ab a. 741 usque ad a. 829, qui dicuntur Annales Laurissenses maiores et Einhardi, bearb. von Friedrich Kurze, Hannover 1895, S. 42 (Monumenta Germaniae Historica, Scriptores rerum Germanicarum in usum scholarum separatim editi, 6). Zu den Annalen siehe: Annales regni Francorum, online verfügbar unter: http://www.geschichtsquellen.de/repOpus_00265.html (06.05.2020).

7   Reinhard Wenskus, Sachsen – Angelsachsen – Thüringer, in: Walther Lammers (Hg.), Entstehung und Verfassung des Sachsenstammes, Darmstadt 1967, S. 483–545 (Wege der Forschung, 50); Matthias Becher, *Non enim habent regem idem antiqui Saxones*… Verfassung und Ethnogenese in Sachsen während des 8. Jahrhunderts, in: Hans-Jürgen Häßler (Hg.), Sachsen und Franken in Westfalen. Zur Komplexität der ethnischen Deutung und Abgrenzung zweier frühmittelalterlicher Stämme, Oldenburg 1999, S. 1–31, hier: 3 (Studien zur Sachsenforschung, 12).

8   Christoph Grünewald, Westfalen zwischen Franken und Sachsen. Funde und Bevölkerungssituationen zwischen Rhein und Weser vom 5. bis 9. Jahrhundert nach Christus, in: Münsterland. Jahrbuch des Kreises Warendorf 54 (2005), S. 11–25; Kristina Nowak, Der Krieg gegen die „Sachsen". Ein Beitrag zur ethnischen Identität in Westfalen, in: Ralf Molkenthin/Bodo Gundelach (Hg.), De Ludo Kegelorum, Morschen 2008, S. 9–18, hier: 9f., 14f.

9   Zur Frage von Ethnizität und Ethnogenese siehe allgemein: Hans-Werner Goetz, Gentes. Zur zeitgenössischen Terminologie und Wahrnehmung ostfränkischer Ethnogenese im 9. Jahrhundert, in: Mitteilungen des Instituts für Österreichische Geschichtsforschung 108 (2000), S. 85–116.

könnten durchaus auch politische, rechtliche oder militärische Aspekte zugrunde gelegen haben.

Politische Gründe kommen freilich ebenfalls kaum in Frage, wie schon Schuberts eingangs zitierter Hinweis auf die Unschärfe der „institutionellen Konturen" des Sachsenstammes vermuten lässt. Dazu passt etwa, dass sich für das 8. Jahrhundert ein fester Versammlungsort der Westfalen ebenso wenig nachweisen lässt wie eine „wirkliche Repräsentanz".[10] Das soll nicht heißen, dass die führenden Großen unter den Westfalen keine politischen Absprachen getroffen hätten; es soll lediglich die Vermutung stützen, dass es nicht oder nicht in erster Linie politische Aspekte waren, die die Westfalen in den Augen der Franken zu einer eigens hervorzuhebenden Gruppe unter den Sachsen werden ließen. Wahrscheinlicher wäre es da schon, rechtliche Aspekte zu vermuten, denn, wie Schubert feststellte, „die Personalität des Rechts brachte es mit sich, daß man nach den Menschen und dem Recht, in das sie hineingeboren waren, fragte […]".[11] Allerdings hat man hierbei zu berücksichtigen, dass sich die Rechtsgewohnheiten der Westfalen im Wesentlichen nur im Erbrecht von denen der Sachsen unterschieden; ansonsten lebten auch sie nach den in Sachsen üblichen Rechtsgebräuchen.[12] Eine *Lex Westfal[a]orum* gab es bezeichnenderweise nicht, wohl aber eine nach 802/803 im Auftrag Kaiser Karls aufgezeichnete *Lex Saxonum*.[13]

Es bleiben schließlich militärische Aspekte, denn die Westfalen, Engern und Ostsachsen begegnen in manchen Quellen wie etwa den Schriften des *Poeta Saxo*[14] oder Widukinds von Corvey[15] nicht allein als *populi*, sondern auch zusammengefasst un-

---

10 Schubert, Geschichte Niedersachsens (wie Anm. 3), S. 23 (mit Anm. 43), S. 24.
11 Ebd., S. 10.
12 Ebd., S. 23; unter Verweis auf: Leges Saxonum, bearb. von Karl von Richthofen/Karl Friedrich von Richthofen, Hannover 1875–1889, S. 74, Kapitel 48 (Monumenta Germaniae Historica, Leges, 5); bzw. auf: Leges Saxonum et Lex Thuringorum, bearb. von Claudius von Schwerin, Hannover/Leipzig 1918, S. 30, Kapitel 48 (Monumenta Germaniae Historica, Fontes iuris Germanici antiqui in usum scholarum separatim editi, 4).
13 Zur *Lex Saxonum* siehe den gleichnamigen Artikel, online verfügbar unter: http://www.geschichtsquellen.de/repOpus_03242.html (06.05.2020); sowie: Heiner Lück, Artikel: Lex Saxonum, in: Handwörterbuch zur deutschen Rechtsgeschichte 3 (2016), Sp. 940–944.
14 Poeta Saxo, Annalium de gestis Caroli Magni imperatoris, in: Poetae latini medii aevi Carolini. Bd. 4,1 bearb. von Paul von Winterfeld, Berlin 1899, S. 8 (Vers 55) (Monumenta Germaniae Historica, Poetae Latini medii aevi, 4,1). Zum Sächsischen Poeten siehe: Becher, Verfassung und Ethnogenese (wie Anm. 7), S. 21; siehe außerdem den Artikel: Poeta Saxo, Annales de gestis Caroli Magni imperatoris, online verfügbar unter: http://www.geschichtsquellen.de/repOpus_03931.html (06.05.2020).
15 Widukind von Corvey, Die Sachsengeschichte, bearb. von Paul Hirsch, 5. Aufl., Hannover 1935, S. 23f. (Buch 1, Kapitel 14) (Monumenta Germaniae Historica, Scriptores rerum Germanicarum in usum scholarum separatim editi, 60); Quellen zur Geschichte der sächsischen Kaiserzeit. Widukinds Sachsengeschichte, Adalberts Fortsetzung

Abb. 1: Karte der Stammesherzogtümer Sachsens um 1000. Die 2013 für die deutschsprachige Wikipedia erstellte Version ist eine Neuzeichnung der Karte aus: Professor G. Droysens Allgemeiner Historischer Handatlas in sechsundneunzig Karten, bearb. von Richard Andree, Bielefeld/Leipzig 1886. Die aktuelle Darstellungsform und die aktuellen Grenzen suggerieren verwirrenderweise, dass es sich um die Darstellung des heutigen Forschungsstandes handelt. Nachgezeichnet von „NordNordWest" für Wikipedia, veröffentlicht unter der Lizenz CC-BY-SA-3.0-DE, https://commons.wikimedia.org/wiki/File:Karte_Stammesherzogtum_Sachsen_um_1000.png (05.05.2020).

ter der Bezeichnung *herescephe*.[16] Offenbar verstanden Zeitgenossen die Gruppe der Westfalen als „Heerschaft" im Sinn eines kriegerischen Aufgebotsverbandes.[17] Ernst Schubert schreibt hierzu erläuternd:

> „Da der Titel *dux* im 9. Jahrhundert den Heerführer bezeichnet, meint die zum Jahr 859 überlieferte Raumbezeichnung *in ducatu Westfalorum* nichts anderes als: *herescephe*. Den Nachhall dieser einstigen Bedeutung der Untergliederung des Sachsenstammes hören wir späterhin lediglich in drei Urkunden von 1019, 1065 und 1113, in denen noch die alte Stammesgliederung erscheint: *Westfalo heriscefe*, *Engere herescephe* bzw. *Ostersahson herescaph*; und *herescephe* übersetzen lateinische Urkunden als *exercitus*."[18]

Weil nun die militärische Organisationsstruktur immer auch auf die sozialen Zustände einer Gruppe bzw. Gesellschaft zurückverweist, dürfte die Heerschaft als ein prägendes Merkmal der sächsischen Stammesgruppen für die fränkischen Zeitgenossen einigermaßen deutlich wahrnehmbar gewesen und ihnen bedeutsam erschienen sein. Die sächsischen „Westfalen" des ausgehenden 8. und beginnenden 9. Jahrhunderts wussten, so wird man annehmen können, zumindest im Kriegsfall, wer zur Heerschaft zählte und welche Funktion jeder darin zu erfüllen hatte. Es verwundert daher nicht, dass das Wissen um diese Funktionen nach der Unterwerfung durch Karl den Großen und die Eingliederung in das fränkische Reich allmählich verloren ging.[19]

---

der Chronik Reginos, Liudprands Werke, bearb. von Albert Bauer/Reinhold Rau, Darmstadt 1971, S. 42 (Ausgewählte Quellen zur deutschen Geschichte des Mittelalters, Freiherr vom Stein-Gedächtnisausgabe, 8). Zu Widukind von Corvey siehe: Becher, Verfassung und Ethnogenese (wie Anm. 7), S. 22; siehe auch den Artikel: Widukindus monachus Corbeiensis, Rerum gestarum Saxonicarum libri tres, online verfügbar unter: http://www.geschichtsquellen.de/repOpus_04614.html (06.05.2020).

16   Ältere Literatur und Quellen zum *herescephe*-Begriff stellen zusammen: Johannes Bauermann, „Herescephe". Zur Frage der sächsischen Stammesprovinzen, in: ders., Von der Elbe bis zum Rhein (wie Anm. 2), S. 1–23; Schubert, Geschichte Niedersachsens (wie Anm. 3), S. 22; Becher, Verfassung und Ethnogenese (wie Anm. 7), S. 19f.; Leidinger, Salier und Westfalen (wie Anm. 5), S. 171f.
17   Becher, Verfassung und Ethnogenese (wie Anm. 7), S. 3.
18   Schubert, Geschichte Niedersachsens (wie Anm. 3), S. 23.
19   Dazu: Becher, Verfassung und Ethnogenese (wie Anm. 7), S. 23: „Recht bald nach der Eingliederung der Sachsen ins Frankenreich besaßen die Heerschaften keine besondere Funktion mehr". Aber: „Ganz allgemein bilden militärische Kraftanstrengungen […] im früheren Mittelalter den Hintergrund für politische bzw. ethnische Konzentrationsprozesse"; ebd., S. 26: „Westfalen, Engern und Ostfalen spielten […] zwar eine Rolle, die aber keineswegs überbewertet werden sollte. Erst die fränkische Gesetzgebung schreibt diese Untergliederung wirklich fest".

Die Entstehung und weitere Entwicklung „Westfalens" als Raumname bis zum Ende des Mittelalters

Wie eben erwähnt, verweist Ernst Schubert auf eine während der Mitte des 9. Jahrhunderts wahrnehmbare semantische Verschiebung in der Bedeutung des Worts Westfalen von einem Namen für eine „Untergliederung des Sachsenstammes", also eine Personengruppe, hin zu einer „Raumbezeichnung". Seiner plausiblen Ansicht nach prägten Personengruppen den Namen der Gegend, in der sie lebten. Denn solche Gruppen waren ja in der Regel Siedelgemeinschaften.[20] Westfalen wurde demnach zur Bezeichnung für den Raum, in dem die Westfalen siedelten. Schubert erläutert das am Beispiel des Rechts: „Allmählich bildete sich über die Personalität des Rechts das Bewußtsein von einem Raum aus, in dem Leute gleichen Rechts lebten".[21] Eine vergleichbare Wirkung dürfte mutatis mutandis auch die Zusammenfassung der Kämpfer zu einer Heerschaft gehabt haben: Die *herescephe* bzw. der *ducatus* Westfalen wurde in der zeitgenössischen Wahrnehmung der Raum der gemeinsam gegen die Franken kämpfenden Westfalen.

Keineswegs klar war indes, wo genau Westfalen im frühen Mittelalter lag. Er konkretisierte sich nicht in Grenzen, auch nicht in den immer wieder erwähnten natürlichen, und war mithin auch keine eindeutig zu umschreibende Fläche.[22] Eine Verteilung archäologischer Funde erlaubt keine Identifizierung von Grenzverläufen, und Räume umschreibende Texte gab es lange Zeit nicht.[23] Erst um 990 ermittelte man auf Befehl König Ottos III. die Grenzen der Bistümer Minden und Hildesheim und damit zugleich auch zwischen Westfalen und Engern.[24] In nachkarolingischer Zeit diente „Westfalen", so vermutet Paul Leidinger ohne weitere Begründung, als Raumbezeichnung für das

> „[…] Gebiet des westlichen Hellwegraumes, das Münster-, Osnabrücker- und Oldenburger Land […], zumindest wenn man moderne Vorstellungen zugrunde legt. Die Grenze gegenüber dem östlich anschließenden Engern verlief in der Hellwegebene entlang dem Salzbach in der Stadt Werl."[25]

Im Detail wird sich das freilich weder präzisieren noch untermauern lassen. Dass sich jedoch die Vorstellung von Sachsen während des Mittelalters veränderte und

---

20 Schubert, Geschichte Niedersachsens (wie Anm. 3), S. 3–6.
21 Ebd., S. 10.
22 Ebd., S. 5f. Dazu auch: Jürgen Strothmann, Der beherrschte Raum und seine Grenzen. Zur Qualität von Grenzen in der Zeit der Karolinger, in: Millenium-Jahrbuch 2 (2005), S. 255–271.
23 Schubert, Geschichte Niedersachsens (wie Anm. 3), S. 9; Nowak, Ethnische Identität (wie Anm. 8), S. 14.
24 Urkundenbuch des Hochstifts Hildesheim und seiner Bischöfe. Bd. 1: Bis 1221, bearb. von Karl Janicke, Leipzig 1896, S. 24 (Nr. 35). Siehe dazu auch den Beitrag von Alena Reeb in diesem Band.
25 Leidinger, Salier und Westfalen (wie Anm. 5), S. 172.

dieser Wandel sich auch auf Westfalen auswirkte, dürfte indes unbestritten sein. Das „alte Sachsen", so schreibt Matthias Springer, jener Raum also, der „seit der Zeit Karls des Großen (reg. 768–814) bis zum Jahre 1180 als *Saxonia* […] bezeichnet wurde", umfasste

> „[…] denjenigen Teil des rechtsrheinischen Norddeutschlands […], der im Norden und Osten durch die Nordsee sowie durch die Elbe und Saale begrenzt wird. Je nach den Machtverhältnissen konnten auch Länder auf dem rechten Ufer der Elbe dazu gerechnet werden."[26]

Allerdings, so hat man hinzuzufügen, verlagerte sich im 9. Jahrhundert durch den zunehmenden Einfluss der Liudolfinger der sächsische Schwerpunkt in die Region vom Harz bis zur Unstrut und dann unter den drei ersten Otto genannten römisch-deutschen Königen in den Harz- und Elberaum.[27] „Sachsen" breitete sich während des zweiten und dritten Drittels des 10. Jahrhunderts immer weiter nach Osten aus und wurde dort zur Bezeichnung der ottonischen Zentrallandschaft. Sie stand, wie Paul Leidinger meint, „mit dem Aussterben der sächsischen Kaiserdynastie und infolge der sich abschwächenden Herzogsgewalt der Billunger" nur noch in loser Beziehung zum Westfalen genannten westlichen Teil „Altsachsens".[28]

Im Jahr 1180 wurde der *ducatus, qui dicitur Westfalie et Angarie*,[29] soweit er sich über die (Erz-)Bistümer Köln und Paderborn erstreckte, Erzbischof Philipp von Heinsberg als Lehen übertragen.[30] Das Herzogtum Westfalen war nun zu einem vom Herzogtum Sachsen unabhängigen politischen Raumbegriff geworden. Der sächsische Dukat beschränkte sich in der folgenden Zeit auf die viel weiter östlich liegenden Herrschaftsbereiche der Askanier und (seit 1423) der Wettiner.[31] So verwundert es nicht, dass der in Köln lebende Kartäusermönch Werner Rolevinck, ein gebürtiger Westfale, um 1478 *Westphalia* als *vetus Saxonia* bezeichnete.[32] Schließlich wurde „Westfalen" der Name eines Reichskreises, der im Rahmen

---

26 Matthias Springer, Die Sachsen, Stuttgart 2004, S. 12. Hierzu grundlegend: Caspar Ehlers, Die Integration Sachsens in das fränkische Reich (751–1024), Göttingen 2007 (Veröffentlichungen des Max-Planck-Instituts für Geschichte, 231).
27 Schubert, Geschichte Niedersachsens (wie Anm. 3), S. 96, 173.
28 Leidinger, Salier und Westfalen (wie Anm. 5), S. 173.
29 Die Urkunden Friedrichs I. Bd. 3: 1168–1180, bearb. von Heinrich Appelt (Monumenta Germaniae Historica, Die Urkunden der deutschen Könige und Kaiser, 10), Berlin u. a. 1985, S. 362 (Nr. 795).
30 Schubert, Geschichte Niedersachsens (wie Anm. 3), S. 453–465 (mit ausführlichen Literaturangaben).
31 Springer, Sachsen (wie Anm. 26), S. 13f.
32 Zu Rolevinck siehe: Iris Kwiatkowski, Artikel: Werner Rolevinck (1425–1502), Kölner Kartäuser. Verfasser theologischer, kirchenrechtlicher und historiographischer Werke, online verfügbar unter: http://www.rheinische-geschichte.lvr.de/persoenlichkeiten/R/Seiten/WernerRolevinck.aspx (06.05.2020); Werner Rolevinck, De laude antiquae Saxoniae nunc Westphaliae dictae. Ein Buch zum Lobe Westfalens, des alten Sachsenlandes, bearb. von Hermann Bücker, 2. Aufl., Münster 1982. Zu Rolevincks West-

der von Kaiser Maximilian I. ab 1500 durchgeführten Reichsreform entstand. Der Niederrheinisch-Westfälische Reichskreis, so der vollständige Name, umfasste alle niederrheinischen Fürstentümer sowie die Bistümer Utrecht, Lüttich, Osnabrück, Münster und Paderborn.[33]

Die Herausbildung eines westfälischen Selbst-Bewusstseins in salischer Zeit

Die Region Westfalen ist, wie jeder andere historische Raum, nicht ohne die sie bewohnenden Menschen denkbar; denn: „Eine Geschichtslandschaft ist durch das Zusammen- und Widerspiel verschiedener Personengruppen definiert."[34] Freilich soll hier nicht bloß allgemein nach Leuten gefragt werden, die während der salischen Zeit in jener Region lebten, sondern nach Menschen, die sich selbst mit mehr oder weniger ausgeprägtem Bewusstsein als Bewohner Westfalens wahrnahmen und dies in ihrem Handeln erkennen ließen[35] – und damit faktisch auch nach der westfälischen Führungsschicht. Eine Antwort auf die damit verbundene Frage nach westfälischem Selbst-Bewusstsein zu finden, ist jedoch ausgesprochen schwierig.[36]

    falen-Begriff siehe: Peter Johanek, Landesbewußtsein in Westfalen im Mittelalter, in: Matthias Werner (Hg.), Spätmittelalterliches Landesbewußtsein in Deutschland, Ostfildern 2005, S. 265–292, hier: 269–273 (Vorträge und Forschungen, 61); Gunnar Teske, „Wenn wir von Westphalen reden, so begreifen wir darunter einen großen, sehr verschiedenen Landstrich". Westfalen im Verständnis westfälischer Eliten, in: Wilfried Reininghaus/Bernd Walter (Hg.), Räume – Grenzen – Identitäten, Westfalen als Gegenstand landes- und regionalgeschichtlicher Forschung, Paderborn 2013, S. 55–90, hier: 56 (Veröffentlichungen der Historischen Kommission für Westfalen, NF 9; Forschungen zur Regionalgeschichte, 71).

33   Schubert, Geschichte Niedersachsens (wie Anm. 3), S. 12; siehe ferner: Hans-Joachim Behr, Der Niederrheinisch-Westfälische Reichskreis um 1560 und 1794, in: Geschichtlicher Handatlas von Westfalen, 2. Lieferung, Münster 1982.

34   Schubert, Geschichte Niedersachsens (wie Anm. 3), S. 3.

35   Grundlegend zur Begrifflichkeit: Michael Borgolte, ‚Selbstverständnis' und ‚Mentalitäten'. Bewußtsein, Verhalten und Handeln mittelalterlicher Menschen im Verständnis moderner Historiker, in: Archiv für Kulturgeschichte 79 (1997), Heft 1, S. 189–210. Untersuchungen zur Ausbildung westfälischen Selbst-Bewusstseins im Mittelalter liegen, wenn auch nicht ausdrücklich zur Salierzeit, bereits vor. Hervorzuheben sind hier: Johanek, Landesbewußtsein (wie Anm. 32), S. 265–292; ders., Westfalenbild und Westfalenbewusstsein in der Vormoderne, Landschaftsverband Westfalen-Lippe, Westfalen regional. Die geographisch-landeskundliche Online-Dokumentation über Westfalen, online verfügbar unter: www.lwl.org/LWL/Kultur/Westfalen_Regional/Gebiet_Identitaet/Westfalenbild (06.05.2020).

36   Ebenfalls fundamental: Hans-Werner Goetz, „Vorstellungsgeschichte": Menschliche Vorstellungen und Meinungen als Dimension der Vergangenheit. Bemerkungen zu einem jüngeren Arbeitsfeld der Geschichtswissenschaft als Beitrag zu einer Methodik der Quellenauswertung, in: Archiv für Kulturgeschichte 61 (1979), S. 253–271; ders., Wahrnehmungs- und Deutungsmuster als methodisches Problem der Geschichtswis-

Es sind stattdessen Aussagen wie die folgenden, die die einschlägige Literatur beherrschen und allenfalls mittelbar über das Imaginarium der westfälischen Großen Aufschluss bieten: Es gab in jener Zeit, wie erwähnt, keine wahrnehmbare politische Repräsentanz in Westfalen; ältere Strukturen (wie die Heerschaft) verschwanden allmählich; nach und nach etablierte sich die Herrschaft des hohen Adels,[37] allen voran die der Grafen von Werl.[38] Mit Hermann II. (997–1024) wurde ein Angehöriger dieser Verwandtengruppe sogar nach Westfalen zubenannt.[39] Die Bischöfe von Osnabrück, Münster, Minden und Paderborn kümmerten sich vornehmlich um ihre Bistümer, die Adeligen um ihre Gebotsbereiche. Dabei waren sie in der Regel königstreu – nahmen bis in die zweite Hälfte des 11. Jahrhunderts aber wenig am politischen Leben des Reichs teil.[40] Die Billunger als Herzöge von Sachsen widmeten sich westfälischen Belangen jenseits ihrer eigenen Interessen ebenfalls kaum.[41] So kam es, dass Westfalen in der geschichtswissenschaftlichen Literatur als eine „unpolitische Raumbezeichnung" betrachtet[42] und für die salische Zeit – wie erwähnt – lediglich als ein Nebenland sowie als Transitraum zum Rheinland angesehen wurde.[43] Immerhin förderte Heinrich II. das Bistum Paderborn, und die Verhältnisse blieben unter Konrad II. sowie Heinrich III. zwischen Rhein und Weser friedlich.[44]

senschaft, in: Das Mittelalter, Perspektiven mediävistischer Forschung 8 (2003), Heft 2, S. 23–33.

37 Schubert, Geschichte Niedersachsens (wie Anm. 3), S. 24f.
38 Paul Leidinger, Die Grafen von Werl und Werl-Arnsberg (ca. 980–1124): Genealogie und Aspekte ihrer politischen Geschichte in ottonischer und salischer Zeit, in: Harm Klueting (Hg.), Das Herzogtum Westfalen. Bd. 1: Das kurkölnische Herzogtum Westfalen von den Anfängen der kölnischen Herrschaft im südlichen Westfalen bis zur Säkularisation 1803, Münster 2009, S. 119–170; Leidinger, Salier und Westfalen (wie Anm. 5), S. 176–178.
39 Zu 1024: *Hermannus de Westfalan*; siehe: Vita Meinwerci episcopi Patherbrunnensis. Das Leben Bischofs Meinwerk von Paderborn, bearb. von Frank Tenckhoff, Hannover 1921, S. 112, Kapitel 195 (Monumenta Germaniae Historica, Scriptores rerum Germanicarum in usum scholarum separatim editi, 59). Zur Vita Meinwerks siehe den Artikel: Vita Meinwerci episcopi Paderbornensis, online verfügbar unter: www.geschichtsquellen.de/repOpus_04558.html (06.05.2020).
40 Prinz, Das hohe Mittelalter (wie Anm. 4), S. 357; Paul Leidinger, Westfalen im Investiturstreit, in: Westfälische Zeitschrift 119 (1969), S. 267–314, Nachdruck 2012 in: Leidinger, Karolingische Mission (wie Anm. 5), S. 257–304, hier 261. Zur Haltung der Bischöfe siehe jetzt den Beitrag von Andreas Bihrer in diesem Band.
41 Schubert, Geschichte Niedersachsens (wie Anm. 3), S. 156f. Zu den Billungern siehe: Gerd Althoff, Die Billunger in der Salierzeit, in: Stefan Weinfurter (Hg.), Die Salier und das Reich. Bd. 1: Salier, Adel und Reichsverfassung, Sigmaringen 1991, S. 309–330. Siehe hierzu jetzt den Beitrag von Florian Hartmann in diesem Band.
42 Schubert, Geschichte Niedersachsens (wie Anm. 3), S. 24f.
43 Leidinger, Salier und Westfalen (wie Anm. 5), S. 186.
44 Prinz, Das hohe Mittelalter (wie Anm. 4), S. 357; Leidinger, Salier und Westfalen (wie Anm. 5), S. 183–186; Schubert, Geschichte Niedersachsens (wie Anm. 3), S. 173. Siehe hierzu jetzt den Beitrag von Stephan Freund in diesem Band.

Allerdings änderte sich die Situation alsbald – und zwar nach Meinung mancher Historiker während des 1073 beginnenden Aufstands der Sachsen gegen König Heinrich IV.[45] Der Ablauf der Ereignisse lässt sich freilich nicht präzise ermitteln. Denn die Westfalen „haben sich", so schreibt Paul Leidinger, „im ganzen eher abwartend verhalten, wobei jedoch ihre Sympathien ohne Zweifel in hohem Maße ihren östlichen Stammesgenossen gegolten haben".[46] Gleichwohl schlossen sich die Westfalen den Sachsen in ihrem Kampf gegen den Salier nicht an.

> „Sie waren, als eine Verständigung noch möglich erschien, auf jenem so verhängnisvollen Goslarer Hoftag [= Ende Juni] 1073 erschienen, als der König die Fürsten brüskierte. Auf dem Tag zu Hoetensleben jedoch [= Ende Juli 1073] [...] waren sie nicht mehr vertreten."[47]

Folgt man dem sächsischen Geistlichen Bruno (gestorben nach 1082)[48], dann fielen die Westfalen erst 1074 von der sächsischen Partei ab.[49] Zwar hatten die Ostsachsen versucht, die Westfalen auf ihre Seite zu ziehen, waren in ihrem Bemühen aber erfolglos geblieben.

> „Denn die auf die Revindikation des Krongutes gerichteten Maßnahmen Heinrichs IV. [...] trafen die Altgebiete Sachsens westlich der Weser kaum, da aufgrund der Kirchenpolitik der früheren Kaiser, besonders Heinrichs II., das hier gelegene Reichsgut großenteils in kirchlichen oder klösterlichen Besitz übergegangen war. Deshalb bestand für die Westfalen auch kein Anlaß, dem Hilferuf der Ostsachsen, die an das gemeinsame Stammesbewußtsein appellierten, Folge zu leisten. [...]. Im Gegenteil legte die reale Einschätzung der Situation ihnen mit fortschreitender Zeit einen Anschluß an den König nahe."[50]

---

45 Überblicke über die Ereignisse bis 1125 bieten: Wolfgang Giese, Der Stamm der Sachsen und das Reich in ottonischer und salischer Zeit, Wiesbaden 1979, S. 148–195; ders., Reichsstrukturprobleme unter den Saliern – der Adel in Ostsachsen, in: Weinfurter, Die Salier und das Reich (wie Anm. 41), S. 289–308.

46 Leidinger, Westfalen im Investiturstreit (2012, wie Anm. 40), S. 270.

47 Schubert, Geschichte Niedersachsens (wie Anm. 3), S. 266.

48 Franz-Josef Schmale, Artikel: Bruno von Magdeburg (Merseburg), in: Die deutsche Literatur des Mittelalters, Verfasserlexikon, 2. Aufl., Bd. 1, Berlin u. a. 1978, Sp. 1071–1073; ders., Artikel: Bruno v. Magdeburg (Bruno von Merseburg), in: Lexikon des Mittelalters 2 (1983), Sp. 791.

49 Bruno, De Bello Saxonico liber. Brunos Buch vom Sachsenkrieg, bearb. von Hans-Eberhard Lohmann, Leipzig 1937, S. 39 (Monumenta Germaniae Historica, Deutsches Mittelalter, Kritische Studientexte, 2); Quellen zur Geschichte Kaiser Heinrichs IV. Die Briefe Heinrichs IV. Das Lied vom Sachsenkrieg. Brunos Sachsenkrieg. Das Leben Kaiser Heinrichs IV., bearb. von Franz-Josef Schmale, Darmstadt 1963, (Ausgewählte Quellen zur deutschen Geschichte des Mittelalters, Freiherr vom Stein-Gedächtnisausgabe, 12).

50 Leidinger, Westfalen im Investiturstreit (2012, wie Anm. 40), S. 259. Hier ist nicht der Ort, Ursachen und Anlässe des Sachsenaufstands zu diskutieren, siehe stattdessen: ebd., S. 269–287; Giese, Stamm der Sachsen (wie Anm. 45), S. 149–155; Prinz, Das

Während nun in den folgenden Jahren der ostsächsische, engrische und teilweise auch der thüringische Adel gegen Heinrich IV. kämpfte, blieben die Westfalen königstreu. „Unzweifelhaft hatte der Sachsenaufstand […] die Folge, daß sich Westfalen von Sachsen zu trennen begann."[51]

Diese Trennung scheint sich allerdings auf die politische Sphäre beschränkt zu haben. Offenbar begannen die führenden Adligen des westlich der Weser gelegenen Raumes, eigene politische Vorstellungen zu entwickeln und umzusetzen, um so ihre Interessen besser zur Geltung zu bringen, als dies durch eine Kooperation mit den ostsächsischen Großen möglich gewesen wäre. Ernst Schubert betont in diesem Zusammenhang deshalb auch die allmähliche Ausbildung eines eigenen westfälischen Selbstbewusstseins, indem er, Albert K. Hömberg zitierend, formuliert:

> „Weil nach 1073 ‚der Name *Sachsen* zum Namen einer Partei geworden war, begannen die nicht zu dieser Partei gehörenden Westfalen sich bewusster als bisher *Westfalen* zu nennen'."[52]

Ein erstes Indiz für eine bewusste Gegenüberstellung von „Sachsen" und „Westfalen" bietet Brunos Buch vom Sachsenkrieg. Vermutlich 1082, jedenfalls aber vor 1093 schrieb der sächsische Geistliche sein *Bellum Saxonicum*, in dem er als Anhänger der Aufständischen gegen König Heinrich IV., auf eigener Anschauung beruhend und in heute viel gescholtener Parteilichkeit, die Ereignisse von 1073 bis 1081 schilderte.[53] Von den Westfalen berichtet er für 1074, in gekränktem „Wir-Gefühl"[54] erkennbar empört darüber, dass sie *a nobis*, also von den anti-salischen Sachsen, abfielen:

> *[…] hinc vero non nisi Saxoniae vix tertiam partem inveniunt, quia omnes Westfali et omnes circa Misnam habitantes, regis auro corrupti, a nobis defecerunt.*[55]

---

hohe Mittelalter (wie Anm. 4), S. 359; Giese, Reichsstrukturprobleme (wie Anm. 45), S. 287–289; Schubert, Geschichte Niedersachsens (wie Anm. 3), S. 263–266.

51   Schubert, Geschichte Niedersachsens (wie Anm. 3), S. 266. Vgl. hierzu auch den Beitrag von Andreas Bihrer in diesem Band.

52   Schubert, Geschichte Niedersachsens (wie Anm. 3), S. 266. Das Zitat stammt aus: Albert K. Hömberg, Westfalen und das sächsische Herzogtum, Münster 1963, S. 27 (Schriften der Historischen Kommission für Westfalen, 5).

53   Zum Werk und der dazu erschienenen Literatur siehe den Artikel: Bruno clericus Merseburgensis. Saxonicum bellum, online verfügbar unter: http://www.geschichtsquellen.de/werk/714 [22.05.2020].

54   Dazu: Wolfgang Eggert/Barbara Pätzold, Wir-Gefühl und Regnum Saxonum bei frühmittelalterlichen Geschichtsschreibern, Weimar 1984, S. 13–285.

55   Bruno, De Bello Saxonico (wie Anm. 49), S. 39f.; Übersetzung zitiert nach Schmale, Quellen zur Geschichte Kaiser Heinrichs IV. (wie Anm. 49), S. 244. Siehe hierzu aber auch den Beitrag von Andreas Bihrer in diesem Band.

"[…] auf ihrer Seite aber fanden sie nur ein knappes Drittel von Sachsen, weil die Westfalen und die Bewohner des Gebietes um Meißen, vom König durch Gold bestochen, von uns abgefallen waren."

Bruno meinte also zu wissen, wer ein Sachse beziehungsweise ein Westfale war, und offenbar auch, wie man den einen von dem anderen unterschied.

Weitere Unterscheidungen von Freund und Feind, von Sachsen und Westfalen, findet man darüber hinaus vergleichsweise zahlreich in mehr oder weniger zeitgenössischen historiographischen Darstellungen des Aufstandes.[56] Zu nennen sind hier die aus vermeintlich königsfeindlicher Sicht geschriebenen Annalen des Lampert von Hersfeld,[57] die in antisalischer Tendenz verfasste Chronik des Gregorianers Berthold von der Reichenau (gest. 1088),[58] ferner die Niederaltaicher Annalen (um 1075), die einen eher neutralen Standpunkt einnehmen,[59] sowie das 1075/76 entstandene „Lied vom Sachsenkrieg" (*Carmen de bello Saxonico*),[60] das, wie Egon Boshof meint, „trotz seiner panegyrischen Haltung gegenüber Heinrich IV. ein wertvolles Korrektiv zur antisalischen Propaganda" darstellt.[61]

Dass die Kämpfe in Sachsen nach 1075 weitergingen und die Westfalen ihren einmal eingeschlagenen eigenen Weg fortsetzten, lässt ein Passus aus der Feder Sigeberts von Gembloux vermuten,[62] der in seiner zwischen 1100 und 1112 verfassten *Chronica sive chronographia universalis* zu 1092 vermerkte:

---

56   Zusammenstellung nach: Egon Boshof, Die Salier, Stuttgart 1987, S. 201; siehe auch: Leidinger, Salier und Westfalen (wie Anm. 5), S. 175 (allerdings ohne Angabe von Belegstellen); Schubert, Geschichte Niedersachsens (wie Anm. 3), S. 268–272. Es muss hier bei der bloßen Nennung der Texte bleiben, da eine Zusammenstellung der einschlägigen Stellen den vorgegebenen Rahmen dieser Ausführungen weit überschritte. Siehe hierzu auch den Beitrag von Andreas Bihrer in diesem Band.
57   Zu Verfasser und Werk siehe den Artikel: Lampertus Hersfeldensis, online verfügbar unter: http://www.geschichtsquellen.de/autor/3530 [18.05.2020]. Über Lampert, den vermeintlich „verfälschenden Königsgegner", schreibt Schubert differenzierend: „Lamperts politische Parteinahme ist keineswegs die eines Königsgegners. Er ist nur zu tiefst davon überzeugt, dass im Gegensatz zur salischen Auffassung das Reich nicht durch den König allein, sondern durch König und Fürsten repräsentiert ist", Schubert, Geschichte Niedersachsens (wie Anm. 3), S. 272.
58   Artikel: Bertholdus monachus Augiensis, online verfügbar unter: http://www.geschichtsquellen.de/autor/1031 [18.05.2020].
59   Artikel: Annales Altahenses, online verfügbar unter: http://www.geschichtsquellen.de/werk/177 [18.05.2020].
60   Artikel: Carmen de bello Saxonico, online verfügbar unter: http://www.geschichtsquellen.de/werk/787 [18.05.2020]. Siehe hierzu: Schubert, Geschichte Niedersachsens (wie Anm. 3), S. 266.
61   Boshof, Salier (wie Anm. 56), S. 200.
62   Artikel: Sigebertus Gemblacensis, online verfügbar unter: http://www.geschichtsquellen.de/autor/4752 [18.05.2020].

Incentoribus Saxonici belli omnibus pene peremptis, Saxones pertesi malorum, composita inter se pace quiescunt ab omni motu bellorum. Westfali Fresoniam aggressi, omnes pene a Fresonibus perimuntur.[63]

„Nachdem die Anstifter des Sachsenkrieges nahezu vollständig vernichtet waren, ließen die Sachsen, der Übel überdrüssig und nach gegenseitigem Friedensschluss, ab von jeglichen Kriegsvorbereitungen. Die Westfalen griffen Friesland an und wurden fast vollständig von den Friesen getötet."

Der in der Diözese Lüttich lebende Benediktiner Sigebert (gestorben 1112) zählte, so legen seine Formulierungen nahe, die Westfalen allem Anschein nach nicht mehr zu den Sachsen, zumindest handelten für ihn die *Westfali* unabhängig von den *Saxones*.

Zwischen 1073 und 1115 schritt die Entfremdung zwischen den Sachsen und den beiden salischen Königen Heinrich IV. bzw. Heinrich V. ebenso voran wie zwischen Sachsen und Westfalen – aber, und das ist neu, auch zwischen den Westfalen und den Herrschern. Unter König Lothar III. (1125–1137) änderte sich diese Situation nicht,[64] obgleich – oder eben weil – er zuvor seit 1106 als Herzog von Sachsen fungiert hatte:

„Lothar sah […], daß der Schwerpunkt von Königs- und Herzogsherrschaft im östlichen Sachsen, allenfalls noch Engern umfassend, zu einer Verselbständigung Westfalens dergestalt führen mußte, daß auch die Großen dieses Gebietes sich nicht mehr an sächsischen Unternehmungen beteiligten, daß Westfalen ein eigenständiger Personenverband würde."[65]

Und so kam es: „Westfalen [hatte sich] in der Salierzeit zu einer eigenen politischen Region neben und im Unterschied zu Sachsen entwickelt."[66]

Allerdings ist diese politische Entwicklung nicht allzu deutlich wahrnehmbar, denn es fehlte – auch wenn Paul Leidinger unermüdlich die Rolle der Grafen von Werl-Arnsberg betont[67] – vornehmlich nach 1092 an politischen Führern im westfä-

---

63   Chronica Sigeberti Gemblacensis, bearb. von Ludwig Konrad Bethmann, in: Chronica et annales aevi Salici, Bd. 2, hg. von Georg Heinrich Pertz, Hannover 1844, S. 300–374, hier: 366 (Monumenta Germaniae Historica, Scriptores in Folio, 6).

64   Zu Lothar siehe: Wolfgang Petke, Lothar von Süpplingenburg (1125–1137), in: Helmut Beumann (Hg.), Kaisergestalten des Mittelalters, 3. Aufl., München 1991, S. 155–176; ders., Kaiser Lothar von Süpplingenburg (1125–1137) in neuerer Sicht, in: Landesheimatbund Sachsen-Anhalt e. V. (Hg.), Konrad von Wettin und seine Zeit, Halle (Saale) 1999, S. 113–128; Gerd Althoff, Lothar III. (1125–1137), in: Bernd Schneidmüller/Stefan Weinfurter (Hg.), Die deutschen Herrscher des Mittelalters. Historische Porträts von Heinrich I. bis Maximilian I. (919–1519), München 2003, S. 210–216.

65   Schubert, Geschichte Niedersachsens (wie Anm. 3), S. 356.

66   Leidinger, Salier und Westfalen (wie Anm. 5), S. 177.

67   Anders als Leidinger, der „die Führerstellung der Grafen von Werl-Arnsberg seit 1075, erkennbar vor allem für den Grafen Konrad von Werl-Arnsberg (ca. 1072–

lischen Adel.[68] Die sächsischen Herzöge, einerlei ob ein Billunger bzw. Lothar von Süpplingenburg, oder aber die Bischöfe der überwiegend zu Westfalen zählenden Bistümer taten sich hierbei nur selten hervor.[69] Nicht zu übersehen ist dagegen, dass nach 1092 die Kölner Erzbischöfe, insbesondere Friedrich I. von Schwarzenburg (1100–1131),[70] immer stärkeren Einfluss auf Westfalen südlich der Lippe nahmen.[71]

Kaum wahrnehmbar sind bei dieser Entwicklung die Motive und Antriebskräfte der sich absondernden Westfalen. Paul Leidinger verweist lediglich darauf, dass es sich bei Westfalen eben um eine „im Unterschied zu Ostsachsen politisch anders ausgerichtete" Landschaft handele, in der die Handelnden, wenn auch nicht immer, aber doch eben oft „Königstreue zeigten".[72] Es wäre sinnvoll, die vorhandenen Quellen unter diesen Gesichtspunkten (nochmals) intensiv zu mustern; und mehr noch: Es stellt sich die Frage, ob es auch jenseits der Sphäre des Politischen Faktoren gab, die auf die Ausbildung und Verstetigung einer westfälischen Identität einwirkten und die ihre Manifestation – in welcher Form auch immer – beeinflussten.

    1092) und seinen Sohn Friedrich den Streitbaren von Arnsberg (1092–1124)", hervorhebt, schreibt Schubert, dass es nicht überzeuge „Friedrich von Arnsberg (1124) zum Gegenspieler Lothars zu stilisieren, der ein eigenständiges westfälisches Herrschaftsgebiet als Ziel vor Augen gehabt hätte": Leidinger, Salier und Westfalen (wie Anm. 5), S. 177; Schubert, Geschichte Niedersachsens (wie Anm. 3), S. 356 (mit Anm. 297).

68   Leidinger, Westfalen im Investiturstreit (2012, wie Anm. 40), S. 302.

69   Ebd., S. 261: „Gewiß standen die Bischöfe im Mittelpunkt des sogen. Investiturstreites und waren in ihren Gebieten vielfach auch die politischen Führer, überdies waren die westfälischen zumeist königstreu eingestellt, aber von einer entschiedenen Parteinahme, die zu einem gesamtwestfälischen Zusammenschluß oder Handeln aller geführt hätte, kann nicht die Rede sein". Siehe hierzu: Hans-Werner Goetz, Die bischöfliche Politik in Westfalen und ihre historiographische Legitimierung während des Investiturstreits, in: Westfälische Zeitschrift 141 (1991), S. 307–328; siehe dazu auch den Beitrag von Andreas Bihrer in diesem Band.

70   Christian Hillen, Artikel: Friedrich I. von Schwarzenburg (nach 1070–1131), Erzbischof von Köln (1100–1131), online unter: http://www.rheinische-geschichte.lvr.de/persoenlichkeiten/F/Seiten/FriedrichIvonSchwarzenburg.aspx?print=true [18.05.2020]; Stefan Pätzold, Der vergessene Erzbischof? Friedrich I. von Köln (1100–1131), in: Annalen des Historischen Vereins für den Niederrhein 222 (2019), S. 91–140, hier 128–137.

71   Erich Wisplinghoff, Friedrich I., Erzbischof von Köln (1100–1131), Diss. Bonn 1951, S. 80f.; Rudolf Schieffer, Erzbischöfe und Bischofskirche von Köln, in Stefan Weinfurter (Hg.), Die Salier und das Reich. Bd. 2: Die Reichskirche in der Salierzeit, Sigmaringen 1991, S. 1–29, hier: 26.

72   Leidinger, Westfalen im Investiturstreit (2012, wie Anm. 40), S. 261, 263.

*Die Frage nach kollektiver Identitätsbildung und -perpetuierung
jenseits des Politischen – eher ein Postulat*

Zumindest diejenigen Bewohner des salischen Westfalens, die sich mehr oder weniger bewusst als Westfalen wahrnahmen und vielleicht sogar intentional als solche handelten, kann man als eine „soziale Gruppe" auffassen. Sie sind damit, basierend auf der mittlerweile zum Klassiker gewordenen Theorie des Soziologen George Caspar Homans (1910–1989),[73] als eine zu Gemeinschaft verstehen, deren Mitglieder über einen längeren Zeitraum in regelmäßigem Kontakt miteinander stehen, gemeinsame Ziele verfolgen und sich als zusammengehörig empfinden. Innerhalb der Gruppe entwickelt sich dabei neben gemeinsamen Normen und Wertvorstellungen auch eine gruppenspezifische Rollenverteilung.[74] Soziale Gruppen bilden zumeist ein Wir-Gefühl, also ein Bewusstsein davon aus, einer dauerhaften Gemeinschaft anzugehören, die als solche in spezifischer Weise durch bestimmte Merkmale gekennzeichnet ist und sich dadurch von anderen Gruppen unterscheidet. Eine solche kollektive Identität kann sich in Kultur, Sprache, Geschichte, Religion oder Ethnie ausdrücken, beinhaltet nicht allein tatsächliche, sondern auch imaginierte Eigenschaften und ist in der Regel sozial konstruiert.[75] Einen entsprechenden Ansatz hat bereits Kristina Nowak für die Westfalen des 8. und 9. Jahrhunderts in Betracht gezogen. Sie schreibt:

> „Um die Identität einer Gruppe zu bestimmen, müssen die Innensicht der jeweiligen Mitglieder und charakteristische Merkmale, die die Gruppe zur Selbstzuordnung ausgewählt hat, untersucht werden."[76]

Einerlei, ob man nun von einer „Innensicht", von kollektiver Identität oder von einem Wir-Gefühl reden will, ein solches „Selbstverständnis" ist immer ein tradiertes soziales wie kulturelles Konstrukt, das sehr oft auf identitätsstiftenden Schlüsselereignissen beruht oder auf charismatische Persönlichkeiten zurückzuführen ist.[77] Einigkeit besteht unter Historikern und Soziologen darüber, dass zu solchen

---

[73] George G. Homans, The Human Group, New York 1950 (dt.: Theorie der sozialen Gruppe, 6. Aufl., Köln/Opladen 1972).

[74] Bernhard Schäfers (Hg.), Einführung in die Gruppensoziologie. Geschichte – Theorien – Analysen, 3. Aufl., Wiesbaden 1999, S. 20f., Zusammenfassung zitiert nach: https://de.wikipedia.org/wiki/Soziale_Gruppe (06.05.2020).

[75] Nach: Bernhard Giesen/Robert Seyfert, Kollektive Identität, in: Aus Politik und Zeitgeschichte 2013, online verfügbar unter: https://www.bpb.de/apuz/156774/kollektive-identitaet?p=all (06.05.2020); siehe dazu auch: https://de.wikipedia.org/wiki/Kollektive_Identit%C3%A4t (06.05.2020).

[76] Nowak, Krieg gegen die Sachsen (wie Anm. 8), S. 15.

[77] Peter Johanek, Fränkische Eroberung und westfälische Identität, in: ders., Westfalens Geschichte und die Fremden, Münster 1994, S. 23–40, hier: 23 (Schriften der Historischen Kommission für Westfalen, 14): „Es kann dabei […] um Prozesse gestreckter, unter Umständen sehr langer Dauer gehen, aber auch […] um Vorgänge oder Ereignisse, die sich aus der Retrospektive über die Jahrhunderte hinweg punktuell

Schlüsselereignissen Konfrontationen wie etwa die Auseinandersetzung mit Fremden (so Peter Johanek) oder allgemein jene Situationen gehören, die von Konkurrenz und Kampf (Veit-Michael Bader) geprägt sind.[78] In solchen identitätsstiftenden Konflikten befanden sich die Westfalen sowohl im letzten Viertel des 8. als auch des 11. Jahrhunderts, und zwar erst in der Abgrenzung von den Franken, dann von den Sachsen.

Um nun, wie Peter Johanek es formuliert hat, den „identitätsstiftende[n] Kern der historischen Tradition einer sozialen Gruppe" zu ermitteln, bedarf es einer möglichst aussagekräftigen „historischen Überlieferung".[79] Man sucht also nach Quellen, die in irgendeiner Weise Nachrichten zu westfälischer Identitätsbildung und -inhalten in salischer Zeit bieten.[80] Sie können naturgemäß ganz unterschiedlicher Art sein. Dabei mag es sich zunächst etwa um ursprünglich oral weitergegebene und erst später verschriftlichte Mythen und Traditionen handeln, sodann um Versammlungs-, Memorial- bzw. (im modernen Sinn) „Erinnerungsorte"[81] wie das (vermeintliche?) Grab des aufständischen Widukind, des vielleicht hartnäckigsten Widersachers Karls des Großen, in Enger[82], ferner um Bilder in Kodizes oder auf anderen Trägern und schließlich um historio- und hagiographische sowie um Me-

ausnehmen, jedoch im Selbstverständnis der betroffenen Gruppen [...] als historische Überlieferung präsent bleiben. In der historischen Überlieferung geraten solche Vorgänge nicht selten zu Schlüsselereignissen der eigenen Geschichte, die häufig auch durch eine historische Persönlichkeit, in einer Schlüsselfigur symbolhaft verkörpert werden können. Solche als Schlüsselereignis verstandenen Vorgänge der Geschichte bleiben dauerhaft aktivierbar, zwar verschiedenartig interpretierbar, stets jedoch der identitätsstiftende Kern der historischen Tradition einer sozialen Gruppe."

78 Johanek, Fränkische Eroberung (wie Anm. 77), S. 24; Veit-Michael Bader, Kollektives Handeln. Bd. 2: Protheorie sozialer Ungleichheit und kollektiven Handelns, Opladen 1991, S. 112.
79 Siehe Anm. 77.
80 Erschwert wird die Suche freilich durch das Fehlen eines auf ganz Westfalen bezogenen Traditionszentrums, da, wie Wilhelm Kohl schreibt, nach dem Tod des Grafen Friedrich von Werl-Arnsberg im Jahr 1124 „der Weg in [die] Zersplitterung und Kleinräumigkeit" Westfalens beschritten wurde; Wilhelm Kohl, Kleine Westfälische Geschichte, Düsseldorf 1994, S. 44.
81 Lena Krull, Regionale Erinnerungsorte – das Beispiel Westfalen, in: dies., Westfälische Erinnerungsorte. Beiträge zum kollektiven Gedächtnis einer Region, Paderborn 2017, S. 11–27 (Forschungen zur Regionalgeschichte, 80).
82 Die Grabplatte wird auf ungefähr 1100 datiert, so: Leopold Schütte, Artikel: Enger, in: Manfred Groten u. a. (Hg.), Handbuch der Historischen Stätten: Nordrhein-Westfalen, 3. Aufl. Stuttgart 2006, S. 311 (Kröners Taschenbuchausgabe, 273); vgl. dazu: Kohl, Kleine Westfälische Geschichte (wie Anm. 80): „Vermutliches Skelett Widukinds aus der Stiftskirche zu Enger, mit quellenmäßig gesichertem und erkennbarem Hüftschaden." (Bildunterschrift im nicht paginierten Abbildungsteil des Bandes). Zur Bedeutung Widukinds für die westfälische Identitätsbildung siehe: Johanek, Fränkische Eroberung (wie Anm. 77), S. 30–37; Christof Spannhoff, Widukind, in: Krull, Erinnerungsorte (wie Anm. 81), S. 31–46.

morialtexte oder literarische Schriften. Unter ihnen dürfte Rolevincks „Lob Westfalens" herausragen, das aber so spät entstanden ist, dass sein Quellenwert für die vorliegende Fragestellung kritisch zu diskutieren wäre.

Hier muss nun rundheraus zugegeben werden, dass weder die skizzierten Fragestellungen noch die – zweifellos unvollständige – Quellen(-gattungs-)übersicht originell sind. Doch es würde sich aller Wahrscheinlichkeit nach trotzdem lohnen, das bekannte Material zur salischen Epoche unter den skizzierten Aspekten durchzusehen. Das kann hier allerdings nicht geschehen, sondern nur angeregt werden.

Und zum guten Schluss: Wenn „Bedeutungen, Wahrnehmungsweisen und Sinnstiftungen der zeitgenössischen Menschen" – hier bezogen auf das Sinnkonstrukt „Westfalen" – Objekte der modernen Kulturgeschichtsschreibung sind,[83] dann ist hier auch die Erarbeitung einer Kulturgeschichte des salischen Westfalens zu postulieren. Das überschreitet den Rahmen dieses Aufrisses jedoch vollends.

Abb. 2 (folgende Seite): Grabplatte in der Stiftskirche in Enger aus der ersten Hälfte des 12. Jahrhunderts. Mindestens seit dem 14. Jahrhundert gilt sie als das Abbild Widukinds. Ob die Platte wirklich Widukind darstellt und ob er wirklich in Enger bestattet wurde, ist nicht zweifelsfrei erwiesen. (Foto: Harald Wurm/Widukind-Museum Enger)

---

83 So: Ute Daniel, Kompendium Kulturgeschichte. Theorie, Praxis, Schlüsselwörter, 7. Aufl., Frankfurt a. M. 2016, S. 17.

Das salische Westfalen – ein Aufriss

Burkhard Beyer

Bauwerke in Westfalen aus salischer Zeit

Viel ist es nicht, was an baulichen Zeugnissen aus salischer Zeit in Westfalen erhalten geblieben ist. Die Ursache dafür liegt nicht in mangelnder Bautätigkeit in den gut hundert Jahren zwischen 1024 und 1125. An den Bischofskirchen in Münster, Paderborn, Osnabrück und Minden wurde fleißig gebaut, zahlreiche Klosterkirchen wurden errichtet. Aber erhalten geblieben ist davon nur wenig.

Zwei Erklärungen sind für den Mangel an Bauzeugnissen aus dieser Epoche in Rechnung zu stellen. Zum einen war Holz in salischer Zeit noch immer das bevorzugte Material zum Eindecken von Bauwerken. Solange Kirchen aber mit Flachdecken aus Holz versehen waren, konnten Brände leicht zum Verlust des ganzen Bauwerks führen. Aufstehendes Mauerwerk konnte zwar prinzipiell wiederverwendet werden. Meist wurde es beim Brand aber so schwer beschädigt, dass man sich zu einem Neubau entschloss, bei dem man die inzwischen veränderten Vorstellungen zur Dimensionierung des Bauwerks und zur Bautechnik verwirklichen konnte.

Nach Einführung der gemauerten Gewölbe änderte sich das. Nun bedeutete nicht jeder Dachstuhlbrand den Verlust des Gesamtbauwerks, nun hatten Kirchen eine viel größere Chance, mehrere hundert Jahre alt zu werden. Die Abdinghofkirche in Paderborn illustriert den Werdegang einer salischen Klosterkirche. 1031 wurde der von Bischof Meinwerk westlich des Domes veranlasste Bau vollendet, 1163 brannte die Kirche ab und wurde mit einem Gewölbe wieder aufgebaut. Nach der erneuten Zerstörung 1945 wurde die ursprüngliche Flachdecke – der damaligen Vorliebe für die schlichten Formen der Romanik folgend – künstlerisch frei rekonstruiert. Auf eine historisierende Ausmalung, wie sie im 19. Jahrhundert üblich gewesen wäre, hat man immerhin verzichtet. So lässt der Bau heute zwar den räumlichen Eindruck einer großen Klosterkirche aus der Zeit der Salier erkennen, die historische Innenansicht wird aber eine ganz andere gewesen sein. Deutlich näher am Original ist da sicher die 1093 gestiftete Klosterkirche in Bursfelde an der Weser, deren Flachdecke die Jahrhunderte glücklicherweise überstanden hat und die bis heute ein beeindruckendes Bild bietet. Streng genommen liegt Bursfelde allerdings schon nicht mehr in Westfalen, der für die Klostergeschichte so wichtige Ort gehört heute zur Stadt Hannoversch Münden im Landkreis Göttingen.

Vielfache Veränderungen musste auch die Stiftskirche in Vreden hinnehmen, in der 1024 der erste salische König Konrad II. bei seinem Umritt durch das Reich von den Äbtissinnen Adelheid von Vreden und Sophia von Essen empfangen wurde, beides Töchter von Otto II. und dessen Gemahlin Theophanu. Nach 1070 zogen die Stiftsdamen in die benachbarte, neu erbaute Kirche St. Felicitas; die bis dahin genutzte Kirche St. Georg wurde den Kanonikern und der Gemeinde überlassen. St. Georg brannte noch mehrmals ab und wurde neu aufgebaut, bevor sie 1945 vollständig zerstört wurde. Bei den sich anschließenden archäologischen Untersuchungen wurden nicht weniger als 13 Bauphasen festgestellt, Reste davon sind in der heutigen Krypta zu besichtigen. Der Neubau von 1952 bis 1957 folgte stilistisch keinem der vielen Vorgängerbauten. Auch die benachbarte Felicitaskirche wurde noch mehrmals umgebaut, bevor die Weltkriegsbomben ihre Gewölbe eindrückten. Nach dem Krieg konnte die Kirche, insbesondere die Krypta, weitgehend originalgetreu wiederhergestellt werden. Mit ihren im Stile des 11. Jahrhunderts verzierten Säulen vermittelt sie als eines der wenigen Bauwerke Westfalens die ästhetischen Vorlieben der Salierzeit.

Die zweite wichtige Erklärung für den Mangel an erhaltenen Bauwerken aus salischer Zeit ist schlicht und einfach die noch viel stärkere Bautätigkeit in den folgenden Jahrhunderten – und das bei wachsenden technischen Möglichkeiten und steigender statischer Erfahrung. So wurde manches salierzeitliche Bauwerk nicht etwa wegen mangelhafter Ausführung oder unzureichender ästhetischer Gestaltung niedergelegt, sondern schlicht und einfach, um Platz für ein neues, größeres, prächtigeres Bauwerk zu schaffen. Die zahlreichen spätromanisch oder gotisch geprägten Bauwerke in Westfalen waren ohne eine Verdrängung der frühromanischen Vorgängerbauten nicht möglich. Nicht alle romanischen Bauwerke waren so eindrucksvoll wie die Bischofskirchen in Worms, Speyer oder Naumburg, die auch in späterer Zeit Respekt genossen und damit Bestand hatten. Den romanischen Domen in Münster und Paderborn – von Köln gar nicht zu reden – war das nicht vergönnt. Romanische Klosterkirchen hatten im Vergleich dazu sogar noch bessere Chancen auf einen Erhalt – ein Adeliger, der sich ein Kloster als Grablege schaffen wollte, stiftete wenn möglich ein neues Kloster, nicht nur eine neue Kirche.

Ein Merkmal der romanischen Bauwerke aus salischer Zeit – von einer eigenständigen, gewissenermaßen „salischen" Romanik kann keine Rede sein – hat den Erhalt zumindest von Teilen begünstigt. Die Kirchen dieser Zeit waren oft mit einem vergleichsweise aufwändigen, massiven Turm oder Westwerk ausgestattet. Diese Teile der Kirche waren dauerhafter und wurden deshalb häufiger bei einem Neubau des Langhauses beibehalten. Die Kombination eines romanischen Turms mit einem spätromanischen oder gotischen Langhaus ist deshalb mehrfach in Westfalen anzutreffen, die meisten dieser Türme entstanden aber erst in nach-salischer Zeit. Noch immer wird in vielen Reiseführern der Turm des Paderborner Domes als bedeutendstes westfälisches Zeugnis des 11. Jahrhunderts bezeichnet, er hat sich bei näherer Prüfung aber als Bauwerk des 13. Jahrhunderts erwiesen. Bei Dorfkirchen werden diese massiven Türme bis heute gern als „Wehrtürme" gedeutet, was an ihrer Konzeption und ihrer tatsächlichen Funktion aber weitgehend vorbeigeht. Echte Wehrtürme gibt es an westfälischen Kirchen nicht.

Nennenswerte profane Bauten aus salischer Zeit sind in Westfalen – im heutigen, engeren Sinne – nicht erhalten. Dabei ist das unbestritten bedeutendste Bauwerk in Norddeutschland aus dieser Zeit ein profanes: Die Kaiserpfalz in Goslar, in den 1050er-Jahren vollendet, 1868 bis 1879 vergleichsweise frei rekonstruiert und seitdem wieder als Repräsentationsgebäude genutzt. Zwei Bilder dieses Bauwerks sollen diesen kleinen Überblick beschließen.

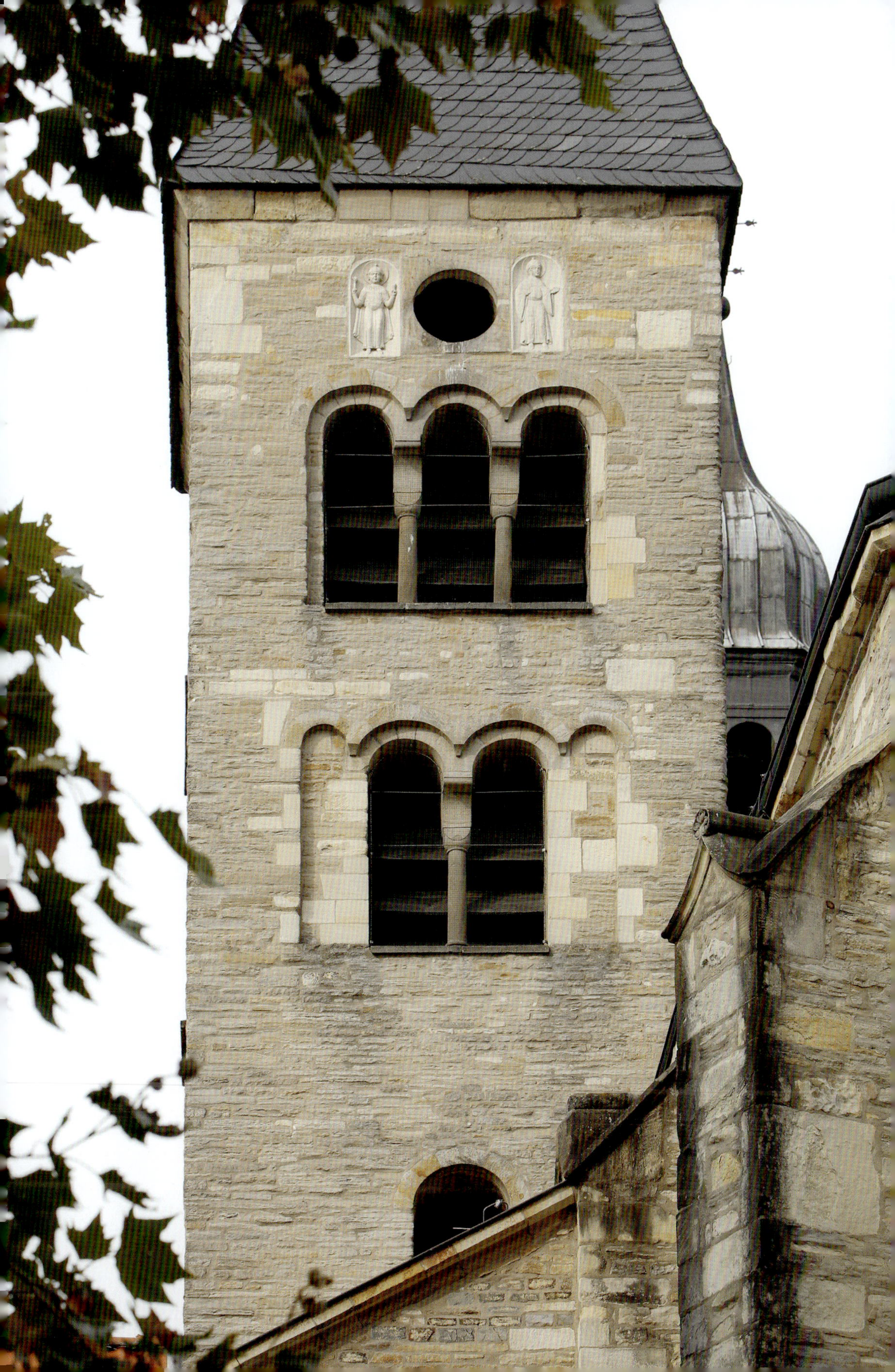

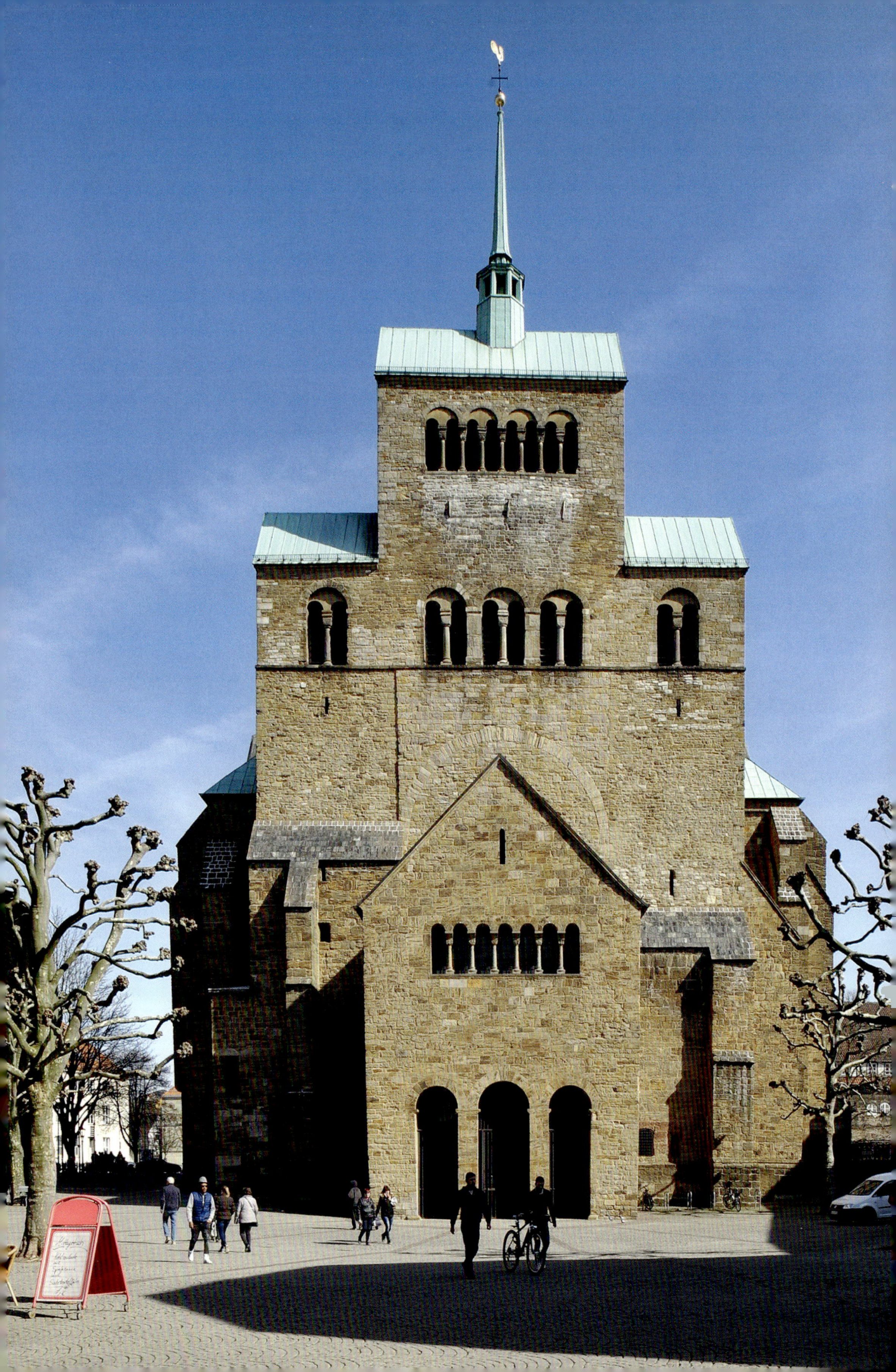

Bauwerke in Westfalen aus salischer Zeit 37

Abb. 1 (Seite 35): Mauritz-Kirche in Münster, der südliche der beiden Osttürme. Im Jahr 1069 war er schon zur Hälfte errichtet und wurde bald darauf vollendet. Von den zeitgenössischen Reliefs neben dem Rundloch wurden die vier besterhaltenen 1888 ausgebaut und befinden sich heute im LWL-Museum am Domplatz in Münster. (Foto: B. Beyer, Münster)

Abb. 2 (vorige Seite): Westbau des Mindener Doms, erbaut nach dem Brand von 1062, geweiht 1071. Die beiden Türme des Westbaus wurden 1152 zu einem gemeinsamen Westwerk vereint (sie bilden einen sogenannten „sächsischen Riegel"), dabei wurde in der Mitte das höhere Glockenhaus aufgerichtet. (Foto: Roland Pieper, Münster)

Abb. 3 (diese Seite): Westwerk des Hildesheimer Doms. Der nach einem Brand 1046 errichtete „Sächsische Riegel" wurde zum Vorbild für den Mindener Dom, 1840 jedoch durch ein neuromanisches Westwerk mit zwei Türmen ersetzt. Nach den schweren Schäden des Zweiten Weltkriegs wurde das Hildesheimer Westwerk zwischen 1950 und 1960 nach Mindener Vorbild wieder hergestellt. (Foto: Roland Struwe/Wikipedia)

Abb. 4: Innenansicht der Abdinghofkirche in Paderborn. Sie wurde 1031 vollendet, nach einem Brand 1163 erhielt sie eine Gewölbedecke. Nach 1945 wurde sie mit einer Flachdecke wieder aufgebaut. (Foto: Dirk D./Wikipedia)

Abb. 5/6: Die Kirche des 1093 gestifteten Benediktinerklosters Bursfelde (heute Stadt Hannoversch Münden). Oben der Blick in das ältere Langhaus, unten in den später angefügten Chor. (Fotos: Heinrich Stürzl/Wikipedia)

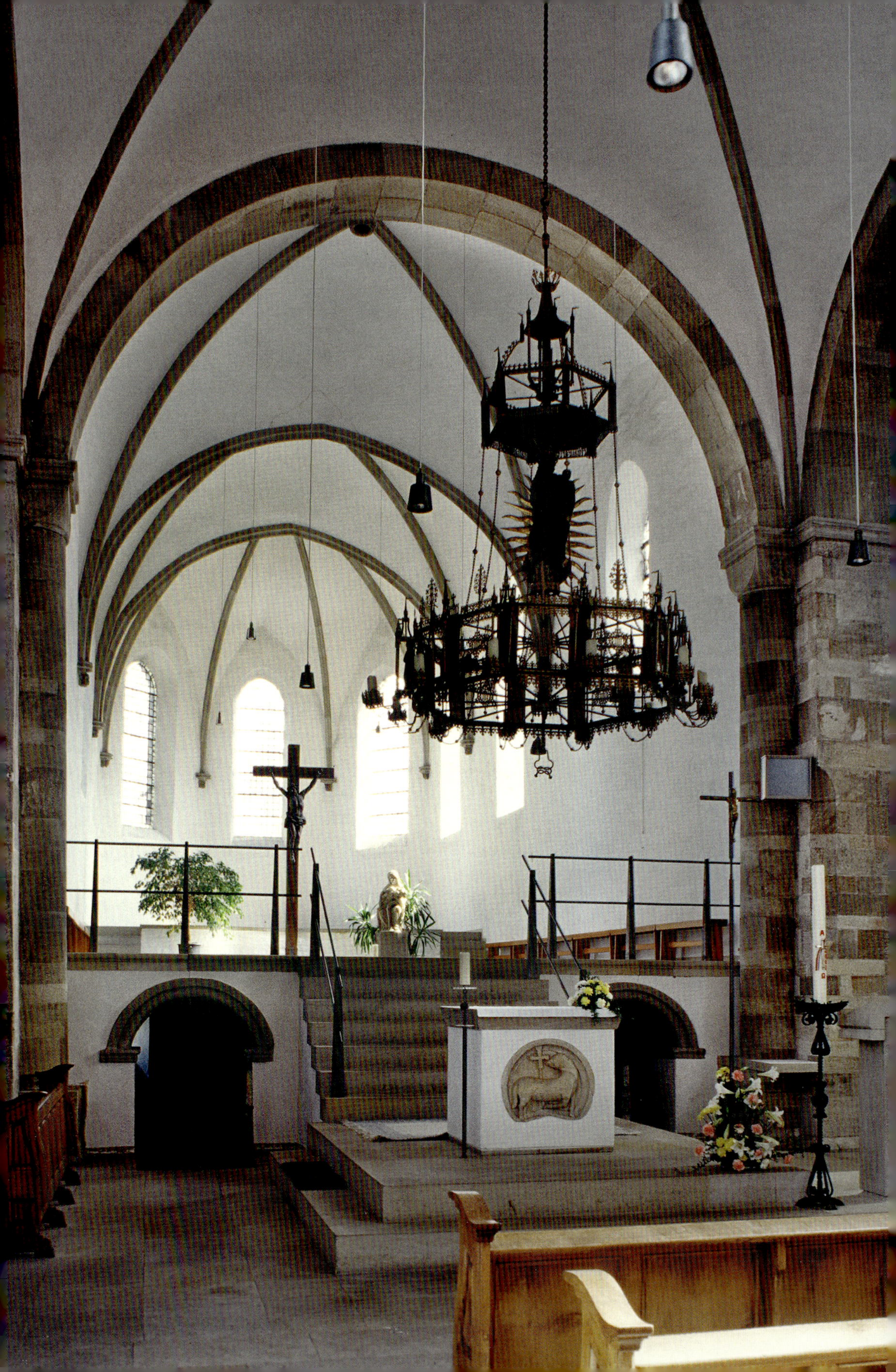

Bauwerke in Westfalen aus salischer Zeit 41

Abb. 7/8: Stiftskirche St. Felicitas in Vreden (Kreis Borken), Innenansicht nach Osten und Blick in die Krypta. Die Gründung des Stiftes erfolgte vermutlich in der ersten Hälfte des 9. Jahrhunderts, für 839 ist eine Reliquientranslation bezeugt. Die ersten Konventskirchen standen an der Stelle der heutigen Stadtpfarrkirche St. Georg – in einer davon wurde 1024 der erste salische König Konrad II. bei seinem Umritt durch das Reich von den Äbtissinnen Adelheid von Vreden und Sophia von Essen empfangen. Die benachbarte Kirche St. Felicitas wurde in der Mitte des 11. Jahrhunderts neue Stiftskirche. Die später eingewölbte Kirche wurde 1945 stark beschädigt, konnte aber – anders als St. Georg – wiederhergestellt werden. Die Säulen in der Krypta zeigen bis heute typische Verzierungen des 11. Jahrhunderts. (Fotos: Roland Pieper, Münster)

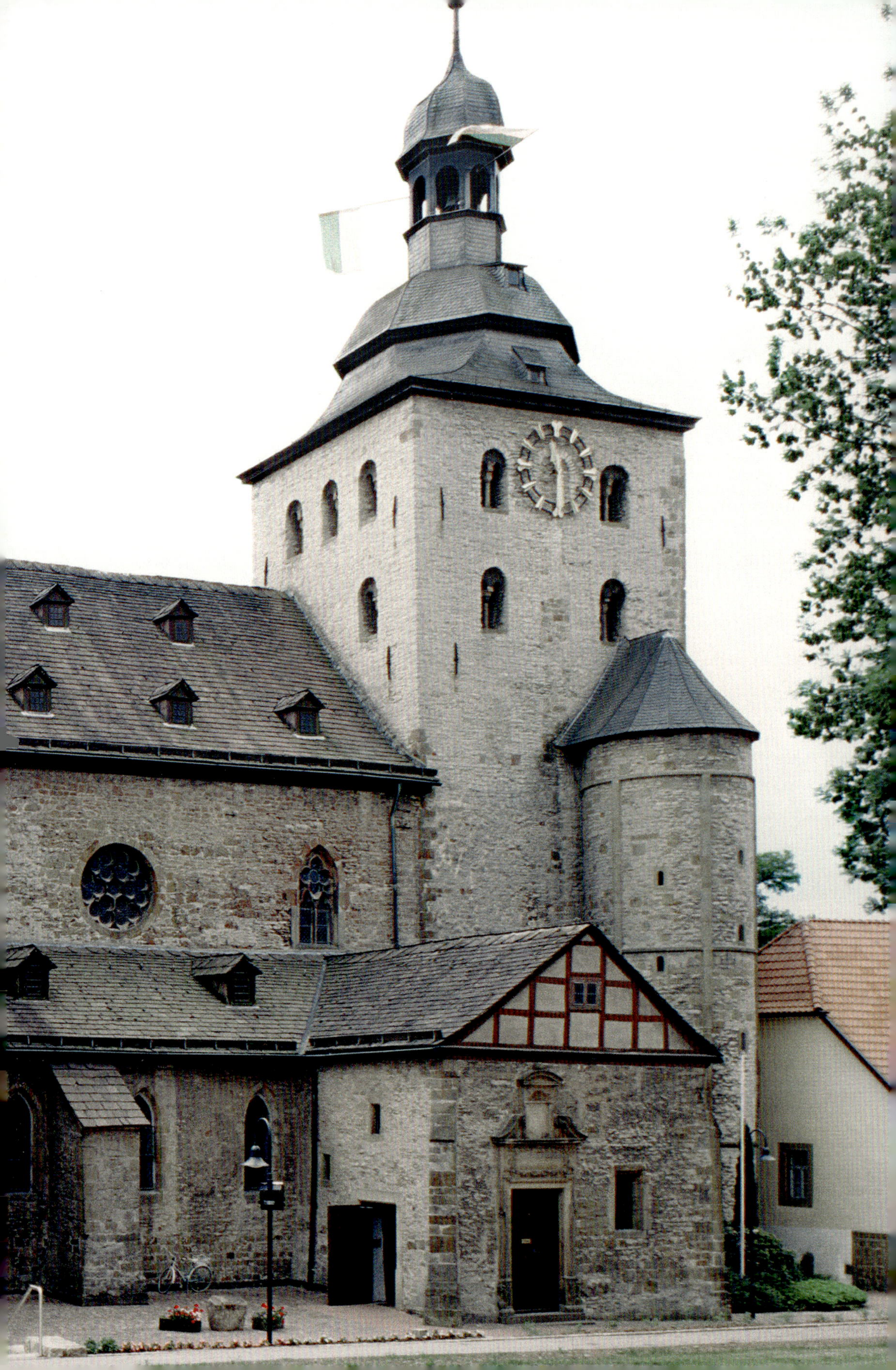

*Abb. 9/10: Die ehemalige Stiftskirche in Neuenheerse, heute ein Ortsteil von Bad Driburg. Das 868 gegründete Damenstift erhielt zunächst eine dreischiffige Pfeilerbasilika, die im späten 10. und im 11. Jahrhundert im ottonischen Stil umgebaut wurde. Bei diesen Umbauten entstand auch das erhaltene Westwerk mit seinen typisch ottonischen Flankentürmen. Das nördliche Seitenschiff und die zugehörige Säulenreihe gehören noch zur romanischen Säulenbasilika. 1165 wurde die Kirche nach einem Brand umgebaut und eingewölbt.
(Fotos: Roland Pieper, Münster)*

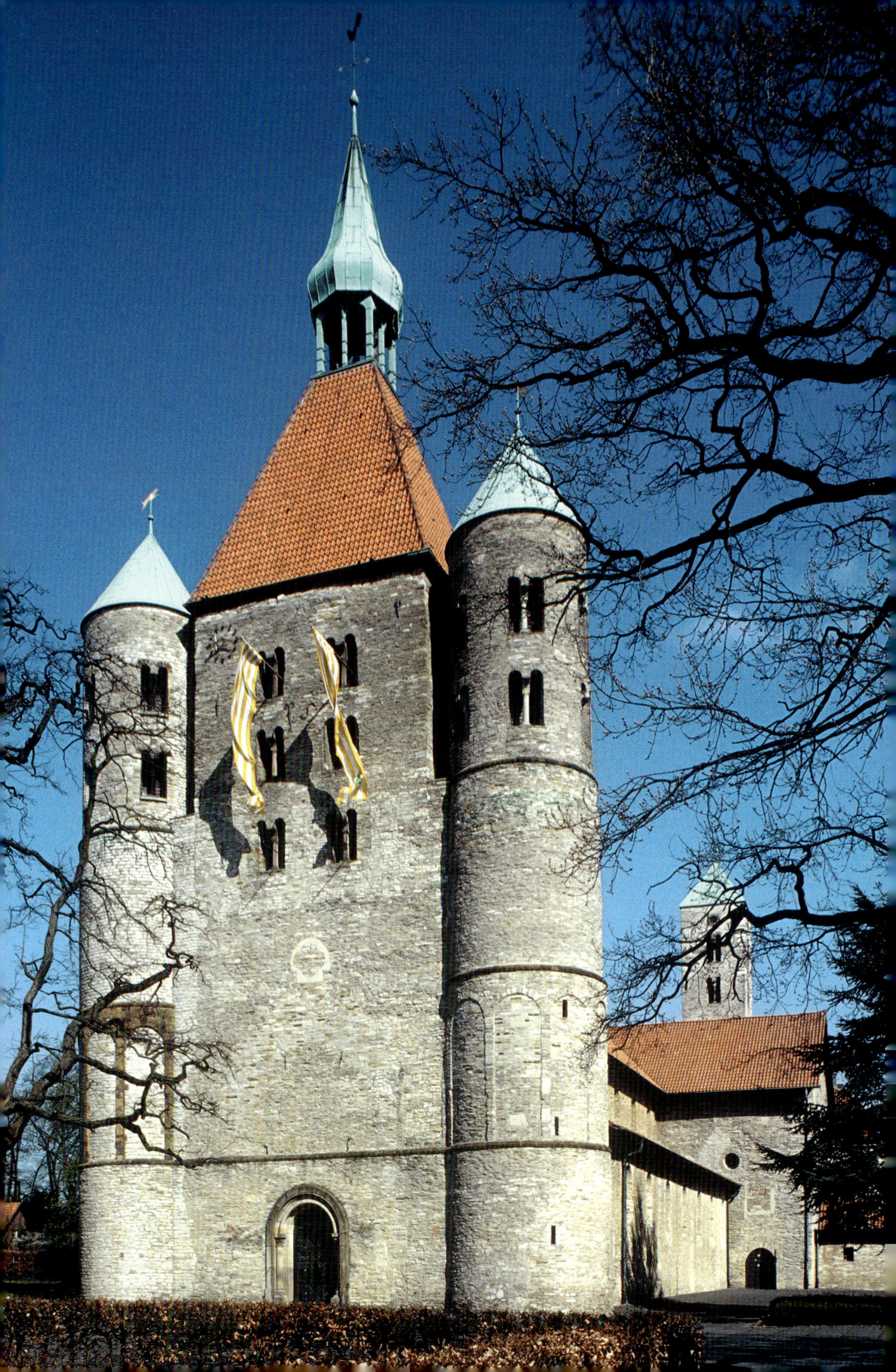

Abb. 11 (vorherige Seite): Das Kanonissenstift in Freckenhorst (heute Stadt Warendorf) geht auf eine um 854 erfolgte Stiftung zurück. Die Kirche wurde 1116 bei einem Brand stark beschädigt, der bis heute erhaltene Neubau entstand unter Einbeziehung einiger Teile des älteren Bauwerks. 1129 war der Wiederaufbau vermutlich abgeschlossen. (Foto: Roland Pieper, Münster)

Abb. 12 (oben): Der bemerkenswerte Taufstein der Freckenhorster Kirche. Seine Inschrift erwähnt eine Weihe im Jahr 1129 – die sich vielleicht auch auf die Kirche bezieht.

Abb 13 bis 16 (folgende Seiten): Detailaufnahmen des Taufsteins. (Fotos: Roland Pieper, Münster)

·I·CONSECRAT·EVG·HOC·RMH

·SI·EGEBERTO·ORDINAT·ANNO·

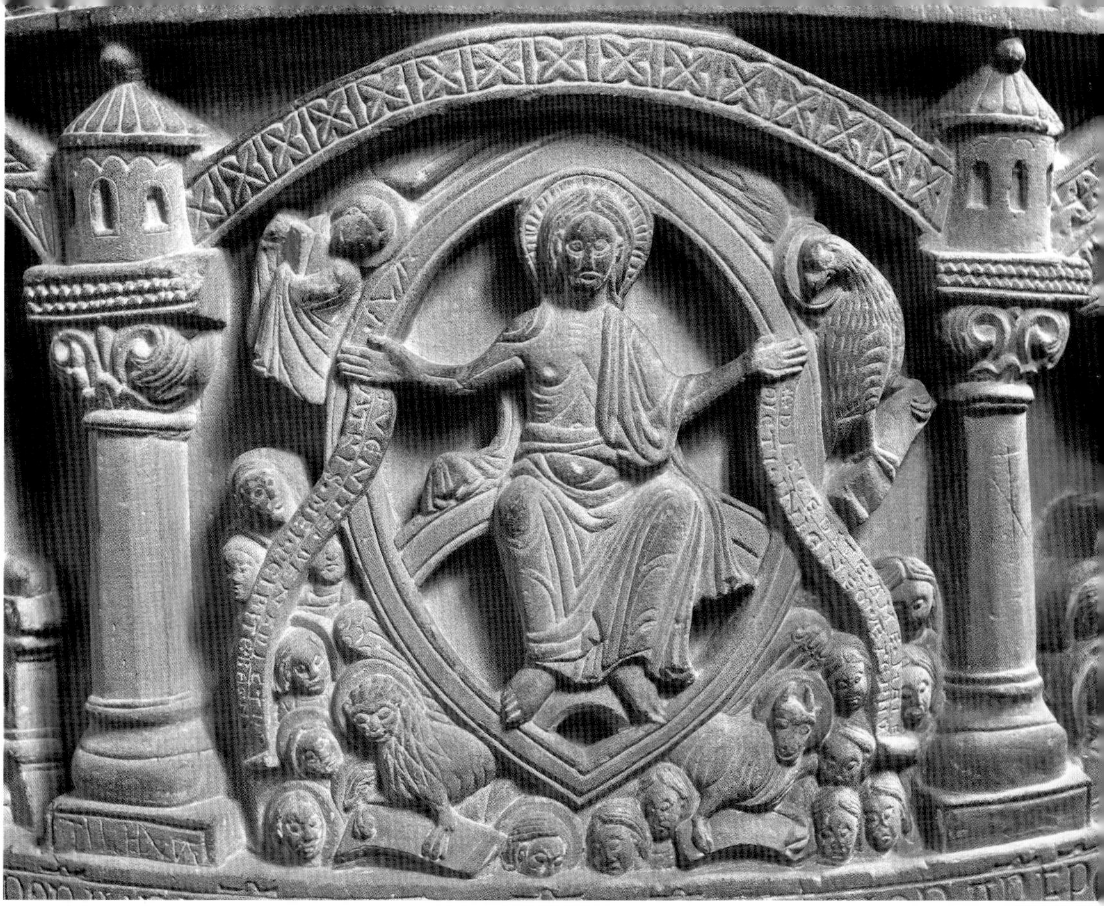

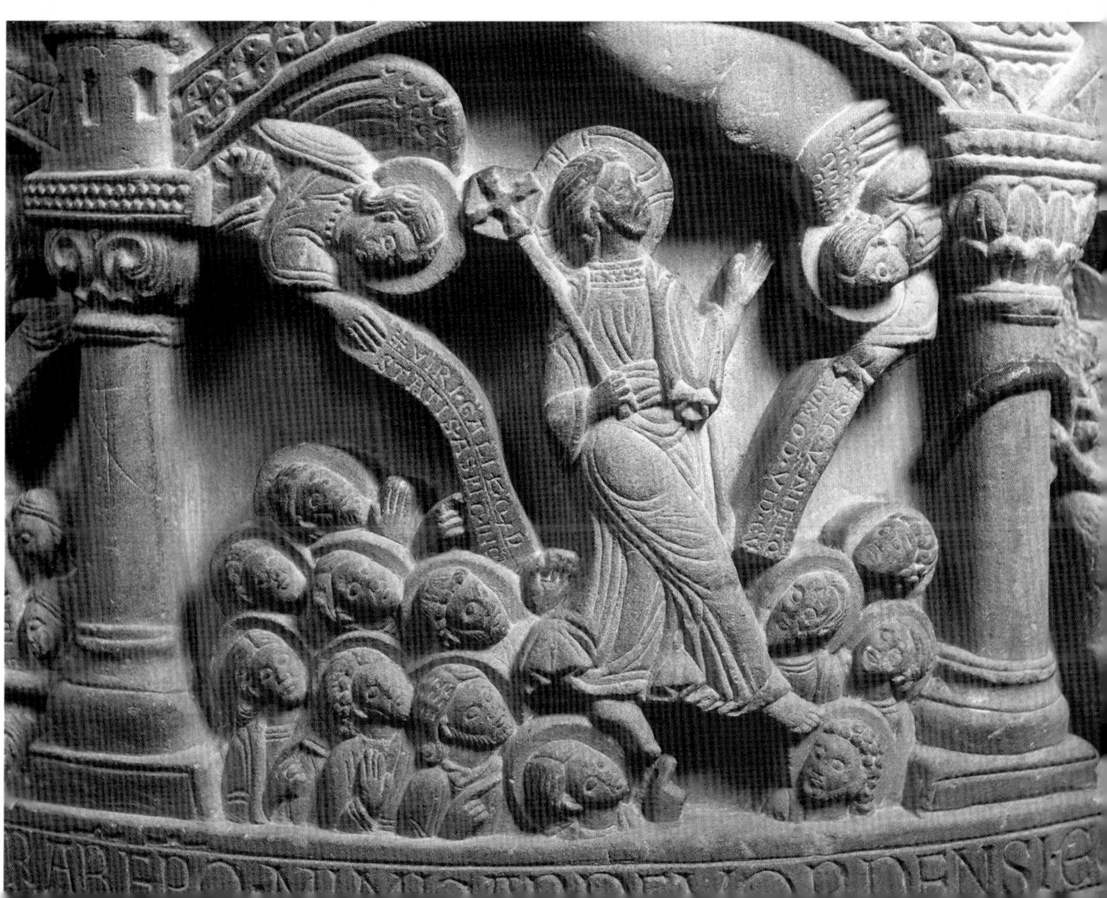

Abb. 17 und 18: Die Kaiserpfalz in Goslar. Das zentrale Kaiserhaus ist der größte, bedeutendste und besterhaltene Profanbau des 11. Jahrhunderts. Mit dem Bau der Pfalz wurde in den 1030er-Jahren auf Veranlassung von Konrad II. begonnen, vollendet wurde die Anlage in den 1050er-Jahren unter Heinrich III., der 1048 den Gelehrten und Baumeister Benno (später Bischof in Osnabrück) nach Goslar holte. 1253 war mit Wilhelm von Holland letztmalig ein deutscher König hier, dann verfiel die Anlage. Die Stadt Goslar übernahm die Pfalz und baute das Kaiserhaus zu einem Speichergebäude um. Zwischen 1868 und 1875 wurde das Kaiserhaus wiederhergestellt und dabei vielfach frei ergänzt. Die Pfalz wurde dabei zu einem Nationaldenkmal des neuen Kaiserreichs stilisiert. (Fotos: Burkhard Beyer, Münster)

Abb. 19 (Seite 50): Die Imad-Madonna, das bedeutendste erhaltene Kunstwerk aus der von 1051 bis 1076 währenden Regierungszeit des Paderborner Bischofs Imad. (Erzbischöfliches Diözesanmuseum Paderborn, Foto: Ansgar Hoffmann)

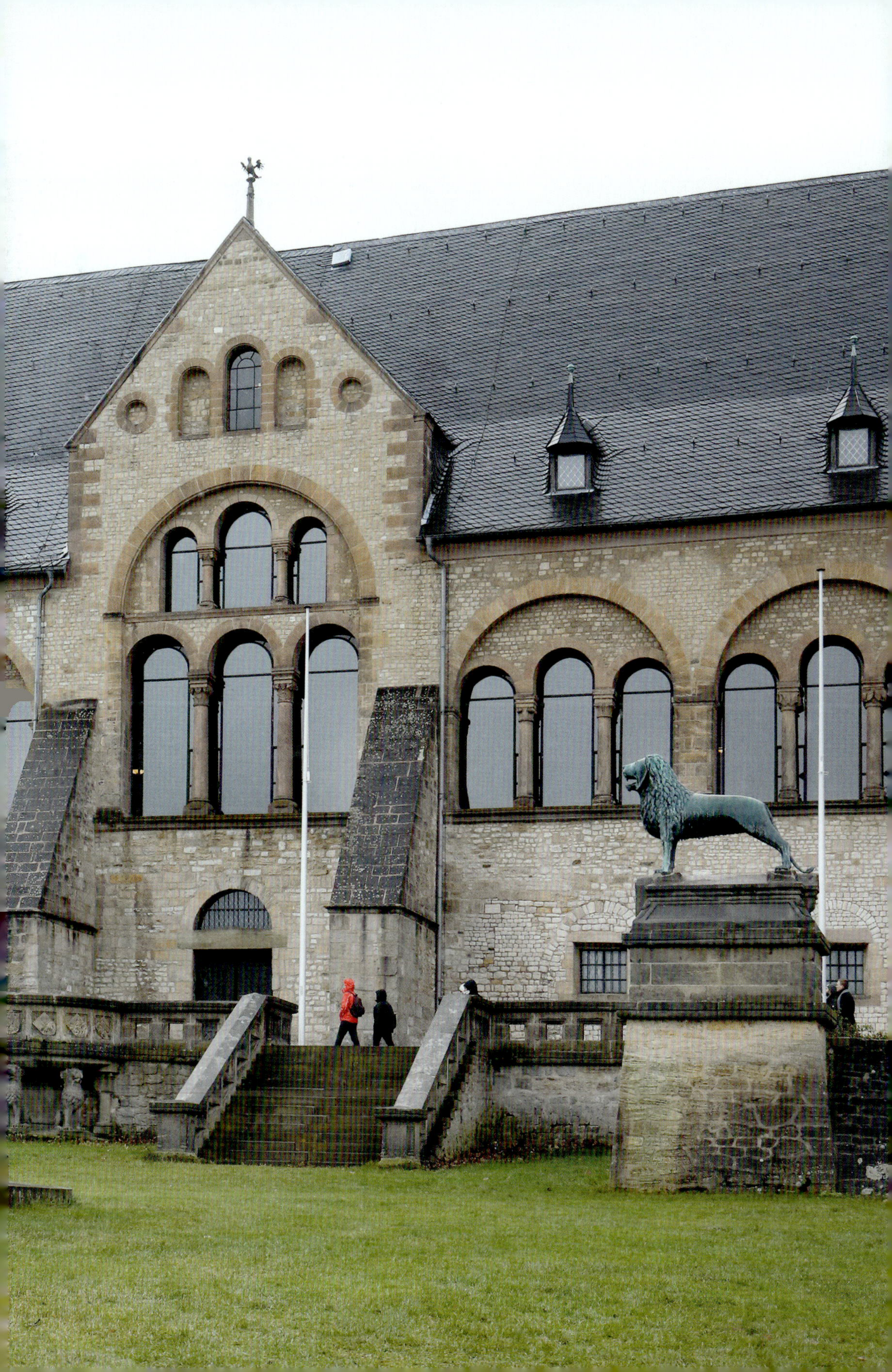

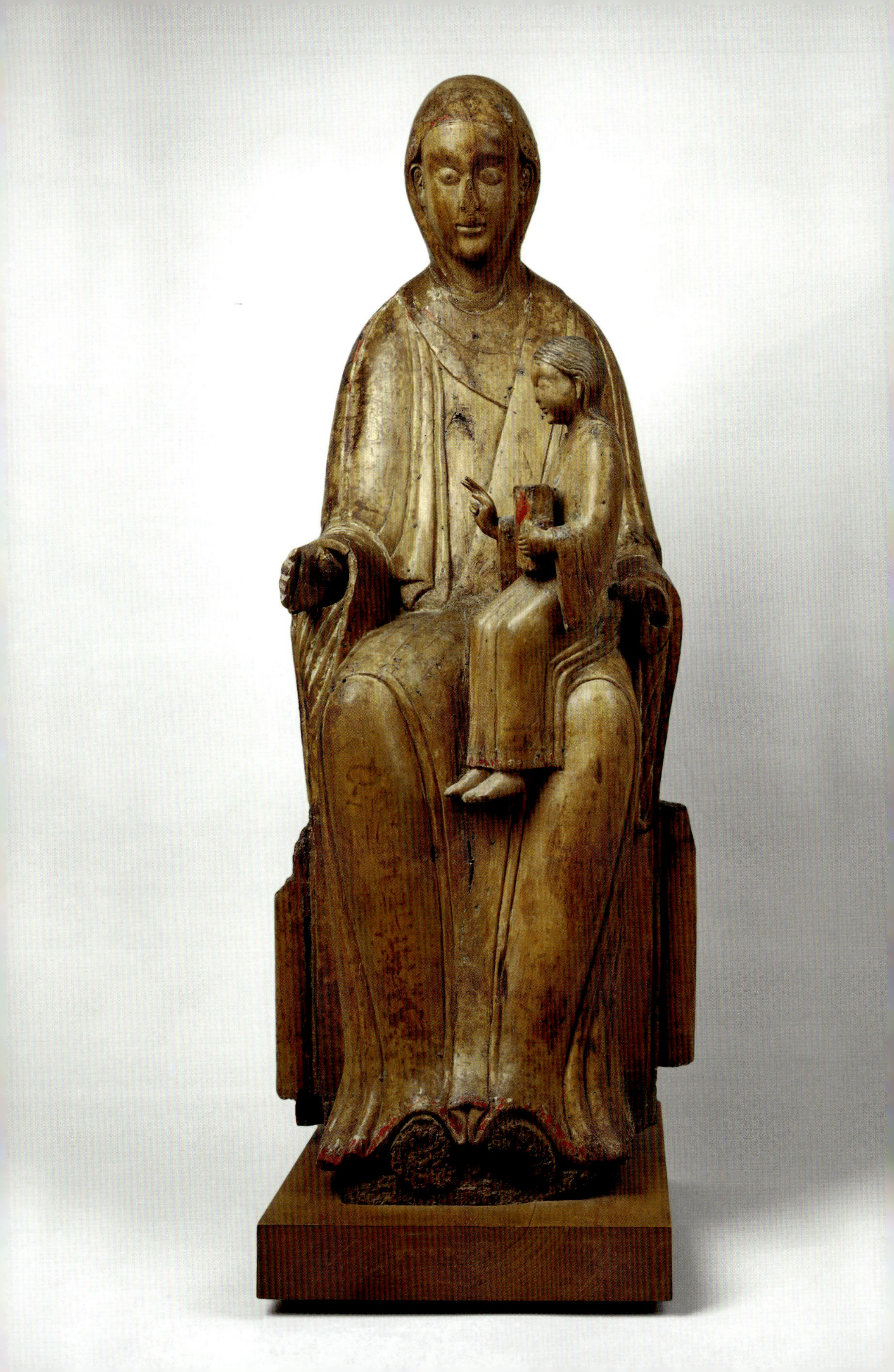

Caspar Ehlers

Zur Wirkungsgeschichte eines Ordnungsbegriffes: Westfalen zwischen dem 8. und 12. Jahrhundert

Wie entwickelten sich die mittelalterlichen Landschaftsbezeichnungen im heute gemeinhin als „Westfalen" bezeichneten Teil Sachsens? Welche Nachweise und Fassungen lassen sich für „Westfalen" und „Engern" als wichtigste Gruppenbezeichnungen der Region in den Quellen des 8. bis 12. Jahrhunderts finden? Anhand der wichtigsten zeitgenössischen Belege, in erster Linie anhand der Königsurkunden der Karolinger, Ottonen und Salier, soll diese Genese nachvollzogen werden.[1] Es soll dabei ausdrücklich nicht versucht werden, die vielschichtige Forschungsgeschichte zu Westfalen nachzuzeichnen oder gar um neue Gesichtspunkte zu ergänzen.

Quellen der Karolingerzeit

Zu Beginn der siebziger Jahre des 8. Jahrhunderts eröffneten die Franken unter der Führung ihres Königs Karl den Krieg gegen die zwischen Rhein und Elbe lebende Bevölkerung, die in der zeitgenössischen fränkischen Historiographie als *Saxones* bezeichnet wird, ihr Gebiet als *Saxonia*.[2] Für die Beschäftigung mit der Karolingerzeit sind neben den Diplomen der Könige und Kaiser sowie den einschlägigen Belegen der Annalistik vor allem die Rechtstexte aus der Zeit der Sachsenkriege von besonderer Bedeutung.

Im Folgenden werden zunächst die Belege aus den Königsurkunden aufgelistet. Kursiv gesetzte Zitate bedeuten dabei eine Überlieferung im Original. In Anführungszeichen werden Nachweise aus einer kopialen Überlieferung, aus späteren Interpolationen und auch Fälschungen genannt. Beide sind von Bedeutung für die abschließende chronologische Auswertung des Auftretens von Landschaftsbezeichnungen mittels Gruppennamen aus dem Sachsenland.[3] Begonnen wird (wie auch in den Abschnitten zu dem Ottonen und Salien) stets mit den „Engern"[4], dann

---

1 Die Vortragsfassung wurde weitestgehend beibehalten und um die Quellenzitate und -nachweise sowie einige weiterführende Literaturhinweise ergänzt.
2 Matthias Springer, Artikel: Sachsen, Historisches, in: Heinrich Beck/Dieter Geuenich/Heiko Steuer (Hg.), Reallexikon der Germanischen Altertumskunde, 2., völlig neu bearb. und erw. Aufl., Bd. 26, Berlin 2004, S. 31–46; ders, Artikel: Sachsenkriege, in: ebd., S. 53–60.
3 Springer, Sachsen (wie Anm. 2), S. 42ff.
4 Reinhard Wenskus, Artikel: Angriwarier, in: Reallexikon (wie Anm. 2), Bd. 1, Berlin 1973, S. 333; Günter Neumann, Artikel: Engern, in: ebd., Bd. 7, Berlin 1989, S. 286–288.

folgen die „Westfalen"[5]. Die „Ostfalen"[6] werden nur aufgeführt, wenn sie in den Urkunden der jeweiligen Dynastie vorkommen.

Erwähnung von „Engern" in karolingischen Urkunden

Zunächst also die sechs Urkunden mit der Erwähnung von „Engern". Es ist nur ein Original überliefert.

1. „Angeri" (Enger in Westfalen) heißt es in einer Urkunde, die Karl der Große 804 in Aachen für Osnabrück ausgestellt haben soll. Es handelt sich dabei um eine Fälschung des 11. Jahrhunderts.[7]

2. *Angrariis* lautet der Eintrag in einer in Aachen ausgestellten Urkunde Ludwig des Frommen von 834 für das Kloster Corvey. Es handelt sich um ein interpoliertes Original.[8]

3. „Angeresgouue pagus" Urkunde Ludwigs des Deutschen, 868 in Ingelheim für Herford ausgestellt, überliefert als Kopie des 10. Jahrhunderts.[9]

---

5   Harm Klueting (Hg.), Das Herzogtum Westfalen. Bd. 1: Das kurkölnische Herzogtum Westfalen von den Anfängen der kölnischen Herrschaft im südlichen Westfalen bis zur Säkularisation 1803, Münster 2009; Albert K. Hömberg, Westfalen und das sächsische Herzogtum, Münster 1963 (Schriften der Historischen Kommission Westfalens, 5).

6   Matthias Springer, Ostfalen im Mittelalter, in: Ursula Föllner (Hg.), Der Raum Ostfalen. Geschichte, Sprache und Literatur des Landes zwischen Weser und Elbe an der Mittelgebirgsschwelle, Frankfurt am Main 2015, S. 89–169 (Literatur, Sprache, Region, 9); ders., Was haben wir uns unter dem geschichtlichen Ostfalen vorzustellen?, in: Dieter Stellmacher (Hg.), Ostfalen. Zur Geschichte und Sprache einer norddeutschen Landschaft, Bielefeld 2005, S. 9–22 (Veröffentlichungen des Ostfälischen Instituts der DEUREGIO Ostfalen, 5); Wolf-Dieter Steinmetz, Ostfalen im 8. Jahrhundert. Schöningen und Ohrum. Merowinger und Karolinger zwischen Harz und Heide. Sonderausstellung „Das 8. Jahrhundert in Ostfalen" in Schöningen, Gelsenkirchen 1998.

7   Karl der Große, Aachen, 804 Dezember 19, in: Die Urkunden Pippins, Karlmanns und Karls des Grossen, bearb. von Engelbert Mühlbacher, Hannover 1906, Nachdruck München 1979, S. 77–478, hier: 403–405, Nr. 273 (Monumenta Germaniae Historica, Die Urkunden der Karolinger, 1).

8   Ludwig der Fromme, Aachen, 834 Mai 15, für Kloster Corvey, in: Die Urkunden Ludwigs des Frommen, bearb. von Theo Kölzer, Wiesbaden 2016, Nr. 337 (Monumenta Germaniae Historica, Die Urkunden der Karolinger, 2).

9   Ludwig der Deutsche, Ingelheim, 868 Juli 1, für Herford, in: Die Urkunden Ludwigs des Deutschen, Karlmanns und Ludwigs des Jüngeren, bearb. von Paul Kehr, Hannover 1934, Nachdruck München 1980, S. 1–274, hier: 178f., Nr. 128 (Monumenta Germaniae Historica, Die Urkunden der deutschen Karolinger, 1). Zur Kopie siehe: Otto II., Bruchsal, 980 Oktober 15, in: Die Urkunden Ottos II. und Ottos III., bearb. von Theodor Sickel, Hannover 1893, Nachdruck München 1980, S. 10–384, hier: 263, Nr. 234 (Monumenta Germaniae Historica, Die Urkunden der deutschen Könige und Kaiser, 2).

4. Die gleiche Formulierung „Angeresgouue pagus" ist noch einmal zu finden in der Fassung der angeblichen Urkunde Ludwigs des Deutschen von 868 für Herford, die im 11. Jahrhundert gefälscht wurde.[10]

5. „Engiriscgeuui pagus" soll es geheißen haben in einer ebenfalls nicht im Original erhaltenen Urkunde des Jahre 880 für den Abt von Prüm, ausgestellt in Frankfurt, überliefert als Kopie des 12. Jahrhunderts.[11]

6. „Angraria comitatus" und „comes Chunradus" lauten die Formulierungen in einer Urkunde Arnulfs, angeblich ausgestellt in Regensburg im Jahr 897 für den Abt von Fulda, überliefert in einer verunechteten Kopie aus dem 12. Jahrhundert.[12]

Erwähnung von „Westfalen" in karolingischen Urkunden

Auch für „Westfalen" ist nur ein, zudem stark beschädigtes Original überliefert. Fünf Belege sind anzuführen.

1. „Uestfala": Diese Fassung findet sich in einer angeblichen Urkunde Ludwig des Deutschen, ausgestellt in Worms 829 für Osnabrück. Es handelt sich um eine Fälschung des 11. Jahrhunderts.[13]

2. „Vvestfala provintia" lautet der Eintrag in einer Urkunde Ludwig des Deutschen, ausgestellt 848 in Mainz für Osnabrück, verunechtet im 11. Jahrhundert.[14]

3. *Uuestfalorum ducatus* heißt es in einer Urkunde Ludwig des Deutschen, ausgestellt 859 in Frankfurt für Herford. Das stark beschädigte Original wurde in der Edition aus zwei Abschriften des 10. beziehungsweise 13. Jahrhunderts ergänzt.[15]

4. „Uuestfala provintia": Fassung in einer Urkunde Arnulfs aus dem (unsicheren) Jahr 889, ausgestellt in Forchheim für Osnabrück, überliefert in einem angeblichen Original des 11. Jahrhunderts.[16]

---

10   Ludwig der Deutsche, Ingelheim, 868 Juli 1, für Herford, in: Urkunden Ludwigs des Deutschen (wie Anm. 9), S. 262f., Nr. †182.

11   Ludwig der Jüngere, Frankfurt, 880 März 23, für den Abt von Prüm, in: Urkunden Ludwigs des Deutschen (wie Anm. 9), S. 351f., Nr. 14.

12   Arnulf, Regensburg, 897 Januar 21, für den Abt von Fulda, in: Urkunden Arnulfs, bearb. von Paul Kehr, Berlin 1940, Nachdruck München 1988, S. 226–228 (Nr. 149) (Monumenta Germaniae Historica, Die Urkunden der Deutschen Karolinger, 3). Dazu: Heinrich Meyer zu Ermgassen (Bearb.), Der Codex Eberhardi des Klosters Fulda, 3 Bde. Marburg 1995–2007 (Veröffentlichungen der Historischen Kommission für Hessen 58).

13   Ludwig der Deutsche, Worms, 829 September 7, für Osnabrück, in: Die Urkunden Ludwigs des Frommen (wie Anm. 8), S. 698–702, Nr. †281.

14   Ludwig der Deutsche, Mainz, 848 November 10, für Osnabrück, in: Urkunden Ludwigs des Deutschen (wie Anm. 9), S. 67–69, Nr. 51.

15   Ludwig der Deutsche, Frankfurt, 859 April 25, für Herford, ebd., S. 137f., Nr. 95.

16   Arnulf, Forchheim, 889? Dezember 12, für Osnabrück: Urkunden Arnulfs (wie Anm. 12), S. 8–11, Nr. 4.

5. „Uuestfala provintia": Die gleiche Formulierung findet sich in einer Urkunde Arnulfs, angeblich ausgestellt in Frankfurt 889 für Osnabrück, bei der es sich aber um eine Fälschung des 11. Jahrhunderts handelt.[17]

Die „Engern" werden wie die „Westfalen" also nur in Fälschungen bzw. in zwei Interpolationen auf die Karolingerzeit erwähnt. Der Quellenwert der Urkundenüberlieferung für das 8./9. Jahrhundert ist deshalb unerheblich. Die „Ostfalen" werden weder original noch kopial in Karolingerurkunden genannt. Die vielzitierte sogenannte Dreiteilung der Sachsen spielt für die Kanzlei der Karolinger mithin keine Rolle.

Normative Texte

Die unbefriedigende Überlieferungslage insbesondere für die Ostfalen bessert sich, wenn auch die normativen Quellen der Epoche einbezogen werden.

Im 797 von Karl dem Großen in Aachen unterzeichneten *Capitulare Saxonicum* werden die Westfalen, Engern und Ostfalen ausdrücklich erwähnt: *de diversis pagis tam de Westfalahis et Angrariis quam et de Ostfalahis.*[18]

Im *Lex Saxonom*, aufgezeichnet in den Jahren 802 und 803, finden sich die Schreibweisen *Westfali*, *Westfalai*, *Westfalahi* und *Westerfali*. In den Abschnitten 47 und 48 werden die unterschiedlichen Formen des Erbrechts in Westfalen im Gegensatz zu Engern und Ostfalen behandelt,[19] in Abschnitt 46 die Gültigkeit eines Umrechnungskurses in allen drei Teilen.[20]

Die drei Bezeichnungen „Engern", „Westfalen" und „Ostfalen" waren demnach zeitgenössische Begriffe der Gesetzgebung um 800, obgleich sie nicht zur aktiven Urkundensprache der königlichen beziehungsweise kaiserlichen Kanzlei in der Karolingerzeit gehörten. Für die *Lex Saxonum* ist vor allem das individuelle Wissen

17 Arnulf, Frankfurt, 889 Oktober 13: ebd., S. 278–280, Nr. 183; vgl. auch Urkunden Ludwigs des Deutschen (wie Anm. 9), S. 67–69, Nr. 51.
18 Capitulare Saxonicum, in: Leges Saxonum und Lex Thuringorum, bearb. von Claudius von Schwerin, Hannover 1918, S. 45–49, hier: 45, Zeilen 5 und 15 (Monumenta Germaniae Historica, Fontes iuris Germanici antiqui in usum scholarum separatim editi, 4). Der Text ist in zwei Handschriften des 9. („V" aus Corbie) bzw. 10. Jahrhunderts („C" aus Corvey) überliefert.
19 Lex Saxonum, in: Leges Saxonum (wie Anm. 18), S. 17–34, hier: S. 29f, Zeile 18f., S. 30, Zeilen 2f. und 8f. Beziehungsweise: Lex Saxonum, in: Leges Saxonum. Lex Thuringorum. Edictum Theoderici regis. Remedii Curiensis episcopi capitula. Lex Ribuaria. Lex Francorum Chamavorum. Lex Romana Raetica Curiensis, bearb. von Karl von Richthofen u.a., Hannover 1875–1889, Nachdruck Stuttgart 1987, S. 47–84, hier: 73f. (Monumenta Germaniae Historica, Leges in Folio, 5). Die Lex ist in zwei Handschriften des 9. („Sp" aus Corbie) bzw. 10. Jahrhunderts („C" aus Corvey) sowie in zwei Drucken des 16. Jahrhunderts („H" und „T") überliefert.
20 Lex Saxonum (wie Anm. 19), S. 34, Zeile 10 (Variante aus „T"); bzw. Lex Saxonum, in: Leges Saxonum. Lex Thuringorum (wie Anm. 19), S. 83f.

um die Zugehörigkeit zu einer der Personengruppen entscheidend, um die zu diesen Gruppen gehörenden Sonderregelungen anwenden zu können.

Historiographie

Diese – wohlgemerkt fränkische! – „Dreiteilung"[21] in den normativen Quellen wird im Jahr 775 erstmals in den Überlieferungssträngen der „Reichsannalen" sichtbar. Die dort wiedergegebene Einteilung dürfte auf Karl den Großen zurückgehen.[22] Sie ist zu finden einerseits in den *Annales Regni Francorum* zum Jahr 775. Hier werden die *Austreleudi Saxones* erwähnt, die „sächsischen Ostleute" an der Oker mit ihrem Anführer Hessi, sowie die *Angrarii in pago qui dicitur Bucci* (die Engern in dem Pagus, der Bucci genannt wird) mit ihrem Chef Bruno und die *Westfalii*.[23] Ebenso sind sie zu finden in den sogenannten „Einhardsannalen" zum selben Jahr. Hier werden die *Ostfalai* an der Oker mit ebenjenem Hessi, die *Angrarii* und die *Westfalai* genannt.[24] Diese Gliederung wird mit Ortsangaben verbunden, die eine ost-westliche Topographie widerspiegeln, denn der Fluss Oker entspringt im Harz und teilt in etwa das ostsächsische Gebiet nach Westen ab, er markierte die Grenze zwischen den Bistümern Hildesheim und Halberstadt, der Bukki-Gau lag an der Weser und die „Westfalen" werden in den genannten Annalen mit dem Ort Lübbecke *(Lidbeckegau)* westlich von Minden am Wiehengebirge verbunden.

Das unmittelbar mit oder kurz nach der *Lex Saxonum* entstandene „Mainzer Geiselverzeichnis" von 803/804 nennt Geiseln *de Westfalahis, de Ostfalahis* und *de*

---

21   Martin Lintzel, Die Zahl der sächsischen Provinzen, in: Sachsen und Anhalt 6 (1930), S. 1–15, Neudruck in: ders., Ausgewählte Schriften. Bd. 1: Zur altsächsischen Stammesgeschichte, Berlin 1961, S. 293–305; Johannes Bauermann, ‚herescephe'. Zur Frage der sächsischen Stammesprovinzen, in: Westfälische Zeitschrift 97 (1947), S. 38–68. Den Begriff *herschaph* problematisiert: Matthias Springer, Die Einteilung des alten Sachsens, in: Peter Nitschke/Mark Feuerle (Hg.), Imperium et Comitatus. Das Reich und die Religion, Frankfurt am Main 2009, S. 131–147, hier: 140–143. Für Springer ist es zweitrangig, ob ‚herescephe' mit „Heerschaft" oder „Herrschaft" zu übersetzen sei. In jedem Falle sei der Begriff ein Neologismus, zumal ein „neuhochdeutscher in niederdeutschen Bezügen".

22   Springer, Sachsen (wie Anm. 2), S. 42f.

23   Annales regni Francorum inde ab a. 741 usque ad a. 829, in: Annales regni Francorum inde ab a. 741 usque ad a. 829, qui dicuntur Annales Laurissenses maiores et Einhardi, bearb. von Friedrich Kurze, Hannover 1895, Nachdruck 1950 (nur die geraden Seiten), S. 40, 42 (zum Jahr 775) (Monumenta Germaniae Historica, Scriptores rerum Germanicarum in usum scholarum separatim editi, 6).

24   Annales qui dicuntur Einhardi, in: Annales regni Francorum (wie Anm. 23, nur die ungeraden Seiten), S. 41, 43 (zum Jahr 775).

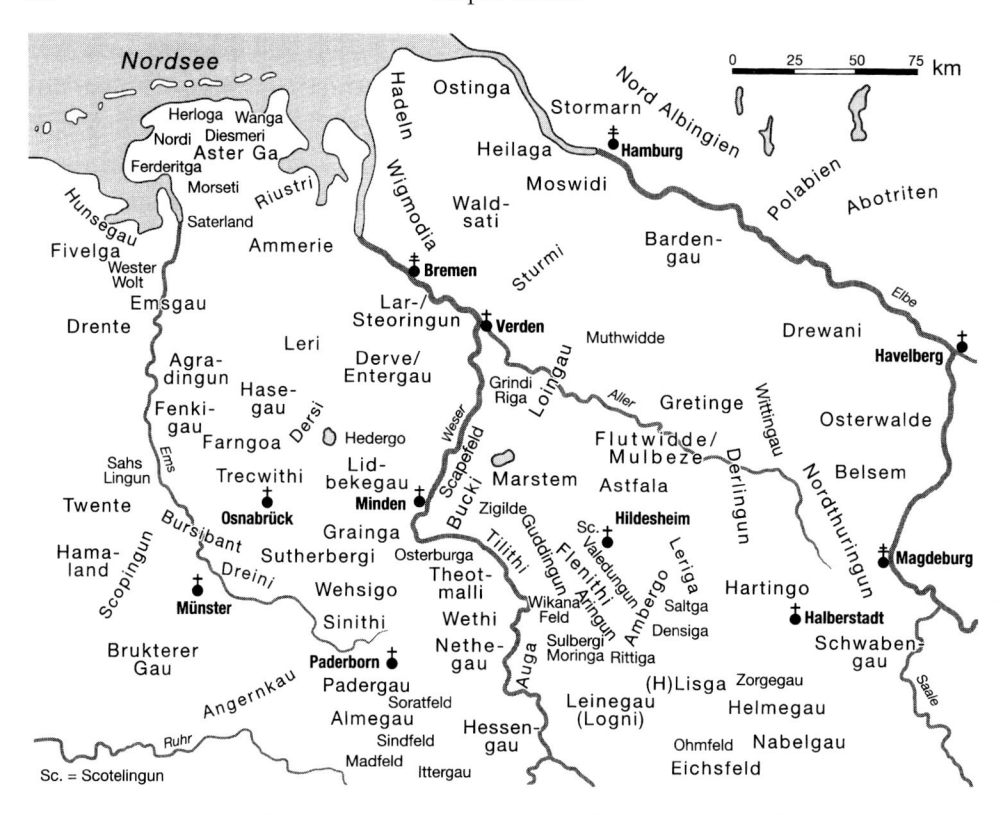

Abb. 1: Gaunamen in Sachsen. (Aus: Caspar Ehlers, Die Integration Sachsens in das fränkische Reich 751–1024, Göttingen 2007, S. 40)

Angrariis.[25] Ebenso kennt auch ein um 850 entstandener „Werdener Text"[26] die drei Bevölkerungsgruppen Sachsens und schließlich erzählt auch der *Poeta Saxo*[27], die Namen würden noch zu seiner Zeit (888/891) fortleben:

25 Capitularia regum Francorum, Bd. 1, hg. von Alfred Boretius, Hannover 1888, S. 233f. (Monumenta Germaniae Historica, Capitularia regum Francorum, 1); vgl. Eckhard Freise, Das Mittelalter bis zum Vertrag von Verdun, in: Wilhelm Kohl (Hg.), Westfälische Geschichte. Bd. 1: Von den Anfängen bis zum Ende des Alten Reiches, Düsseldorf 1983, S. 275–336, hier: 286f. (Veröffentlichungen der Historischen Kommission für Westfalen, XLIII).
26 Wilhelm Winkelmann, Frühgeschichte und Frühmittelalter, in: Kohl, Westfälische Geschichte (wie Anm. 25), S. 187–230, hier: 188, ohne weitere Nachweise auf diese Quelle.
27 Ingrid Rembold, The Poeta Saxo at Paderborn. Episcopal Authority and Carolingian Rule in late ninth-Century Saxony, in: Early Medieval Europe 21 (2013), S. 169–196; Jürgen Bohne, Der Poeta Saxo in der historiographischen Tradition des 8.–10. Jahrhunderts, Diss. Berlin 1963.

Nomina nunc remanent, virtus antiqua recessit:
Denique Westfalos vocitant in parte manentes
Occidua, quorum non longe terminus amne
A Rheno distat. Regionem solis ad ortum
Inhabitant Osterliudi, quos nomine quidam
Ostvalos alio vocitant; confinia quorum
Infestant coniuncta suis gens perfida Sclavi.
Inter praedictos media regione morantur
Angarii, populus Saxonum tertius; horum
Patria Francorum terris sotiatur ab austro
Oceanoque eadem coniungitur ex aquilone.[28]

„Die Namen haben bis heute überdauert, die alte Tugendhaftigkeit ist verschwunden. So sind die Westfalen Genannten im westlichen Teil verblieben, nicht weit vom Rhein. Die Ostleute, die auch Ostfalen genannt werden, bewohnen die Regionen zum Osten hin, benachbart dem ungläubigen Volk der Slaven. In der Mitte zwischen den beiden genannten Regionen leben die Engern, das dritte sächsische Volk; deren Gebiet, das sich von der Ostsee nach Süden erstreckt, wo es das fränkische Reich berührt."

In allen zitierten Quellen des 9. Jahrhunderts treten die Personennamen stets im Plural auf, während – mit Ausnahme der Terminologie *Saxonia* – Landschaftsbezeichnungen im Singular fehlen. Dass diese sich erst später bildeten und von den Gruppennamen abgeleitet worden sind, belegt die später entstandene territoriale Nomenklatur. Noch im heutigen Deutsch sind die Gruppen und die Landschaften nur durch den Kontext der Wortverwendung zu unterscheiden: die Westfalen leben in Westfalen, die Sachsen in Sachsen, dementsprechend auch bei den Ostfalen, Ostsachsen oder Engern.

Im Lateinischen ist das anders.[29] Die *Austreleudi* sind die Ostleute; in der Fassung der sogenannten Einhardsannalen heißen sie *Ostfalai*. Die *Angrarii* heißen Engern (sie fehlen in den *Annales Regni Francorum* zum Jahr 784), die *Westphalores* sind die Westfahlen, im Lateinischen in der Genetivform plural verwendet.

---

28   Poeta Saxo, Annalium de gestis Caroli Magni imperatoris libri quinque, in: Poetae Latini aevi Carolini. Bd. 4,1, bearb. von Paul von Winterfeld, Hannover 1899, S. 1–71, hier: 8 (Monumenta Germaniae Historica, Poetae Latini medii aevi, 4,1); jüngere Edition: Le gesta dell'imperatore Carlo magno. Annali Poeta sassone. Introduzione, bearb. von Antonino Isola, Milano 1987 (Biblioteca di cultura medievale). Matthias Becher, „Non enim habent regem idem Antiqui Saxones". Verfassung und Ethnogenese in Sachsen während des 8. Jahrhunderts, in: Hans-Jürgen Häßler/Jörg Jarnut/Matthias Wemhoff (Hg.), Sachsen und Franken in Westfalen. Zur Komplexität der ethnischen Deutung und Abgrenzung zweier frühmittelalterlicher Stämme, Oldenburg 1999, S. 1–31, hier Anm. 116 (Studien zur Sachsenforschung, 12).
29   Vgl. neben dem schon Zitierten auch: Springer, Einteilung (wie Anm. 21), S. 134f.

Übrigens wäre noch eine vierte Gruppe nördlich des Unterlaufes der Elbe anzunehmen, die „Nordalbingier" beziehungsweise, als lateinischer Gruppenname, die *Nordleudi* – die Bewohner der Gebiete nördlich der Elbe.[30] In den sogenannten Einhardsannalen fehlt zum Jahr 780 dieser geographisch-räumliche Begriff, sie umschreiben stattdessen:

> *Profectus inde ad Albiam castrisque in eo loco, ubi Ora et Albia confluunt, ad habenda stativa conlocatis tam ad res Saxonum, qui citeriorem, quam et Sclavorum, qui ulteriorem fluminis ripam incolunt, conponendas operam inpendi.*
>
> „Von hier rückte er an die Elbe, schlug an der Stelle, wo die Ohre in die Elbe mündet [bei Wolmirstedt], ein Lager auf und bemühte sich, sowohl die Angelegenheiten der Sachsen, welche diesseits, als die Slawen, welche jenseits des Flusses wohnen, in Ordnung zu bringen."[31]

Rückschlüsse aus den karolingischen Quellen

Im Verlauf des 9. Jahrhunderts erlebte der sächsische Raum einen stufenweisen Ausbau der räumlichen Ordnung – vor allem durch die Einrichtung von Diözesen.[32] Dabei hatte das Erzbistum Köln den Raum zwischen Rhein und Weser sowie dem Unterlauf der Elbe zu organisieren, das Erzbistum Mainz das Gebiet vom Main nach Nordosten einschließlich des Territoriums zwischen Weser und Elbe bzw. Saale. Die „Westfalen" und die „Ostfalen" lassen sich – im Gegensatz zu den Engern – der karolingischen Raumorganisation durch die Erzbistümer Köln und Mainz zuordnen:

Dem Siedlungsgebiet der „Westfalen" würden demnach die Suffraganbistümer der Kirchenprovinz Köln entsprechen, also das Kölner Gebiet des Erzbistums ostwärts des Rheines, das Bistum Minden, das Bistum Münster und das Bistum Osnabrück. Vergleichbar wären die „Ostfalen" in das Gebiet der Kirchenprovinz Mainz einzugliedern, also in das nordöstliche Gebiet des Erzbistums Mainz, das Bistum Halberstadt, das Bistum Hildesheim, das Bistum Paderborn und das Bistum Verden.

Für die „Nordleute" dürfte, diesem groben Schema gemäß, zunächst das vermutlich am Ende des 8. oder zu Beginn des 9. Jahrhunderts als Kölner Suffraganbistum

---

30   Annales regni Francorum (wie Anm. 23), S. 56 (zum Jahr 780); vgl. Springer, Sachsen (wie Anm. 2), S. 43.

31   Annales regni Francorum (wie Anm. 23), S. 57 (zum Jahr 780). Deutsche Übersetzung: Otto Abel (Bearb.), Einhards Jahrbücher. Aus des Paulus Diakonus Geschichte der Bischöfe von Metz. Die letzten Fortsetzungen des Fredegar, Leipzig 1888, S. 67 (Geschichtschreiber der deutschen Vorzeit 17/2).

32   Dies ist die zentrale These meiner Habilitationsschrift: Caspar Ehlers, Die Integration Sachsens in das fränkische Reich 751–1024, Göttingen 2007 (Veröffentlichungen des Max-Planck-Instituts für Geschichte, 231).

gegründete Bistum Bremen gedacht gewesen sein, aus dem durch die Verlegung nach Hamburg – angeblich bereits um 834 durch Ludwig den Frommen – ein Erzbistum entstand, dem die Mission Skandinaviens als Aufgabe zugewiesen wurde.[33]

Im Gebiet aller dieser Diözesen wurden im Laufe des 9. Jahrhundert mehr oder weniger viele geistliche Gemeinschaften eingerichtet, seien es Mönchs- oder Nonnenklöster, Kanoniker- oder Kanonissenstifte – wobei der Anteil von Frauenkonventen mit dem der Männer ausgeglichen ist.[34]

Eine auf den weltlichen Bereich des dynamischen Prozesses der Raumordnung bezogene Nachricht stammt aus den frühen vierziger Jahren des 9. Jahrhunderts und erhellt die Probleme bei der Integration der Einwohner Sachsens in das fränkische Normensystem. Leider lässt sich dieser sogenannte „Stellingaaufstand" im Jahre 841, über den vor allem der westfränkische Historiograph Nithard berichtet,[35]

---

33   Die frühen Zeugnisse zur Geschichte des Erzbistums sind gefälscht beziehungsweise unglaubwürdig, erst 893 ist Hamburg in dieser Rolle erkennbar: vgl. Theo Kölzer, Ludwigs des Frommen „Gründungsurkunde" für das Erzbistum Hamburg, in: Archiv für Diplomatik 60 (2014), S. 35–68.

34   Ehlers, Integration (wie Anm. 32), S. 407–417.

35   Nithardi Historiarum libri IIII, bearb. von Ernst Müller, Hannover 1907, Nachdruck 1965, S. 41f. (Buch 4, Kapitel 2) (Monumenta Germaniae Historica, Scriptores rerum Germanicarum in usum scholarum separatim editi, 44). Deutsche Übersetzung in: Reinhold Rau (Hg.), Quellen zur Karolingischen Reichsgeschichte, 1. Teil: Die Reichsannalen. Einhard, Leben Karls des Großen. Zwei „Leben" Ludwigs. Nithard, Geschichten, Darmstadt 1955, S. 449: „Ludwig aber ging der Sachsen wegen nach Köln. Da die Vorgänge bei den Sachsen, wie ich sie sehe, von großer Bedeutung sind, glaube ich sie in meiner Erzählung nicht übergehen zu dürfen. Kaiser Karl, mit Recht von allen Völkern der Große genannt, hat, wie allgemein in Europa bekannt ist, die Sachsen durch vielfache und verschiedene Bemühung vom nichtigen Götzendienst zum wahren Glauben an Gott und Christus bekehrt. Von alten Zeiten her haben sie sich aber sehr oft durch viele Beweise edel und kriegerisch gezeigt. Das ganze Volk ist in drei Stände geteilt, die einen nämlich heißen in ihrer Sprache Edelinge, die andern Frilinge, die dritten Lazzen, das heißt: Edle, Freie und Knechte. Bei dem Streit Lothars nun mit seinen Brüdern hatte sich der Adel in zwei Gruppen gespalten, von der sich die eine Lothar, die andere Ludwig anschloss. So standen hier die Dinge und als Lothar sah, daß nach dem Sieg seiner Brüder das Volk, welches auf seiner Seite gewesen war, abzufallen drohte, suchte er, von der Not getrieben, wo und wie, er konnte, Hilfe. Darum verteilte er das Staatsgut zum Privatgebrauch, schenkte den einen die Freiheit und versprach sie anderen nach dem Sieg; so schickte er auch nach Sachsen und ließ den Frilingen und Lazzen, deren Zahl sehr groß ist, versprechen, ihnen, wenn sie ihm folgten, ihr Recht, wie sie es zur Zeit, als sie noch Götzendiener waren, hatten, wiederzugeben. Hiernach, über die Maßen begierig, legten sie sich einen neuen Namen, Stellinga, bei, verjagten, zu einem starken Haufen vereinigt, ihre Herren beinahe aus dem Lande und lebten in alter Weise, jeder nach dem ihm beliebenden Gesetz. Außerdem hatte Lothar auch die Nordmannen zu seiner Hilfe herbeigerufen und so ihnen einen Teil der Christen unterstellt, auch ließ er ihnen Freiheit die übrigen christlichen Völker zu berauben. Ludwig war daher in Besorgnis, dass die Nordmannen und Slaven sich als Nachbarn mit den Sachsen, welche sich Stellinga nannten,

keiner sächsischen Region zuweisen. Auch das persönliche Eingreifen Ludwigs des Frommen kann nicht belegt werden – es ist durchaus denkbar, dass er die Niederschlagung des Aufstandes seinen Eliten vor Ort überließ.[36]

Auch wenn die Liudolfinger sich schon in ihrer Hausüberlieferung als Herzöge von Sachsen bezeichnen, so scheint doch alles dafür zu sprechen, dass die Entstehung dieses Amtes im rechtlichen Sinne frühestens in die Ottonenzeit datiert.[37] Die Liudolfinger können also nicht zwangsläufig zu den soeben genannten Eliten in Sachsen gerechnet werden – obwohl die älteste Tochter Liudolfs, Liutgard († 885), um 869 König Ludwig den Jüngeren von Franken († 882) geheiratet hatte, was auf eine bestehende ältere Bedeutung der Familie hinweist. Deren Stammvater, der eben genannte Liudolf,[38] lebte von 805/806 bis 866, sein ältester Sohn Brun († 880) wird in späteren Urkunden als „Herzog in Sachsen", dessen Bruder Otto († 912) gar als „Herzog von Sachsen" bezeichnet[39], obwohl sie vermutlich nur Grafen gewesen waren.[40] Letztgenannter Otto war der Vater Heinrichs I., der vor seiner Königserhebung zum Nachfolger Konrads I. als erster Liudolfinger von einem König als „Herzog von Sachsen" tituliert wurde und der ein mächtiger Gegenspieler des fränkischen Konradiners gewesen war.[41]

Diese Belege zu einem sächsischen Herzogstitel bieten keinen Aufschluss über die Bedeutung Westfalens im 9. Jahrhundert, da Ostsachsen im Fokus liegt. Das ändert sich auch nicht in den Berichten Widukinds von Corvey zu den Vorfahren der Ottonen.[42]

Schon Hermann Rothert näherte sich der ursprünglichen Gliederung des sächsischen Landes über die „kirchliche Einteilung" und rekonstruierte für Westfalen

    verbänden, in das Reich erobernd einfielen und in jenen Ländern den christlichen Glauben ausrotteten; deshalb vorzüglich, wie wir gesagt haben, begab er sich nach und suchte soviel er konnte auch den übrigen Schäden im Reiche abzuhelfen, damit nicht dieses entsetzlichste Unglück über die heilige Kirche Gottes einbreche."

36 Ehlers, Integration (wie Anm. 32), S. 258–267, 301ff.

37 Matthias Becher, Volksbildung und Herzogtum in Sachsen während des 9. und 10. Jahrhunderts, in: Mitteilungen des Instituts für Österreichische Geschichtsschreibung 108 (2000), S. 67–84, hier: 83f.; zu den Liudolfingern in Sachsen: ders., Rex, Dux und Gens. Untersuchungen zur Entstehung des sächsischen Herzogtums im 9. und 10. Jahrhundert, Husum 1996, S. 66–108 (Historische Studien, 444).

38 In einer frühen Quelle zwar als *dux orientalium Saxonum* genannt, was aber nicht seine tatsächliche Funktion bezeichnet: vgl. Becher, Rex (wie Anm. 37), S. 73.

39 Ebd., S. 81f., 85; zu Ottos angeblichem Herzogtitel.

40 In den Urkunden Ottos I., nicht aber in den zeitgenössischen Urkunden der Karolinger: Becher, Rex (wie Anm. 37), S. 67.

41 Ebd., S. 70; mit Verweis auf Urkunde Nr. 15 in: Die Urkunden der deutschen Könige und Kaiser, Bd. 1: Die Urkunden Konrad I., Heinrich I. und Otto I, hg. von Theodor Sickel, Hannover 1879–1884, Nachdruck 1980 (Monumenta Germaniae Historica, Diplomata regum et imperatorum Germaniae, Band 1); ferner Becher, Rex (wie Anm. 37), S. 82f. zur tatsächlichen Funktion Heinrichs jenseits des Titels eines Herzogs.

42 Ebd., S. 89ff.

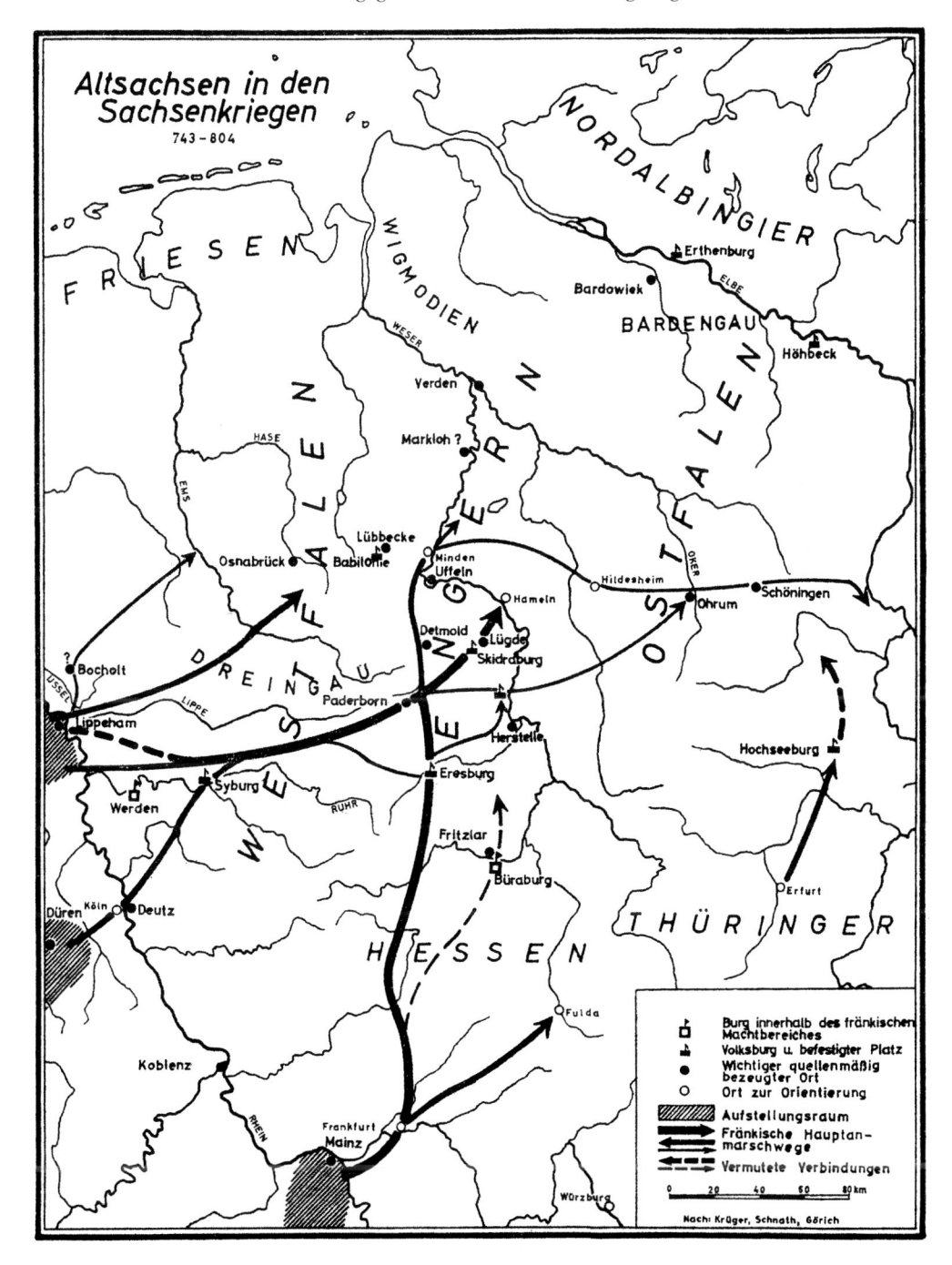

Abb. 2: Sachsenkriege (Quelle: Kartenbeilage zu Hermann Aubin, Die geschichtliche Entwicklung, in: ders., Ottmar Bühler, Bruno Kruske und Aloys Schulte (Hg.), Der Raum Westfalen, Band 1: Grundlagen und Zusammenhänge, Berlin 1931, S. 7–27.)

ein Gebiet mit „etwa 20 Gaue[n] ohne Untergaue" im Gebiet der Bistümer Utrecht, Osnabrück und Münster, sodass das Erzbistum Köln selbst in seinem westlichen Teil westfälisch und in seinem östlichen Teil (Soest) „Engern" gewesen sei, als Grenze habe der Salzbach bei Werl gedient. Mithin wären die Bistümer Verden, Minden, Paderborn und Bremen sowie ein Teil der Diözese Hildesheim für den Rest der Landschaft „Engern" kirchlich zuständig gewesen.[43]

Diese kirchliche mit weltlichen Raumordnungen verbindende, den letzteren den Vorzug gebende Theorie hat den Nachteil, dass sie eben doch andere Kriterien als die diözesane Gliederung des Raumes heranziehen muss. Daher mag mehr für die These Hans-Dietrich Kahls sprechen, der die Ursprünge der fränkischen Raumorganisation Sachsens schon in den Sachsenkriegen annimmt, sie also als militärisch-operational bedingt ansieht. Das Gebiet zwischen Rhein und Weser könnte demnach im 8. Jahrhundert als eine fränkische Grenzmark mit dem Vorort Paderborn konzipiert worden sein.[44]

In diesem Sinne argumentiert auch Matthias Springer, wenn er darauf hinweist, dass alle Orte, die in den fränkischen Annalen genannt und den drei Verbänden zugeordnet werden können, tatsächlich einer geographischen Ost-West-Ausdehnung zu folgen scheinen, zudem liegen sie alle an der nördlichen Grenze der Mittelgebirge, beziehen sich also auf den Süden des sächsischen „Territoriums".[45] Er bezweifelt daher die Entstehung der drei west-östlichen „Streifen" im Verlauf der altsächsischen Expansion von Norden nach Süden und überlegt, ob diese räumliche Trias nicht später als Ergebnis einer vorherigen fränkischen Landnahme von Westen über die Weser nach Osten im Zuge der daran anschließenden räumlichen Organisation von Süden nach Norden durch die Franken eingeführt worden sein könnte. Dass der zitierte sächsische Poet am Ende des 9. Jahrhunderts nur noch die Begriffe kenne, die aber politisch bedeutungslos geworden wären, dient Springer als unterstützendes Argument.[46]

Die dynamische Entwicklung einer Raumordnung kann mit einem dreigliedrigen Prozess mit den Stufen „Erfassung – Durchdringung – Erschließung" beschrieben werden.[47] Das Gebiet zwischen Rhein und Weser wäre demnach zunächst

---

43 Hermann Rothert, Westfälische Geschichte. Bd. 1: Das Mittelalter, 4. Aufl., Gütersloh 1981, S. 75–78; vgl. Hömberg, Westfalen (wie Anm. 5), S. 8f.
44 Hans-Dietrich Kahl, Karl der Große und die Sachsen. Stufen und Motive einer historischen „Eskalation", in: Herbert Ludat/Rainer Christoph Schwinges (Hg.), Politik, Gesellschaft, Geschichtsschreibung. Gießener Festgabe für Frantisek Graus zum 60. Geburtstag, Köln 1982, S. 49–130, hier: 73ff. (Beihefte zum Archiv für Kulturgeschichte, 18).
45 Springer, Einteilung (wie Anm. 21), S. 135f.
46 Ebd., S. 137–139. Die Gegenthese vertritt u. a.: Hömberg, Westfalen (wie Anm. 5), S. 8ff.
47 Caspar Ehlers, Integration (wie Anm. 32), S. 18ff; sowie: ders., Rechtsräume. Ordnungsmuster im Europa des frühen Mittelalters, Berlin/Boston 2016, S. 48f. (methodica, Einführungen in die rechtshistorische Forschung, 3).

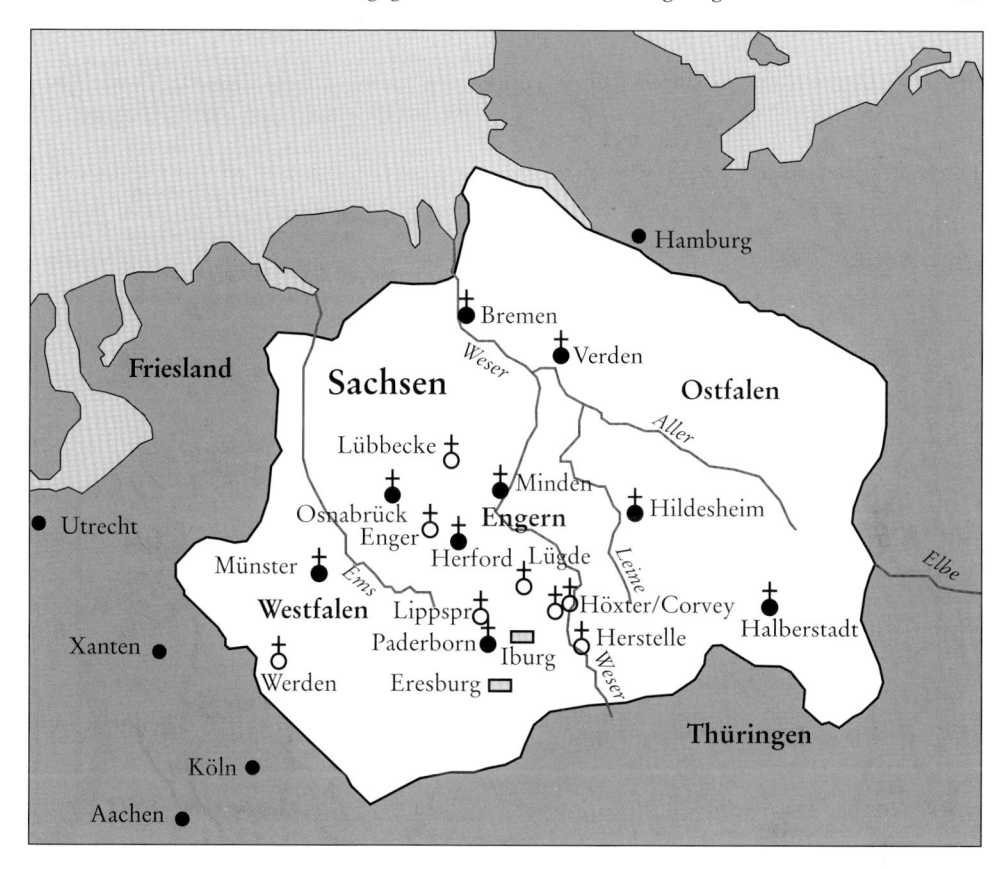

Abb. 3: Sachsen zwischen 772 und 804. (Nach: Matthias Becher, LWL: https://www.lwl.org/westfaelische-geschichte/portal/Internet/input_felder/seite1_westf_bild.php?urlID=340 (20. Mai 2020).

Schauplatz der ersten Phase(n) der Sachsenkriege Karls des Großen gewesen und von den Franken als Grenzmark – „Westfalen" – verstanden worden, zentraler Ort dieser Herrschaft war demnach die Karlburg in Paderborn. Anschließend wurde beiderseits entlang der Weser wurde eine Pufferzone konzipiert, deren Bewohner als „Engern" bezeichnet wurden; die dafür gewählte Benennung *Angrivarii* taucht allerdings schon bei Tacitus im 33. und 34. Absatz der Germania auf und bezeichnet eine an der Weser nach ihrem Austritt aus den Mittelgebirgen lebende Germanengruppe („Anrainer" oder „Wiesenbewohner")[48]. Ostwärts dieser Kontaktzone

48   P. Cornelius Tacitus, Germania, bearb. von Alfons Städele, mit einer Einführung und Erläuterung von Gerhard Fink, 3. Aufl., Düsseldorf 2003, S. 46 (Tusculum Studienausgaben); siehe ebenso die Annales desselben Verfassers in Buch 2, Kapitel 8 und 19: P. Cornelius Tacitus, Annalen. Lateinisch-Deutsch, hg. von Erich Heller mit einer Einführung von Manfred Fuhrmann, 3. Aufl. Düsseldorf/Zürich 1997 (Sammlung Tusculum). Andere Edition: Cornelius Tacitus, Germania, bearb. von Gerhard Perl,

beiderseits der Weser lebten schließlich die „Ostleute". Mit der Unterwerfung der Landschaften bis an die Elbe-Saale-Linie im Fortgang der Sachsenkriege noch im 8. Jahrhundert wurde diese Dreiteilung dann bereits wieder obsolet, zumal sich Ostsachsen sehr bald als Stütze der fränkischen Erschließungsmaßnahmen erwies. Aus dem ostsächsischen Adel entwickelte sich im fränkischen Ordnungssystem die den Karolingern im ostfränkischen Reichsteil nachfolgende Oberschicht.

Quellen der Ottonenzeit

Auch für die Zeit der Ottonen werden zunächst die Belege aus den Urkunden der Dynastie vorgestellt, bevor ausgewählte historiographische Zeugnisse bewertet werden. Im Gegensatz zu den Urkunden aus der Karolingerzeit sind die „Engern" und „Westfalen" von nun an original belegt – sogar die „Ostfalen" treten erstmals auf, allerdings erst im 11. Jahrhundert unter Heinrich II. Zuverlässige Überlieferungen sind wiederum kursiv wiedergegeben, unsichere in Anführungszeichen.

Erwähnungen von „Engern" in ottonischen Urkunden

1. *Angeresgouue*: Diese Fassung findet sich in einer originalen Urkunde Heinrich I. aus dem Jahr 987, ausgestellt in Essen für Herford.[49]
2. „Engilin pagus", „comitatus Meginwardi": Angaben in einer nicht im Original überlieferten Urkunde Heinrichs I. für das Kloster Fulda, ausgestellt in Erfurt 932, erhalten als Kopie des 12. Jahrhunderts.[50]
3. „Engila pagus", „comitatus Hundharii": Urkunde von Otto I., ausgestellt in Memleben 956 für das Moritzkloster in Magdeburg, überliefert als Kopie des 15. Jahrhunderts.[51]
4. *Engili pagus*: Zuverlässige Angaben in einer im Original überlieferten Urkunde von Otto I., ausgestellt 958 in Allstedt für Graf Billung.[52]

Berlin 1990, S. 110 (Text), 216 (Kommentar) (Griechische und lateinische Quellen zur Frühgeschichte Mitteleuropas bis zur Mitte des 1. Jahrtausends u. Z., 2; Schriften und Quellen der Alten Welt, 37,2); vgl. auch: Wenskus, Angriwarier (wie Anm. 4); sowie: Neumann, Engern (wie Anm. 4).

49 Heinrich I., Essen, 927 März 18, für Herford: Urkunden Heinrichs I., in: Die Urkunden Konrad I., Heinrich I. und Otto I., bearb. von Theodor Sickel, Hannover 1897–1884, Nachdruck München 1980, S. 39–79, hier: 49f., Nr. 13 (Monumenta Germaniae Historica, Die Urkunden der deutschen Könige und Kaiser, 1).

50 Heinrich I., Erfurt, 932 Juni 3, für das Kloster Fulda: ebd., S. 68f., Nr. 34. Zur Kopie siehe Ermgassen, Codex Eberhardi (wie Anm. 12).

51 Otto I., Memleben, 956 Dezember 12, für das Moritzkloster in Magdeburg: Urkunden Ottos I., in: Urkunden Konrad I. (wie Anm. 49), S. 269–271, Nr. 187.

52 Otto I., Allstedt, 958 Dezember 2, für Graf Billung: ebd., S. 278, Nr. 198.

5. *Angeron pagus, comes Heremannus:* Urkunde von Otto II. für die Äbtissin von Meschede, ausgestellt in Magdeburg 978, im Original überliefert.[53]

6. *Angeresgauuue pagus et comitatus:* Urkunde von Otto II., ausgestellt 980 in Bruchsal für Herford. Im Original erhalten, entstanden unter Nutzung der Kopie einer Urkunde Ludwigs des Deutschen.[54]

7. *Angri pagus, comitatus Bernhardi ducis:* Urkunde Otto III. für das Erzbistum Magdeburg, ausgestellt 997 in Arneburg, im Original erhalten.[55]

8. „Angera" und „comes Dodico": Verschollene Kopie einer Urkunde Ottos II., ausgestellt in Aachen 1000 für den Abt von Helmarshausen.[56]

Erwähnungen von „Westfalen" in ottonischen Urkunden

1. *Vuestfala pagus, comes Heinricus:* Gründungsbestätigung von Otto I. für das Stift Fischbeck, ausgestellt 956 in Brüggen, im Original erhalten.[57]

2. „Westfalia" Urkunde Otto I., angeblich ausgestellt in Pöhlde 952 für das Kloster Pöhlde, ein Spurium des 16. Jahrhunderts.[58]

3. „Vuestfalon pagus" und „comes Bernhardus": Urkunde Otto II., ausgestellt in Magdeburg 980 für das Bistum Magdeburg, erhalten als Kopie des 11. Jahrhunderts.[59]

4. „Westfalon pagus": Urkunde von Otto III., ausgestellt in Aachen 997 für die Marienquelle in Aachen, überliefert als Kopie des 12. Jahrhunderts.[60]

5. *Bernhardus dux Uuestualorum subscripsi:* Urkunde von Heinrich II. aus dem Jahr 1013, ausgestellt in Werla für Hildesheim, im Original erhalten.[61]

---

53 Otto II., Magdeburg, 978 März 25, für die Äbtissin von Meschede: Urkunden Ottos II. (wie Anm. 9), S. 195, Nr. 172.

54 Otto II., Bruchsal, 980 Oktober 15, für Herford, ebd., S. 273–275, Nr. 234; zur Vorlage siehe: Urkunden Ludwigs des Deutschen (wie Anm. 9), S. 178f., Nr. 128.

55 Otto III., Arneburg, 997 Juni 5, für das Erzbistum Magdeburg: Die Urkunden Otto II. und Otto III. (wie Anm. 9), S. 393–877, hier: 662f., Nr. 245.

56 Otto III., Aachen, 1000 April 30, für den Abt von Helmarshausen: ebd., S. 786, Nr. 357.

57 Otto I., Brüggen, 956 Januar 10, für das Stift Fischbeck: Urkunden Otto I. (wie Anm. 51), S. 255f., Nr. 174.

58 Otto I., Pöhlde, 952 April 16, für das Kloster Pöhlde, ebd., S. 598f., Nr. 439.

59 Otto II., Magdeburg, 980 August 25, für das Erzbistum Magdeburg: Urkunden Ottos II. (wie Anm. 9), S. 252f., Nr. 224.

60 Otto III., Aachen, 997 Oktober 12, für die Marienkapelle in Aachen: Urkunden Ottos III. (wie Anm. 55), S. 674f., Nr. 257.

61 Heinrich II., Werla, 1013, für Hildesheim: Die Urkunden Heinrichs II. und Arduins, bearb. von Harry Bresslau u. a., Hannover 1900–1903, Nachdruck München 1980, S. 1–692, hier: 293–296, Nr. 255 (Monumenta Germaniae Historica, Die Urkunden der deutschen Könige und Kaiser, 3).

6. „pagus Wesualorum" und „comes Hermannus": Urkunde von Heinrich II., ausgestellt in Mühlhausen 1017 für Nordhausen, erhalten als Kopie des 14. Jahrhunderts.[62]

7. *Westfalo-heriscefse pagus:* Urkunde von Heinrich II., ausgestellt in Würzburg 1019 für Kaufungen, im Original erhalten.[63]

8. „Saxonicus Westfala pagus": Urkunde Heinrich II., ausgestellt in Köln 1020 für das Kloster Abdinghof, überliefert als Kopie des 11. Jahrhunderts.[64]

9. *Westfalon pagus* und *comes Bernhardus:* Urkunde Heinrich II., ausgestellt in Paderborn 1023 für das Bistum Paderborn, im Original erhalten.[65]

10. „Westfalon pagus" und „comes Bernhardus" heißt es in einer unzuverlässigen Urkunde Heinrich II., ausgestellt 1023 in Paderborn für das Bistum Paderborn, erhalten als Kopie des 11. Jahrhunderts.[66]

Erwähnungen von „Ostfalen" in ottonischen Urkunden

Der Terminus „Ostfalen" wird vom 8. bis 10. Jahrhundert nicht verwendet. Er tritt zuerst in de Diplomen Heinrichs II. auf.[67]

1. *Astfalo pagus sive provincia* oder auch *Astfala pagus:* Im Original in zwei Fassungen überlieferte Urkunde Heinrich II., ausgestellt in Werla 1013 für das Bistum Hildesheim.[68]

2. *Astuala pagus quod olim Thiedericus palatinus comes posteaque filius eius Sirus habuerat:* Als Original überlieferte Urkunde Heinrich II., ausgestellt in Werla 1013 für das Bistum Hildesheim.[69]

3. „Astfalo pagus": Urkunde Heinrich II., erhalten in einer Kopie des 12. Jahrhunderts, ausgestellt ohne überliefertes Datum in Werla für St. Michael in Hildesheim.[70]

---

62 Heinrich II., Mühlhausen, 1017, für Nordhausen: ebd., S. 481f., Nr. 377.
63 Heinrich II., Würzburg, 1019 Dezember 31, für Kaufungen: ebd., S. 534, Nr. 420.
64 Heinrich II., Köln, 1020 Februar 18, für Kloster Abdinghof: ebd., S. 534f., Nr. 421.
65 Heinrich II., Paderborn, 1023 Januar 14, für das Bistum Paderborn: ebd., S. 618f., Nr. 484.
66 Heinrich II., Paderborn, 1023 Januar 14, für das Bistum Paderborn: ebd., S. 619f., Nr. 485.
67 Vgl. Springer, Einteilung (wie Anm. 21), S. 145.
68 Heinrich II., Werla, 1013 März 2, für das Bistum Hildesheim: Urkunden Heinrichs II. (wie Anm. 61), S. 296–301, Nr. 256a und 256b; vgl. Urkunden Ludwigs des Deutschen (wie Anm. 9), S. 200–202, Nr. 143.
69 Heinrich II., Werla, 1013, für das Bistum Hildesheim: Urkunden Heinrichs II. (wie Anm. 61), S. 303f. (Nr. 259).
70 Heinrich II., Werla, undatiert, für St. Michael zu Hildesheim: ebd., S. 304–307, Nr. 260.

4. „Astfalo pagus", „in prefectura Tammonis": Urkunde Heinrich II., erhalten in einer Kopie des 12. Jahrhunderts, ausgestellt ohne überliefertes Datum in Werla für St. Michael in Hildesheim.[71]

5. „Hastvalo pagus": Urkunde Heinrich II., Kopie des 12. Jahrhunderts, ausgestellt ohne Datum in Werla für das Kloster Heiningen.[72]

Alle drei sächsischen Regionen werden in ottonischer Zeit wie bei den Karolingern durch Personengruppen bezeichnet. Eine Neuerung ist jedoch die *pagus*-Angabe, üblicherweise übersetzt mit „Gau". Hierbei ist zu bemerken, dass *provintia* und *ducatus* sowie *comitatus* nur in der Terminologie späterer Fälschungen karolingischer Urkunden vorkommen. Die Diskussion um den Bedeutungsgehalt dieser Termini kann hier freilich nicht referiert oder weitergeführt werden, zumal es nur um die Verwendung der Gruppenbezeichnung gehen soll.

Historiographie

Widukind von Corvey erzählt die Geschichte der Dreiteilung von Ostleuten, Engern und Westfalen nach den ihm vorliegenden, oben bereits angeführten Schriftquellen:

A tribus etiam principibus totius gentis ducatus administrabatur, certis terminis exercitus congregandi potestate contenti, quos suis locis ac vocabulis novimus signatos, in orientales scilicet populos, Angarios atque Westfalos. Si autem universale bellum ingruerit, sorte eligitur, cui omnes obedire oportuit, ad administrandum inminens bellum.

„Daher wird bis auf den heutigen Tag das sächsische Volk, abgesehen von den Knechten, nach Abstammung und Gesetz in drei Teile geteilt. Auch wurde das Herzogtum über das ganze Volk von drei Fürsten verwaltet, die sich damit begnügten, den Heerbann innerhalb bestimmter Grenzen einzuberufen; und wir wissen, dass sie nach ihren Wohnorten und Namen bezeichnet wurden, nämlich als Ostfalen, Engern und Westfalen. Wenn aber ein allgemeiner Krieg ausbrach, wurde einer durch das Los gewählt, dem alle gehorchen mussten, um den bevorstehenden Krieg zu leiten."[73]

71 Ebd.
72 Heinrich II., Werla, für Kloster Heiningen: ebd., S. 308f., Nr. 261.
73 Widukind von Corvey, Die Sachsengeschichte, bearb. von Paul Hirsch/Hans-Eberhard Lohmann, Hannover 1935, Nachdruck 1989, S. 23f. (Buch 1, Kapitel 14) (Monumenta Germaniae Historica, Scriptores rerum Germanicarum in usum scholarum separatim editi, 60); vgl. Springer, Einteilung (wie Anm. 21), S. 140. Deutsche Übersetzung nach: Albert Bauer und Reinhold Rau (Hg.), Die Sachsengeschichte des Widukind von Korvei, 5. Aufl. Darmstadt 2002, S. 43 (Quellen zur Geschichte der sächsischen Kaiserzeit/Ausgewählte Quellen zur Deutschen Geschichte des Mittelalters, Freiherr-vom-Stein-Gedächtnisausgabe, Bd. 8).

Bei Thietmar von Merseburg († 1018) verdichtet sich dann ein ostsächsisch definiertes Selbstbewusstsein, das für die „Leute aus dem Westen" vor allem abwertende Bemerkungen übrig hat.

Rückschlüsse aus den ottonischen Quellen

Wie die angeführten Belege aus ottonischen Diplomen zeigen, waren die bei Widukind kolportierten Begriffe der Westfalen und der Engern tatsächlich in Gebrauch. Bemerkenswert ist in diesem Zusammenhang, dass es in den Königsurkunden vor Heinrich II. – und vor Thietmar von Merseburg – keine definierte Abscheidung der Ostsachsen gibt. Möglicherweise hat dies auch mit der Kumulierung territorialer Macht starker Adelsfamilien in den sächsischen Großräumen zu tun.

In der engen Umgebung König Heinrichs I. hatte mit Bernhard († 935), einem Verwandten der Billunger, der Aufstieg dieser Familie begonnen. Hermann Billung († 973) wurde 936 Nachfolger Bernhards als höchster Militärführer (*princeps militiae*) unter Otto I.[74] Aus dieser Königsnähe entstand das sächsische Herzogtum der Billunger in einem gestreckten Prozess seit 953,[75] der unter anderem die königliche Stellvertretung in Sachsen während der Abwesenheiten Ottos des Großen durch Hermann beinhaltete: *Herimannus dux Saxoniam procurabat*[76], der jedoch in Urkunden Ottos den Titel eines *dux* nicht trägt. Hermanns Sohn Bernhard († 1011) wird in den Quedlinburger Annalen als *secundus a rege*[77] bezeichnet, er führte den Herzogstitel, der dann auf seinen Sohn Bernhard II. († 1059) überging. Die Familie sei seit dem 9. Jahrhundert so fest in den „engrischen Gebieten von der Oberweser bis zur Niederelbe" verwurzelt gewesen, dass ihre zunächst aus der Heerführerfunktion (also als *dux* im eigentlichen Sinne) resultierende Vorrangstellung in Sachsen nicht mehr erschüttert werden konnte.[78]

Mit dem ausgehenden 10. Jahrhundert steigen dann die Grafen von Werl zur mächtigsten Grafenfamilie in Westfalen auf; da sie ebenfalls die Leitnamen Her-

---

74 Becher, Rex (wie Anm. 37), S. 251–259; das Zitat aus: Widukind von Corvey, Sachsengeschichte (wie Anm. 73), S. 70 (Buch 2, Kapitel 4).
75 Zusammenfassend: Springer, Sachsen (wie Anm. 2), S. 44; mit Verweis auf: Becher, Rex (wie Anm. 37).
76 Widukind von Corvey, Sachsengeschichte (wie Anm. 73), S. 115 (Buch 3, Kapitel 23); vgl. dazu: Becher, Rex (wie Anm. 37), S. 264–268, 274–298.
77 Die Annales Quedlinburgenses, bearb. von Martina Giese, Hannover 2004, S. 530 (zum Jahr 1011) (Monumenta Germaniae Historica, Scriptores rerum Germanicarum in usum scholarum separatim editi, 72).
78 Hömberg, Westfalen (wie Anm. 5), S. 21 und vor allem S. 84–93 zu den besonderen Bedingungen des sächsischen Herzogtums der Billunger aus der militärischen Notwendigkeit der Grenzsicherung Ostsachsens entlang der Elbe unter Einbindung der Westfalen und Engern.

Abbildung 4: Sachsen um 1000. (Großer Historischer Weltatlas, 2. Teil: Mittelalter, hg. vom Bayerischen Schulbuchverlag, Red. Josef Engel. 2. Aufl. München 1979, Karte 69a.)

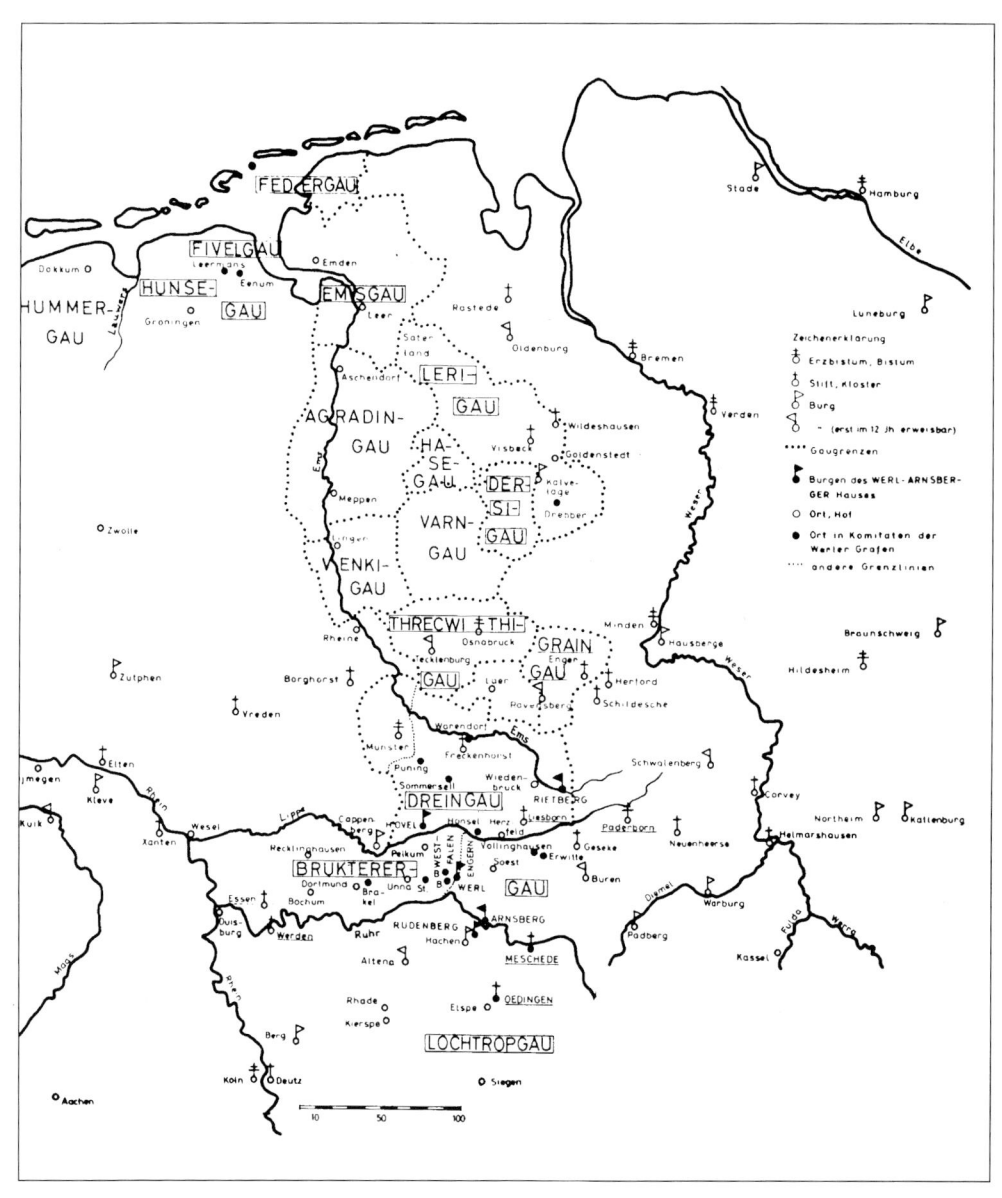

Legende:
Werden   Vogteihoheiten des Werler Hauses   Essen   Vogteihoheiten des Werler Hauses vermutet
DREINGAU   Werler Komitatsrechte bezeugt   GRAINGAU   Werler Komitatsrechte vermutet
Abk.:   St. = Steinen bei Werl, B. = Büderich und Basthusen bei Werl
Entwurf: P. Leidinger

Abbildung 5: Die Grafen von Werl im 11. Jahrhundert. (Paul Leidinger: Die Zeit der Grafen von Werl (ca. 950–1124), in: Amalie Rohrer/Hans-Jürgen Zacher (Hg.), Werl. Geschichte einer westfälischen Stadt, Band 1, Paderborn/Werl 1994, S. 61–94, hier 89.)

mann und Bernhard führen, kann eine Verwandtschaft zu den Billungern nicht ausgeschlossen werden.[79]

Quellen der Salierzeit

Nachdem Heinrich II. als letzter Ottone ohne Söhne blieb, wurde 1024 mit Konrad II. ein Mitglied aus der rheinfränkischen Familie der Salier zum König erhoben. Die Salier unternahmen in der Folgezeit den Versuch, ihre Herrschaft auch im ottonischen Stammland in Sachsen und vor allem im Gebiet um Goslar zu etablieren, was in der zweiten Hälfte des 11. Jahrhunderts zu Auseinandersetzungen mit dem sächsischen Adel führte, den sogenannten Sachsenkriegen Heinrichs IV. Die Billunger sowie die Grafen von Werl spielten auch im 11. Jahrhundert eine wichtige Rolle in der sächsischen Geschichte. Mal waren sie Unterstützer der Könige, mal standen sie auf Seiten der Gegner des salischen Königtums in Ostsachsen wie in Westfalen.

Von nun an bleiben die drei Personengruppen Sachsens in den Königsurkunden präsent, auch die Nordalbingier treten hinzu, werden aber hier nicht erfasst. Deutlich überwogen jedoch die Engern, wie nun zu zeigen sein wird.

Erwähnungen von „Engern" in salischen Urkunden

1. „Engere pagus" und „comitatus Marcwardi": Urkunde Konrads II., ausgestellt 1027 in Rom für das Bistum Paderborn, überliefert in einer Kopie des 14. Jahrhunderts.[80]
2. „Angeri pagus" und „in comitatu Ottonis ducis": Urkunde Heinrich IV. für das Bistum Minden, ausgestellt 1063 in Goslar, Kopie des 18. Jahrhunderts.[81]

[79] Friedrich von Klocke, Die Grafen von Werl und die Kaiserin Gisela. Untersuchungen zur Geschichte des 10. und 11. Jahrhunderts. Mit einem Exkurs über die Mittelalter-Genealogie, in: Westfälische Zeitschrift 98/99 (1949), S. 67–111, hier: 86–101; Paul Leidinger, Untersuchungen zur Geschichte der Grafen von Werl. Ein Beitrag zur Geschichte des Hochmittelalters, Paderborn 1965 (Studien und Quellen zur westfälischen Geschichte, 5); Joseph Prinz, Das hohe Mittelalter vom Vertrag von Verdun (843) bis zur Schlacht von Worringen (1288), in: Kohl, Westfälische Geschichte (wie Anm. 25), S. 337–401, hier: 355ff; Paul Leidinger, Die Grafen von Werl und Werl-Arnsberg (ca. 980–1124). Genealogie und Aspekte ihrer politischen Geschichte in ottonischer und salischer Zeit, in: Klueting, Herzogtum Westfalen (wie Anm. 5), S. 119–170.

[80] Konrad II., Rom, 1027 April 7, für das Bistum Paderborn, in: Die Urkunden Konrads II., bearb. von Harry Bresslau, Hannover 1909, Nachdruck München 1980, S. 110–112, Nr. 82 (Monumenta Germaniae Historica, Die Urkunden der deutschen Könige und Kaiser, 4).

[81] Heinrich IV., Goslar, 1063 Juli 17, für das Bistum Minden, in: Die Urkunden Heinrichs IV. Bd. 1: 1056–1076, bearb. von Dietrich von Gladiss/Alfred Gawlik, Berlin

3. *in comitatu Vdonis marchionis in Angeri situm:* Urkunde Heinrich IV., ausgestellt in Regensburg 1063 für das Erzbistum Bremen-Hamburg, im Original erhalten.[82]

4. *comitis prenominati* [= Bernhard] *comitatum in pagis Emisga Vuestfala et Angeri:* Eine weitere Urkunde Heinrich IV., ausgestellt ebenfalls in Regensburg 1063 für das Erzbistum Bremen-Hamburg, ebenfalls im Original erhalten.[83]

5. *Engeren pagus, comes Ŏsolt:* Urkunde Heinrich IV., ausgestellt in Goslar 1064 für das Domkapitel von Paderborn, im Original erhalten.[84]

6. *Angera pagus, ducatus Ottonis ducis:* Urkunde Heinrich IV. aus dem Jahr 1065, ausgestellt in Oschersleben für das Erzbistum Bremen-Hamburg, im Original erhalten.[85]

7. „Engere herescephe pagus": Urkunde Heinrich IV. aus dem Jahr 1065, ausgestellt in Corvey für das Erzbistum Bremen-Hamburg, erhalten in einer Kopie des 14. Jahrhunderts.[86]

Erwähnungen von „Westfalen" in salischen Urkunden

1. *comitis prenominati* [= Bernhard] *comitatum in pagis Emisga Vuestfala et Angeri:* Urkunde Heinrich IV., ausgestellt in Regensburg 1063 für das Erzbistum Bremen-Hamburg, im Original erhalten.[87]

Erwähnungen von „Ostfalen" in salischen Urkunden

1. *Ostvala pagus, comes Christoforus:* Urkunde Heinrich III. aus dem Jahr 1053, im Original erhalten, ausgestellt in Worms für das Bistum Hildesheim (gemeint ist der Gau Ostfalen im östlichen Sachsen).[88]

1941, S. 138f., Nr. 105 (Monumenta Germaniae Historica, Die Urkunden der deutschen Könige und Kaiser, 6).

82 Heinrich IV., Regensburg, 1063 Oktober 24, für das Erzbistum Bremen-Hamburg: ebd., S. 146–148, Nr. 112.

83 Heinrich IV., Regensburg, 1063 Oktober 24, für das Erzbistum Bremen-Hamburg: ebd., S. 148–150, Nr. 113.

84 Heinrich IV., Goslar, 1064 Juli 20 oder 21, für das Domkapitel von Paderborn: ebd., S. 175f., Nr. 134.

85 Heinrich IV., Oschersleben, 1065 September 6, für das Erzbistum Bremen-Hamburg: ebd., S. 217f., Nr. 168.

86 Heinrich IV., Corvey, 1065 Dezember 8, für das Erzbistum Bremen-Hamburg: ebd., S. 228f., Nr. 175.

87 Wie Anm. 83.

88 Heinrich III., Worms, 1053 November 3, für das Bistum Hildesheim, in: Die Urkunden Heinrichs III., bearb. von Harry Bresslau/Paul Kehr, Berlin 1931, Nachdruck

Die Urkunden Heinrichs V. liegen noch nicht in einer Form vor, die eine Durchsuchung nach Orts- und Landschaftsnamen gestattet.[89]

Historiographie

Die Anknüpfung der Salier an ihre ottonischen Vorgänger konzentrierte sich vor allem auf Ostsachsen, insbesondere mit der Etablierung des Pfalzortes Goslar. Westfalen war im Vergleich dazu eher eine Durchgangslandschaft zwischen dem Niederrheingebiet und dem Harzraum. Auch der Konflikt der Sachsen mit Heinrich IV. in den 1070er-Jahren hatte seinen Schwerpunkt im Goslarer Raum. Der westfälische Adel trat jedoch ab der Jahrhundertwende in den sich anschließenden Auseinandersetzungen zwischen Heinrich V. und seinem Vater in Erscheinung.[90]

Adam von Bremen († vor 1085) hatte eine recht genaue Vorstellung der Topographie Sachsens. Er markierte anhand von Flüssen den sächsischen Raum und nannte die Ems als Grenze Westfalens:

> *Nobilissimi Saxoniae fluvii sunt Albis, Sala, Wisara, qui nunc Yissula vel Wirraha nuncupatur. Is in Thuringiae saltu fontem habet, quemadmodum et Sala. Deinde mediam cursu pertransiens Saxoniam in vicinia Fresonum sortitur occasum. Verum maximus Albis, qui nunc Albia nomen habet, etiam Romanorum testimonio predicatur. Cuius ortum ferunt trans Bohemiam, mox Sclavos dirimit a Saxonibus. Iuxta Magdeburg in se recipit Salam fluvium, nec longe ab Hammaburg ipse Albia mergitur in oceanum. Quartus ex magnis Saxoniae fluminibus est Emisa, qui Westphalos a reliquis illius provinciae dirimit populis.*
>
> „Die ansehnlichsten Flüsse Sachsens sind Elbe, Saale und die heute auch Vissula oder Werra genannte Weser. Die entspringt ebenso wie die Saale im Thüringer Walde. Dann fließt sie mitten durch Sachsen und mündet in friesischem Gebiet. Doch als größten Strom bezeichnen schon römische Zeugen die Elbe, die heute auch Albia heißt. Sie soll hinter Böhmen entspringen, später scheidet sie Slawen und Sachsen. Bei Magdeburg nimmt sie die Saale auf, nicht weit von Hamburg fließt sie in den Ozean. Der vierte der großen Ströme Sachsens ist die Ems die Grenze der Westfalen gegenüber allen anderen Stämmen des Landes. Sie entspringt in den Bergen bei Paderborn und fließt mitten durch Friesland in die Nordsee."[91]

München 1980, S. 423f., Nr. 310 (Monumenta Germaniae Historica, Die Urkunden der deutschen Könige und Kaiser, 5).
89 Siehe den aktuellen Stand online unter: http://www.mgh.de/ddhv/ (17.3.2020)
90 Prinz, Das hohe Mittelalter (wie Anm. 79), S. 358–364.
91 Adam von Bremen, Hamburgische Kirchengeschichte, bearb. von Bernhard Schmeidler, Hannover 1917, Nachdruck 1977, S. 5 (Buch 1,2) (Monumenta Germaniae Historica, Scriptores rerum Germanicarum in usum scholarum separatim editi, 2); deutsche Übersetzung nach: Werner Trillmich/Rudolf Buchner (Hg.), Quellen des 9. und 11. Jahrhunderts zur Geschichte der Hamburgischen Kirche und des Reiches, 7. Aufl.

Ausblick auf die Stauferzeit

Die Absetzung Herzog Heinrichs des Löwen ein Jahrhundert später als Ergebnis seiner Auseinandersetzungen mit Friedrich I. Barbarossa führte zu einer Neugliederung Sachsens. Dabei bekam der Kölner Erzbischof „Westfalen und Engern" als Herzogtum zugesprochen, während der Osten Sachsens dem Askanier Bernhard (reg. 1180/81–1212), dem Sohn Albrechts des Bären († 1170), zuerkannt wurde.[92]

Die entsprechende Urkunde Friedrichs I. vom 13. April 1180 aus Gelnhausen nennt folgende Landschaftsangaben:[93]

> *Heinricus quondam dux Bawarię et Westfalię* (Heinrich, ehemaliger Herzog von Bayern und Westfalen); *tam ducatus Bawarię quam Westfalię et Angarię* (einst Herzog von Bayern, wie Westfalens und Engerns); *ducatum, qui dicitur Westfalię et Angarię, in duo divisimus* (das Herzogtum, das Westfalen und Engern genannt wird, teilen wir in zwei).

Der dem Kölner Erzbischof zugesprochene Teil wird wie folgt beschrieben:

> *[…] unam partem, eam videlicet, que in episcopatum Coloniensem et per totum Patherbrunnensem episcopatum protendebatur […] et cum omnibus ad eundem ducatum pertinentibus ecclesię Coloniensi legitimo donationis titulo imperatoria liberalitate contulimus.*
>
> […] den einen Teil, nämlich den, der in der Diözese Köln und im Ganzen im Bistum Paderborn liegt, teilen wir gerne zusammen mit allen diesem Herzogtum zugehörigen Kirchen mit einer legitimen Schenkung des Kaisers dem Kölner Erzbischof zu.

Der Bernhard zugesprochene Teil wird folgendermaßen umrissen:

> *[…] cui reliquam partem ducatus concessimus, […] vexillo imperiali sollempniter investivimus.*
>
> […] dem [scil. Bernhard] gestehen wir den übrigen Teil des Herzogtums zu […] und investieren ihn feierlich mit der kaiserlichen [Lehns-] Fahne.

Als Zeuge dieser Gelnhäuser Urkunde wird Bernhard überraschender Weise *dux Westfalię et Angarię* genannt, da er erst nach der Unterwerfung Heinrichs des Löwen im November 1181 in Erfurt den sächsischen Herzogtitel führen durfte. Er

---

Darmstadt 2000, S. 165, 167 (Ausgewählte Quellen zur deutschen Geschichte des Mittelalters. Freiherr-vom-Stein-Gedächtnisausgabe 11).

[92] Odilo Engels, Zur Entmachtung Heinrichs des Löwen. Die Entstehung des kölnischen Ducats von Westfalen und Engern 1180, in: Klueting, Herzogtum Westfalen (wie Anm. 5), S. 101–118; Prinz, Das hohe Mittelalter (wie Anm. 79), S. 377–380.

[93] Die Urkunden Friedrichs I. Bd. 3: 1168–1180, bearb. von Heinrich Appelt, Hannover 1985, S. 360–364, Nr. 795 (Monumenta Germaniae Historica, Die Urkunden der deutschen Könige und Kaiser, 10).

Abbildung 6: Sachsen 1180 (Großer Historischer Weltatlas, 2. Teil: Mittelalter, hg. vom Bayerischen Schulbuchverlag, Redaktion Josef Engel. 2. Aufl. München 1979, Karte 69b.)

wird als *Bernhardus dux Saxonie* in einer Urkunde Barbarossas vom 16. Februar 1181 zum ersten Mal so genannt.[94]

Mit der Schlacht von Worringen im Jahre 1288 endete die Geschichte des kurkölnischen Anspruchs auf ein Herzogtum Westfalen, dessen Ostgrenze seit 1260 die Weser war. In der Folge traten einzelne Territorien an die Stelle des früheren, umfassenderen Gebildes.[95]

Die Gelnhäuser Urkunde von 1180 beschreibt das kölnische Herzogtum „Westfalen" anhand von Angaben aus der kirchlichen Raumordnung, das askanische hingegen nicht mit „Sachsen", sondern als den „Rest des Herzogtums" Heinrichs des Löwen, des „ehemaligen Herzogs von Sachsen". In der Zeugenliste erhält der Askanier Bernhard den Titel „Herzog von Westfalen und Engern", da Heinrich sich formell erst im November 1181 unterwerfen sollte.

Analyse und Bilanz – retrospektiv oder reaktiv?

In gewissem Sinne ist diese Beobachtung symptomatisch für die Volatilität der Begriffe „Westfalen", „Engern" und „Ostfalen" innerhalb „Sachsens". Einiges spricht für die Entstehung dieser zweifellos fränkischen Bezeichnungen aus der militärischen Praxis der Sachsenkriege, deren Operationsgebiete sich in der West-Ost- sowie Süd-Nord-Ausdehnung spiegeln. In Wechselwirkung dazu dürfte die Bistumsorganisation gestanden haben, der ihrerseits eine gewisse Bedeutung bei der Genese der Teillandschaften zuzukommen scheint.

Die Nachweise aus den Herrscherurkunden belegen darüber hinaus die gewissermaßen „rückwirkende" Verwendung in bestimmten Zusammenhängen. Das Corpus unechter Urkunden für Osnabrück sowie Stücke aus Hildesheim und Herford übertragen geographische Terminologien in die Ordnungsmuster ihrer Zeit – mit Hilfe von Fälschungen oder Interpolationen. Bemerkenswert oft stammen diese Stücke aus dem 11. Jahrhundert und betreffen Westfalen beziehungsweise Engern. Trotz der auf ein „Herzogtum" Westfalen hinweisenden Belege bleibt dies doch ein Ergebnis des Sturzes Heinrichs des Löwen 1180/81.

---

94 Die Urkunden Friedrichs I. Bd. 4: 1181–1190, bearb. von Heinrich Appelt, Hannover 1990, S. 14f., Nr. 814 (Monumenta Germaniae Historica, Die Urkunden der Deutschen Könige und Kaiser, 10).
95 Prinz, Das hohe Mittelalter (wie Anm. 79), S. 397ff.

Alena Reeb

Das Königtum auf der Durchreise?

Westfalen am Übergang von den Ottonen zu den Saliern

„… dann brachen sie in froher Stimmung nach Paderborn auf."[1]

Die hier erwähnte fröhliche Reisegemeinschaft war die König Heinrichs II. und seiner Gemahlin Kunigunde im August 1002. Das Königspaar befand sich auf dem Weg in Richtung Westen, nachdem Heinrich Ende Juli in Merseburg die Huldigung der sächsischen Großen entgegengenommen hatte. Nun führte sie ihr Weg quer durch Sachsen und dabei sollte das im östlichen Westfalen[2] gelegene Paderborn

---

1   Thietmar von Merseburg, Chronik, bearb. von Werner Trillmich, 9. Aufl., Darmstadt 2011, S. 213, Buch 5,19 (Ausgewählte Quellen zur deutschen Geschichte des Mittelalters, Freiherr-vom-Stein-Gedächtnisausgabe, 9).

2   Die genaue Abgrenzung des Raumes Westfalen zu Beginn des 11. Jahrhunderts ist schwierig und in der Forschung umstritten. Bereits zur Zeit Karls des Großen finden sich in den Annalen die Begriffe Westfalen, Engern und Ostfalen, die auf eine gewisse Dreiteilung des sächsischen Gebietes schließen lässt. Noch in der Abschrift einer Urkunde Ottos III., in der die Grenzen zwischen der Hildesheimer und der Mindener Diözese thematisiert werden, tauchen die Bezeichnungen *De Astvalun* und *De Angarum* auf: Urkundenbuch des Hochstifts Hildesheim und seiner Bischöfe. Bd. 1: Bis 1221, bearb. von Karl Janicke, Leipzig 1896, S. 24f., Nr. 35 (Publikationen aus den königlich-preußischen Staatsarchiven, 65). Das zwischen Westfalen und Ostfalen liegende Engern scheint zu dieser Zeit also in gewisser Weise noch präsent zu sein. Daher ist die Weser als östliche Grenze Westfalens in dem Fall nicht geeignet, sie muss sich weiter im Westen befunden haben, klare Belege hierfür fehlen aber. Aus der Notwendigkeit heraus, Westfalen als Untersuchungsraum einzugrenzen, wird auf eine pragmatische Lösung zurückgegriffen, die sich an den naturräumlichen Gegebenheiten orientiert. Die Westfälische Tieflandsbucht kann sicher zu Westfalen gerechnet werden, während das niedersächsische Bergland die mutmaßliche Abgrenzung zu Engern bildete. Paderborn lag demnach im östlichsten Westfalen. Vgl. zur allgemeinen Diskussion um die problematische Grenzthematik, die Dreiteilung Sachsens und die Entwicklung hin zur Zweiteilung: Matthias Springer, Die Sachsen, Stuttgart 2004, S. 250–257; Ernst Schubert (Hg.), Geschichte Niedersachsens. Bd. 2, 1: Politik, Verfassung, Wirtschaft vom 9. bis zum ausgehenden 15. Jahrhundert, Hannover 1997, S. 173f. (Veröffentlichungen der Historischen Kommission für Niedersachsen und Bremen, 36); Eckhard Müller-Mertens/Wolfgang Huschner, Reichsintegration im Spiegel der Herrschaftspraxis Kaiser Konrads II., Weimar 1992, S. 28–30 (Forschungen zur Mittelalterlichen Geschichte, 35); Oliver Hermann, Lothar III. und sein Wirkungsbereich. Räumliche Bezüge königlichen Handelns im hochmittelalterlichen Reich (1123–1137), Bochum 2000, S. 41–44 (Europa in der Geschichte, Schriften zur Entwicklung des modernen Europa, 5).

nicht bloß eine kurze Wegstation markieren. Wenngleich Thietmar von Merseburg in seiner Chronik nur wenige Worte über das dort stattfindende Ereignis verliert, so war es doch für die beiden involvierten Frauen ein ganz bedeutsamer Tag: Kunigunde wurde von Erzbischof Willigis von Mainz gesegnet und zur Königin gekrönt, während Sophia, die Schwester Ottos III., zur Äbtissin von Gandersheim geweiht wurde.[3] Besonders die Krönung der Königin ist ein Ereignis, das Beachtung finden sollte, berücksichtigt man, dass für Kunigundes Vorgängerinnen im ostfränkischen Reich keine derartigen Krönungen bezeugt sind.[4]

In die Herrschaftszeit des letzten Liudolfingers fiel also bereits kurz nach ihrem Beginn ein wichtiger Aufenthalt in Westfalen. Doch wie verhielt es sich in der Folgezeit? Bedingt durch das Reisekönigtum dieser Zeit war die Präsenz des Königs in den verschiedenen Regionen des Reiches immer wieder erforderlich, um Herrschaft auszuüben, Anerkennung zu erlangen oder zu bewahren, sowie Gunst zu erweisen oder zu entziehen.

Für Heinrichs liudolfingische Vorgänger wird in der Forschung gerne von einer ostsächsisch-nordthüringischen Kernlandschaft um den Harz gesprochen, die für die Könige einen zentralen Herrschaftsraum dargestellt habe.[5] Im Gegensatz dazu seien unter Heinrich II. andere Gebiete des Reiches in den Vordergrund getreten, wodurch der ostsächsische Raum seine Bedeutung zu verlieren begann, bis sich der räumliche Fokus unter Konrad II. und seinen salischen Nachfolgern dann endgültig verschob.[6] Anders verhielt es sich mit Westfalen, das schon für die Zeit

3   Thietmar, Chronik (wie Anm. 1), S. 213, Buch 5, 19.
4   Adelheid und Theophanu waren an der Seite ihrer Männer zu Kaiserinnen gekrönt worden, explizite Königinnenkrönungen setzen im ostfränkischen Reich nachweislich erst mit Kunigunde ein und etablieren sich von da an für die Folgezeit. Amalie Fößel, Die Königin im mittelalterlichen Reich. Herrschaftsausübung, Herrschaftsrechte, Handlungsspielräume, Stuttgart 2000, S. 17–21.
5   Sachsen allgemein als sogenannte „Kernlandschaft" des liudolfingischen Königtums findet sich schon bei: Theodor Mayer, Das deutsche Königtum und sein Wirkungsbereich, in: ders., Mittelalterliche Studien. Gesammelte Aufsätze, Darmstadt 1963, S. 28–44, hier: 32–34; Carlrichard Brühl, Fodrum, Gistum, Servitium Regis. Studien zu den wirtschaftlichen Grundlagen des Königtums im Frankenreich und in den fränkischen Nachfolgestaaten Deutschland, Frankreich und Italien vom 6. bis zur Mitte des 14. Jahrhunderts, Köln 1968, S. 117f. (Kölner Historische Abhandlungen, 14,1). Mayer verzeichnet bereits die Konzentration der Liudolfinger auf Ostsachsen und bringt das Itinerar mit dem Besitz der Liudolfinger in diesem Gebiet in Verbindung: Mayer, Königtum, S. 33. Die Konzentration auf den ostsächsisch-nordthüringischen Raum hat insbesondere Müller-Mertens betont: Eckhard Müller-Mertens, Die Reichsstruktur im Spiegel der Herrschaftspraxis Ottos des Großen. Mit historiographischen Prolegomena zur Frage Feudalstaat auf deutschem Boden, seit wann deutscher Feudalstaat?, Berlin 1980, S. 82f. (Forschungen zur Mittelalterlichen Geschichte, 25).
6   Theodor Schieffer, Heinrich II. und Konrad II. Die Umprägung des Geschichtsbildes durch die Kirchenreform des 11. Jahrhunderts, in: Deutsches Archiv für Erforschung des Mittelalters 8 (1951), S. 384–437, hier: 385f. Schieffer sieht im Jahre 1002 einen

der liudolfingischen Herrscher vor 1002 lediglich als Durchreisegebiet galt, das im Wesentlichen die beiden Zentrallandschaften Rheinland und Ostsachsen miteinander verband und in der Regel nicht als Zielgebiet gesehen wurde.[7]

Zu fragen bleibt daher, wie es sich mit dem westfälischen Raum am zeitlichen Übergang von den Ottonen zu den Saliern verhielt. Wenn das Gebiet scheinbar von Anfang an weniger im königlichen Fokus lag und hauptsächlich der Durchreise diente, wie wirkte sich dann das offenbar nachlassende Interesse der Herrscher an Ostsachsen auf die Aufenthalte in Westfalen aus? Nahm die Präsenz der Herrscher dort ebenfalls ab, da schlichtweg die Notwendigkeit fehlte, durch Westfalen zu reisen, oder wurde es auch von Heinrich II. und Konrad II. noch annähernd gleichbleibend frequentiert? Wurde es womöglich sogar noch stärker eingebunden, da durch die „erstarkenden" Reichsteile ein beständigeres Umherziehen des Hofes auch zu vermehrten Aufenthalten in Westfalen führte?[8]

Die Jahre 936 bis 1002 im Überblick

Um die Aufenthalte Heinrichs II. und Konrads II. später genauer einzuordnen, soll zunächst eine kurze Zusammenfassung der Aufenthalte ihrer ottonischen Vorgänger in den Jahren 936 bis 1002 in Westfalen gegeben werden.[9]

> „geschichtlichen Einschnitt"; Schubert, Geschichte Niedersachsens (wie Anm. 2), S. 169f. Schubert spricht von einer „neuen Epoche" vor allem auf landesgeschichtlicher Ebene für Sachsen seit Heinrich II. Ausgiebig widmen sich der allgemeinen Frage nach einem Bruch zwischen der Herrschaft Ottos III. und Heinrichs II.: Bernd Schneidmüller/Stefan Weinfurter (Hg.), Otto III. – Heinrich II. Eine Wende?, Sigmaringen 1997, S. 95–167 (Mittelalter-Forschungen, 1).

7 Müller-Mertens, Reichsstruktur (wie Anm. 5), S. 138–140, der dies bereits für die Zeit Ottos I. feststellt. Zudem verweist er darauf, dass sich unter den Fernzonen qualitative Unterschiede ausmachen lassen, die der rein quantitativen Auswertung gegenüberstehen. Daher ist auch die genauere Betrachtung der Aufenthalte in sogenannten Fernzonen umso lohnenswerter, um die Qualität der Aufenthalte ausmachen zu können, die z. B. bei einem Hoffest deutlich höher zu werten ist als bei einem kurzen Aufenthalt ohne Festlichkeiten und/oder Urkundenausstellungen.

8 Hagen Keller/Gerd Althoff, Die Zeit der späten Karolinger und Ottonen: Krisen und Konsolidierungen 888–1024, 10. Aufl., Stuttgart 2008, S. 83–85 (Handbuch der deutschen Geschichte, 3).

9 Für weitergehende Betrachtungen der Aufenthalte und der Itinerare vgl. die Studien von: Müller-Mertens, Reichsstruktur (wie Anm. 5); Dirk Alvermann, Königsherrschaft und Reichsintegration. Eine Untersuchung zur politischen Struktur von regna und imperium zur Zeit Kaiser Ottos II. (967) 973–983, Berlin 1998 (Berliner Historische Studien, 28); Caspar Ehlers, Die Integration Sachsens in das fränkische Reich (751–1024), Göttingen 2007 (Veröffentlichungen des Max-Planck-Instituts für Geschichte, 231). Auf deren ausführliche Arbeiten stützt sich die Zusammenstellung der Aufenthalte von Otto I. bis Otto III. maßgeblich.

In den 37 Jahren seiner Herrschaft hielt sich Ottos I. nachweislich an fünf Orten in Westfalen auf. Als erstes sei ein Hoftag 938 in Steele (heute ein Stadtteil von Essen) genannt,[10] an den sich ein Aufenthalt in Laer (bei Meschede) anschloss, wo Otto I. im Verlauf des Aufstandes seines Halbbruders Thankmar und Eberhards von Franken eine Burg belagerte.[11] Weitere Aufenthalte sind belegt für das nicht genau zu lokalisierende Trele (möglicherweise Drehle, heute Samtgemeinde Bersenbrück im Landkreis Osnabrück)[12], Paderborn[13] und Dortmund. Letzteres suchte Otto der Große insgesamt sogar fünf Mal auf, während die restlichen vier Orte einmalig in seinem Itinerar erscheinen. Im Jahr 939 belagerte Otto I. die Truppen seines Bruders Heinrich in Dortmund.[14] In den Jahren 941, 947 und 960 ist er anschließend aufgrund seiner Urkundentätigkeit dort nachzuweisen.[15] Ein weiterer Aufenthalt im Jahre 953 fiel in die für den Herrscher wichtige Osterzeit. Allerdings muss die Osterfeier dieses Jahres im Kontext des zunehmenden Widerstandes von Ottos Sohn Liudolf und Konrad dem Roten, den Herzögen von Schwaben und Lothringen, gesehen werden. Die Auseinandersetzungen führten dazu, dass Otto I. von seinem eigentlichen Plan abweichen und die Feierlichkeiten kurzfristig nach Dortmund verlegen musste.[16]

Auch der Sohn und Nachfolger Ottos des Großen, Otto II., beging das Osterfest einmal in Dortmund, anders als sein Vater jedoch nicht aus der Not heraus. Aus dem thüringischen Raum kommend reiste er 979 nach Dortmund, um am 20. April dort das höchste Fest der Christenheit zu feiern.[17] Dieses Osterfest war zugleich sein letzter gesicherter Aufenthalt in Dortmund, zuvor weilte er dort aber schon

---

10 Die Regesten des Kaiserreichs unter Heinrich I. und Otto I. 919–973, bearb. von Emil von Ottenthal, Innsbruck 1893, Nachdruck Hildesheim 1967, S. 43, Nr. 75b (Regesta Imperii, 2,1).

11 Widukind von Corvey, Die Sachsengeschichte, bearb. von Paul Hirsch/Hans Eberhard Lohmann, 5. Aufl., Hannover 1935, S. 75, Buch 2,11 (Monumenta Germaniae Historica, Scriptores rerum Germanicarum in usum scholarum separatim editi, 60).

12 Die Urkunden Konrad I., Heinrich I. und Otto I., Hannover 1879–1884, bearb. von Theodor Sickel, S. 579f., Nr. 426 (Monumenta Germaniae Historica, Die Urkunden der deutschen Könige und Kaiser, 1); dazu Müller-Mertens, Reichsstruktur (wie Anm. 5), S. 132, der sich für einen sicheren Aufenthalt Ottos in Drehle im Jahr 973 ausspricht.

13 Die Urkunden Konrad I., Heinrich I. und Otto I. (wie Anm. 12), S. 276f., Nr. 196.

14 Widukind, Sachsengeschichte (wie Anm. 11), S. 80, Buch 2,15.

15 Die Urkunden Konrad I., Heinrich I. und Otto I. (wie Anm. 12), S. 128, Nr. 42; S. 173f., Nr. 91; S. 292–294, Nr. 212.

16 Widukind, Sachsengeschichte (wie Anm. 11), S. 112, Buch 3,15; dazu Ehlers, Integration (wie Anm. 9), S. 546, Regest Nr. 609; Regesten unter Heinrich I. (wie Anm. 10), S. 107, Nr. 227d.

17 Annales Lobienses, in: Supplementa tomorum I–XII, Bd. 1, bearb. von Georg Waitz, Hannover 1881, S. 235 (Monumenta Germaniae Historica, Scriptores in Folio, 13).

Das Königtum auf der Durchreise? 81

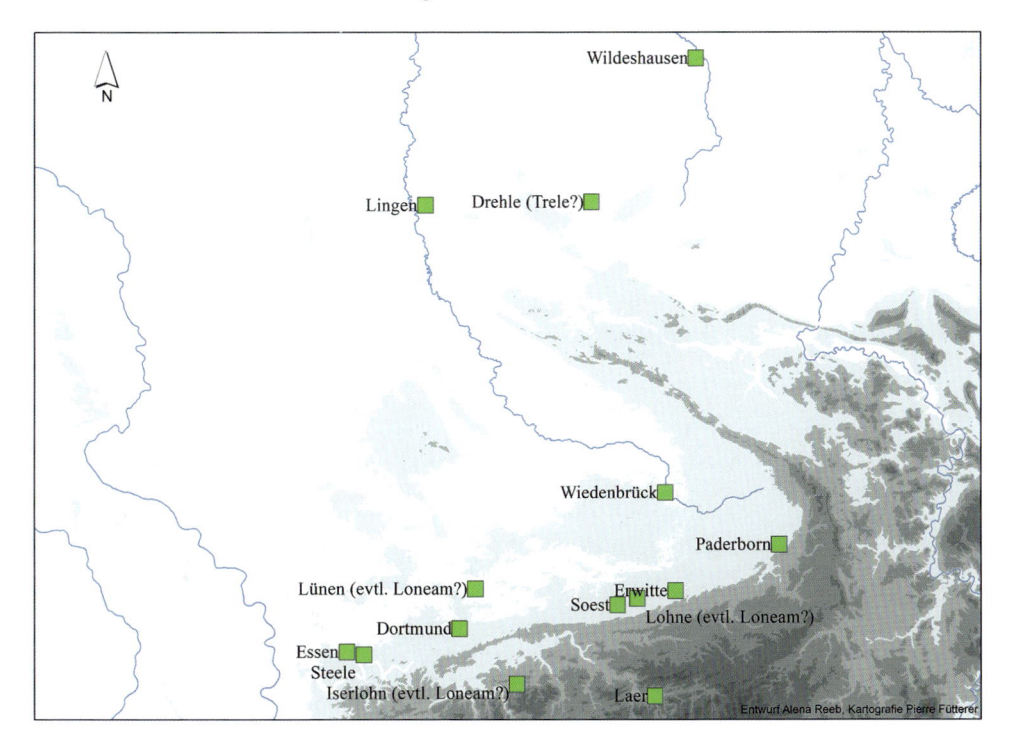

Abb. 1: Belegte Aufenthaltsorte der Ottonen zwischen 936 und 1002 in Westfalen. (Entwurf: Alena Reeb, Kartographie: Pierre Fütterer)

zu Beginn des Jahres 975 sowie im Jahr 978.[18] Der Aufenthalt 978 stand im Zusammenhang mit der Auseinandersetzung des Königs mit Lothar von Westfranken. Zuvor hatte Otto II. die Pfalz Aachen verlassen müssen, um sich in Köln vor dem anrückenden Lothar in Sicherheit zu bringen.[19] Aufgrund dieser Ereignisse wurde dann im Juli 978 in Dortmund ein Hoftag einberufen, um das weitere Vorgehen gegen Lothar zu besprechen.[20] Damit war Dortmund in der zehnjährigen Herrschaft Ottos II. in zwei von drei Fällen nicht bloß eine Station auf der Durchreise, sondern bewusstes Ziel des Herrschers.

Neben Dortmund lässt sich Otto II. 976 auch noch in Lingen an der Ems nachweisen[21] – ein weit nördlich gelegener Ort in Westfalen, der zudem bei keinem

18 Die Urkunden Ottos II. und Ottos III., bearb. von Theodor Sickel, Hannover 1893, S. 10–384, hier: S. 109f., Nr. 95 und S. 205, Nr. 180 (Monumenta Germaniae Historica, Die Urkunden der deutschen Könige und Kaiser, 2)
19 Die Regesten des Kaiserreiches unter Otto II. 955 (973)–983, neu bearb. von Hanns Leo Mikoletzky, Graz 1950, S. 338, Nr. 770a (Regesta Imperii, 2,2) mit ausführlichen Quellenverweisen.
20 Ebd., S. 339, Nr. 771a.
21 Urkunden Ottos II. (wie Anm. 18), S. 192f., Nr. 169.

seiner Vorgänger oder Nachfolger noch einmal auftaucht und auch nicht in das Muster einer klassischen Wegestation auf der Reise von Ost nach West (oder umgekehrt) passt.[22] Anders verhält es sich mit dem Aufenthalt Ottos II. im April 979 in „Loneam", bevor er das Osterfest in Dortmund beging. Auch wenn die genaue Lokalisierung des Ortes unklar ist, so befinden sich die von der Forschung in Betracht gezogenen Orte Iserlohn, Lünen und Lohne[23] doch alle im Umfeld des Hellweges. Ebenfalls in die Reise von Ostsachsen nach Westen lassen sich die zwei Aufenthalte Ottos II. in den Jahren 974 bzw. 975[24] und 976[25] einordnen.

Die Beurteilung der Aufenthalte Ottos III. gestaltet sich im Vergleich zu denen anderer Herrscher insofern schwieriger, als Otto zum Zeitpunkt des Todes seines Vaters gerade einmal drei Jahre alt war. Die kurze Phase, in der Heinrich der Zänker über Einfluss auf den jungen König verfügte, soll hier außen vor gelassen werden; betrachtet werden sollen erst die Aufenthalte, die unter der Obhut und Regentschaft Theophanus und Adelheids ab 984 zustande kamen.

Insgesamt sind sechs Aufenthaltsorte in Westfalen für Otto III. bezeugt, nämlich Essen[26], Dortmund, Soest[27], Erwitte[28], Wiedenbrück[29] und Wildeshausen. Auf der Karte fällt besonders Wildeshausen ins Auge, da es im Vergleich zu den anderen westfälischen Orten (deutlich) weiter im Norden liegt. Hier hielt sich Otto III. zusammen mit Theophanu 988 über mehrere Tage hinweg auf.[30] Diesen Aufenthalt kann man möglicherweise mit der Situation in den Grenzgebieten des Reiches in Verbindung bringen, die dem Erzbistum Hamburg-Bremen unterstanden, da es seit 983 zu Aufständen der Abodriten, Liutizen und Heveller gekommen war und sich die Situation in Dänemark durch die Vertreibung und schließlich den Tod des zum Christentum konvertierten Harald Blauzahn im Jahre 987 ebenfalls stark verändert hatte.[31]

---

22 Alvermann, Königsherrschaft (wie Anm. 9), S. 193.
23 Regesten unter Otto II. (wie Anm. 19), S. 343, Nr. 778; Alvermann, Königsherrschaft (wie Anm. 9), S. 299 mit Verweisen auf weitere Literatur; Ehlers, Integration (wie Anm. 9), S. 558, Nr. 916, der Iserlohn oder Lünen annimmt.
24 Urkunden Ottos II. (wie Anm. 18), S. 498, Nr. 88; Ehlers, Integration (wie Anm. 9), S. 556, Nr. 864, spricht sich aufgrund des Itinerars dafür aus, den Aufenthalt in das Jahr 975 zu datieren, nicht in das Jahr 974 wie in der Urkunde vermerkt.
25 Urkunden Ottos II. (wie Anm. 18), S. 552f., Nr. 142.
26 Essen ist belegt für 993: Die Urkunden Ottos II. und Ottos III. (wie Anm. 18), S. 525f., Nr. 114.
27 Belegt für das Jahr 985, ebd., S. 421f., Nr. 23.
28 Belegt für das Jahr 989, ebd., S. 454–456, Nr. 52. In Erwitte hat auch ein Hoftag stattgefunden, siehe dazu: Die Regesten des Kaiserreiches unter Otto III. 980 (983)–1002, neu bearb. von Mathilde Uhlirz, Graz/Köln 1956/57, S. 493, Nr. 1009e (Regesta Imperii, 2,3).
29 Belegt für das Jahr 985, Urkunden Ottos III. (wie Anm. 26), S. 418f., Nr. 20.
30 Ebd., S. 439–442, Nr. 40–42.
31 Regesten unter Otto III. (wie Anm. 28), S. 480f., Nr. 998/1f.

Unter den anderen genannten Aufenthaltsorten sticht Dortmund erneut durch vermehrte Besuche des Herrschers hervor: Otto III. weilte hier insgesamt drei Mal (986[32], 993[33] und 997[34]), wobei zwei der Termine durch einen Hoftag (993)[35] und die ersten Vorbereitungen für einen Feldzug gegen die Slawen (997)[36] geprägt waren. Otto III. nutzte Dortmund also genau wie seine Vorgänger für wichtige Termine und nicht nur als „Raststätte" auf der Durchreise.

Für die drei Ottonen lässt sich somit zusammenfassend festhalten, dass sie sich mehrfach in Westfalen aufgehalten haben: Otto I. insgesamt neun Mal, Otto II. fünf Mal und Otto III. acht Mal. Dabei handelt es sich teilweise um Aufenthalte, die lediglich durch die Urkundenausstellung überliefert sind, andere im Zusammenhang von Hoftagen und der Feier des Osterfestes. Eine besondere Rolle spielte dabei die Pfalz in Dortmund, die von allen drei Herrschern mehrfach aufgesucht und für wichtige Anlässe genutzt wurde.[37]

Der letzte Liudolfinger – die Aufenthalte Heinrichs II. in Westfalen

Nach diesem kurzen Überblick über die Aufenthalte von Otto I. bis zu Otto III. soll es nun um die entscheidende Übergangsphase von den Liudolfingern zu den Saliern und damit um das erste Drittel des 11. Jahrhunderts gehen.

Heinrich II. begab sich im Anschluss an seine Krönung im Juni 1002 in Mainz[38] auf einen sogenannten Umritt durch das Reich,[39] um in den unterschiedlichen Regionen noch ausstehende Huldigungen der Großen entgegenzunehmen.[40] Dabei

32 Urkunden Ottos III. (wie Anm. 18), S. 428f., Nr. 29.
33 Ebd., S. 522–525, Nr. 111–113.
34 Ebd., S 661–663, Nr. 242, 243.
35 Regesten unter Otto III. (wie Anm. 28), S. 554, Nr. 1078e.
36 Ebd., S. 653, Nr. 1223/Ia.
37 Zu der Bedeutung Dortmunds in dieser Zeit: Manfred Balzer, Dortmund und Paderborn. Zwei Aufenthaltsorte der fränkischen und deutschen Könige in Westfalen (8.–13. Jahrhundert), in: Westfälische Forschungen 32 (1982), S. 1–20, hier: 8–12.
38 Allgemein zu den Ereignissen um die Nachfolge Ottos III.: Keller/Althoff, Zeit der Ottonen (wie Anm. 8), S. 315–320; ausführlich: Stefan Weinfurter, Heinrich II. (1002–1024). Herrscher am Ende der Zeiten, Regensburg 2002, S. 36–56.
39 Zu Königsumritten allgemein: Roderich Schmidt, Königsumritt und Huldigung in ottonisch-salischer Zeit, Sigmaringen 1981, S. 97–233 (Vorträge und Forschungen, 6); zu den Stationen des Umritts von Heinrichs II.: Weinfurter, Heinrich II. (wie Anm. 38), S. 54.
40 Zu den problematischen Umständen von Heinrichs II. Königserhebung siehe zuletzt: Stephan Freund, Die ostfränkisch-deutsche Königserhebung im frühen und hohen Mittelalter. Zeitgenössische Quellenaussagen und retrospektive Forschungskonstrukte, in: Stephan Freund/Klaus Krüger (Hg.), Kaisertum, Papsttum und Volkssouveränität im hohen und späten Mittelalter. Studien zu Ehren von Helmut G. Walther, Frankfurt am Main 2017, S. 9–59, hier: 28–32 (Jenaer Beiträge zur Geschichte, 12).

zog er von Süden kommend durch Thüringen in den sächsischen Raum. In Merseburg kam es zur sogenannten Nachwahl, bei der Heinrich II. die Huldigung der sächsischen Großen empfing und ihnen im Gegenzug zusicherte, ihre Rechte zu achten.[41] Doch diese „Nachwahl" sollte nicht das einzige bedeutende Ereignis auf Heinrichs II. Umritt sein, das auf sächsischem Boden stattfand. Von Merseburg aus durchquerte Heinrich II. Sachsen gen Westen und erreichte schließlich den westfälischen Raum. Wie bereits eingangs erwähnt, fand dort in Paderborn am 10. August 1002 sowohl die Krönung Kunigundes als auch die Äbtissinnenweihe Sophias statt.[42]

Dieser erste Aufenthalt des Herrscherpaares in Paderborn ist in mehrfacher Hinsicht bemerkenswert. Die Neuartigkeit einer Königinnenkrönung im Ostfränkischen Reich spricht für eine ganz besondere Einbindung Kunigundes in Heinrichs II. Königtum und dessen Legitimation.[43] Die Wahl des Ortes für die Krönung knüpfte an die Vorgänger Heinrichs II. an, die – anders als er selbst – in Sachsen verwurzelt waren. Nachdem Heinrichs eigene Krönung in Mainz stattgefunden hatte, wurden die Sachsen durch Kunigundes Krönung zusätzlich zur Nachwahl in Merseburg in den Legitimationsprozess von Heinrichs Herrschaft einbezogen. Auch die Wahl des Tages knüpfte an ottonische Traditionen an, ist der 10. August doch das Fest des heiligen Laurentius, an dem Otto I. die Ungarn bei der Lechfeldschlacht besiegte, was dem Tag seitdem einen besonderen Stellenwert einräumte.[44]

Doch auch die persönliche Komponente ist für die Inszenierung des Paderborner Festaktes nicht außer Acht zu lassen.[45] Für Bischof Rethar von Paderborn war die Wahl seines Bistumssitzes eine Würdigung seiner Unterstützung Heinrichs bei dessen Thronanspruch gegen Ekkehard von Meißen[46] aber auch bei der Nachwahl in

---

41   Walter Schlesinger, Die sogenannte Nachwahl Heinrichs II. in Merseburg, in: Hans Patze/Fred Schwind (Hg.), Ausgewählte Aufsätze von Walter Schlesinger 1965–1979, Sigmaringen 1987, S. 255–271 (Vorträge und Forschungen, 34).

42   Thietmar, Chronik (wie Anm. 1), S. 212f., Buch 5,19; Vita Godehardi prior, in: Historiae aevi Salici, bearb. von Georg Heinrich Pertz Hannover 1854, S. 167–196, hier: 185, Kapitel 24 (Monumenta Germaniae Historica, Scriptores in Folio, 11); Vita Godehardi posterior, in: ebd., S. 196–218, hier: 204–206, Kapitel 17.

43   Fößel, Königin (wie Anm. 4), S. 17–21.

44   Stefan Weinfurter, Kunigunde, das Reich und Europa, in: Stefanie Dick/Jörg Jarnut/Matthias Wemhoff (Hg.), Kunigunde – consors regni. Vortragsreihe zum tausendjährigen Jubiläum der Krönung Kunigundes in Paderborn (1002–2002), München 2004, S. 9–28, hier: 16–18; sowie Ingrid Baumgärtner, Fürsprache, Rat und Tat, Erinnerung: Kunigundes Aufgaben als Herrscherin, in: ebd. S. 47–69, hier: 49f.

45   Manfred Balzer, Paderborn im frühen Mittelalter (776–1050). Sächsische Siedlung – karolingischer Pfalzort – ottonisch-salische Bischofsstadt, in: Jörg Jarnut (Hg.), Paderborn. Geschichte der Stadt in ihrer Region, Bd. 1: Das Mittelalter. Bischofsherrschaft und Stadtgemeinde, 2. Aufl., Paderborn 2000, S. 2–118, hier: 72ff.

46   Thietmar, Chronik (wie Anm. 1), S. 198f., Buch 5,5. Rethar empfängt den Thronkandidaten Ekkehard zwar angemessen in Paderborn, doch macht er diesem gegenüber auch sein Missfallen angesichts seiner Pläne deutlich.

Merseburg.[47] Zudem erhielt Sophia ihre Äbtissinnenweihe durch den ihr vertrauten und nahestehenden Willigis,[48] nachdem auch sie sich im Laufe der Ereignisse des Jahres 1002 auf die Seite Heinrichs gestellt hatte.[49]

Nach diesem sehr symbolträchtigen Aufenthalt des Herrscherpaares in Paderborn ist Heinrich II. durch eine Urkunde vom 12. August in Erwitte[50] nachweisbar. Am 18. August weilte er bereits in Duisburg[51], wo er nach längerer Wartezeit schließlich die Huldigung des Kölner Erzbischofs sowie der Bischöfe von Lüttich und Cambrai entgegennahm.[52] Über weitere Aufenthalte im westfälischen Raum, bevor Heinrich Duisburg erreichte, ist hingegen nichts weiter bekannt. Die Entfernung von rund 118 Kilometern[53] zwischen Erwitte und Duisburg legt jedoch nahe, dass der Hof diese Strecke nicht an einem Tag zurücklegte, sondern mehrfach im westfälischen Gebiet Station machte. Zwischen den klar eingrenzbaren Aufenthalten am 12. und am 18. liegen fünf Tage, in denen der Aufenthaltsort des Königs nicht eindeutig bestimmbar ist. Aufgrund der Zeit und der Entfernung zwischen Erwitte und Duisburg ist jedoch anzunehmen, dass sich der königliche Hof zwischen dem 12. und dem 18. August kontinuierlich durch Westfalen bewegte und dabei mehrere Aufenthalte entlang der klassischen Hellwegroute[54] einlegte.

---

47 Ebd., S. 208f., Buch 5,15.
48 Schon bei ihrer Einkleidung als Kanonisse zieht Sophia den Mainzer Erzbischof dem für Gandersheim zuständigen Hildesheimer Bischof vor. Zu Sophias Rolle während des Gandersheimer Streits und ihrer Zusammenarbeit mit Willigis: Knut Görich, Der Gandersheimer Streit zur Zeit Ottos III. Ein Konflikt um die Metropolitanrechte des Erzbischofs Willigis von Mainz, in: Zeitschrift der Savigny-Stiftung für Rechtsgeschichte: Kanonistische Abteilung 79 (1993), S. 56–94, hier: 60f., 70.
49 Thietmar, Chronik (wie Anm. 1), S. 196f., Buch 5,3. Sophie und ihre Schwester Adelheid von Quedlinburg unterstützten Heinrichs Anspruch bei der sächsischen Fürstenversammlung in der Königspfalz Werla (bei Wolfenbüttel).
50 Die Urkunden Heinrichs II. und Arduins, bearb. von Harry Bresslau/Hermann Bloch/Robert Holtzmann, Hannover 1900–1903, S. 1–692, hier: S. 12, Nr. 10 (Monumenta Germaniae Historica, Die Urkunden der deutschen Könige und Kaiser, 3).
51 Ebd., S. 13, Nr. 11.
52 Thietmar, Chronik (wie Anm. 1), S. 214f., Buch 5,20.
53 Die Ermittlung der Kilometerangaben zwischen den einzelnen Aufenthaltsorten erfolgten mit Hilfe des Routenplaners für Fußgänger von GoogleMaps, der den kürzesten Fußweg zwischen zwei angegebenen Orten ermittelt. Fütterer konnte aufzeigen, dass die von den modernen Routenplanern ausgewählten Strecken mit den zu rekonstruierten Altwegen – abgesehen von den bisweilen geänderten Flussüberquerungen – weitgehend übereinstimmten. Somit ist die Nutzung des Routenplaners durchaus geeignet, um für die Entfernungen zwischen den Aufenthaltsorten der Herrscher zumindest einen ungefähren Richtwert anzugeben. Pierre Fütterer, Wege und Herrschaft. Untersuchungen zu Raumerschließung und Raumerfassung in Ostsachsen und Thüringen im 10. und 11. Jahrhundert, Regensburg 2016, S. 428f. (Palatium, Studien zur Pfalzenforschung in Sachsen-Anhalt, 2,1).
54 Zum Hellweg als Reiseroute: Paul Leidinger, Der Westfälische Hellweg als frühmittelalterliche Etappenstraße zwischen Rhein und Weser, in: Westfälische Zeitschrift

Der nächste belegbare Aufenthalt Heinrichs II. auf westfälischem Boden findet sich erst wieder für das Jahr 1005. Hier weiß Thietmar von Merseburg zu berichten:

"Auch wurde zu Dortmund eine große Synode abgehalten, auf der sich der König bei den Bischöfen und allen Anwesenden über gar viele Übelstände in der heiligen Kirche beklagte und in gemeinsamer Beratung Beschlüsse zu ihrer künftigen Abstellung fassen ließ […]."[55]

Das durch Thietmar überlieferte Synodaldekret umfasst zwar nicht sämtliche Beschlüsse, die während der Synode am 7. Juli gefasst wurden, doch erfahren wir von der Gebetsverbrüderung Heinrichs, Kunigundes und der anwesenden Erzbischöfe und Bischöfe sowie Herzog Bernhards von Sachsen.[56] Der Bericht Thietmars zu der Synode in Dortmund wird zusätzlich durch zwei Urkunden Heinrichs II. vom 6. und 7. Juli gestützt, die eine zeitliche Verortung des Aufenthaltes ermöglichen.[57] Zehn Tage später, am 17. Juli 1005, belegt eine weitere Urkunde den König in Paderborn[58] – er befand sich zu diesem Zeitpunkt also auf dem Weg Richtung Osten, um seinen geplanten Feldzug gegen Boleslaw Chrobry durchzuführen und durchquerte Westfalen hierbei innerhalb von zehn Tagen.[59]

Auch im Anschluss an den Feldzug war der König wieder in Westfalen. Am 5. November lässt er sich anhand einer Urkunde noch in Werla (heute Gemeinde Schladen-Werla, Landkreis Wolfenbüttel) verorten,[60] am 22. November urkundete Heinrich dann bereits in Duisburg[61] – auch hier führte die kürzeste direkte Route zwischen den knapp 300 Kilometer voneinander entfernten Orten den Hellweg entlang. Anders als 1002, als Heinrich II. von Duisburg aus weiter gen Westen reiste, hielt er sich 1005 länger in Westfalen auf, wie eine Urkunde aus Dortmund vom 27. November zeigt.[62] Der nächste belegte Aufenthalt Heinrichs II. ist dann erst wieder das Weihnachtsfest in Pöhlde (heute ein Ortsteil von Herzberg am Harz,

---

149 (1999), S. 9–33.
55 Thietmar, Chronik (wie Anm. 1), S. 261, Buch 6,18.
56 Die Gebetsverbrüderung lässt sich zum einen mit der schweren Hungersnot von 1005 und zum anderen mit Heinrichs geplantem Feldzug gen Osten in Verbindung bringen. Joachim Wollasch, Geschichtliche Hintergründe der Dortmunder Versammlung des Jahres 1005, in: Westfalen 58 (1980), S. 55–69; Heinz Wolter, Die Synoden im Reichsgebiet und in Reichsitalien von 916 bis 1056, Paderborn 1988, S. 220–224 (Konziliengeschichte, Reihe A, Darstellungen, 5).
57 Urkunden Heinrichs II. (wie Anm. 50), S. 122–124, Nr. 98, 99.
58 Ebd., S. 124f., Nr. 100.
59 Zum Feldzug, der im Frieden von Posen endete: Knut Görich, Eine Wende im Osten: Heinrich II. und Boleslaw Chrobry, in: Schneidmüller/Weinfurter, Otto III. – Heinrich II. (wie Anm. 6), S. 95–167, hier: 152f.
60 Urkunden Heinrichs II. (wie Anm. 50), S. 128f., Nr. 103.
61 Ebd., S. 129f., Nr. 104.
62 Ebd., S. 130, Nr. 105.

Landkreis Göttingen),[63] was dem König nicht nur genügend Zeit gab, um die erforderliche Strecke zurückzulegen, sondern auch die Möglichkeit bot, mehrere Tage an einzelnen Orten zu verweilen.[64]

Nachdem Heinrich 1005 also vermehrt im westfälischen Raum gewesen war, vergingen anschließend vier Jahre, bis man den König erneut eindeutig anhand einer Urkunde in Dortmund nachweisen kann.[65] Das Diplom ist auf den 12. März 1009 datiert, allerdings ist die Datierung uneinheitlich, weshalb unter Umständen eine frühere Beurkundung mit späterem Vollzug stattgefunden hat, sodass Heinrich erst nach dem 13. März in Dortmund vermutet wird.[66] Der Grund dafür, den König erst später in Westfalen zu vermuten, ist der Tod Rethars von Paderborn am 6. März und die daran anschließende Erhebung von Heinrichs Kaplan Meinwerk zu dessen Nachfolger.

Die Boten, die dem König die Nachricht vom Tod des Paderborner Bischofs überbrachten, trafen ihn der *Vita Meinwerci* zufolge in Goslar an. Nach Beratungen mit den anwesenden Großen über die Neubesetzung fiel die Entscheidung auf Meinwerk, der anschließend noch in Goslar am 13. März die Weihe durch Erzbischof Willigis von Mainz erhielt.[67] Die *Vita Meinwerci* berichtet nicht mehr ausdrücklich von der Anwesenheit Heinrichs II. während der Weihe, ebenso geht aus dem Bericht nicht hervor, ob der König Meinwerk im Anschluss nach Paderborn begleitete, wohin der neue Bischof seiner Vita zufolge in allen Ehren geführt wurde.[68] Berücksichtigt man vor allem die persönliche Beziehung Heinrichs zu Meinwerk, so ist es nicht völlig unwahrscheinlich, dass der König der Weihe beiwohnte und im Anschluss auch noch mit nach Paderborn reiste, was ohnehin auf seinem

---

63 Annales Hildesheimenses, bearb. von Georg Waitz, Hannover 1878, S. 29 zum Jahr 1006 (Monumenta Germaniae Historica, Scriptores rerum Germanicarum in usum scholarum separatim editi, 8).

64 Mit dem 27. November als frühsten möglichen Abreisetag aus Dortmund und dem 25. Dezember als spätesten Ankunftstag in Pöhlde ergibt sich für die 218 Kilometer lange Strecke eine Reisedauer von 29 Tagen. Geht man generell von einer durchschnittlichen Tagesreiseleistung von 20 bis 30 Kilometern aus, so wären nur rund elf Tage erforderlich gewesen, um die Strecke zurückzulegen. Vgl. Fütterer, Wege und Herrschaft (wie Anm. 53), S. 416, Anmerkung 1863 mit weiterer Literatur zu Reisegeschwindigkeiten.

65 Urkunden Heinrichs II. (wie Anm. 50), S. 223f., Nr. 189.

66 Siehe den Kommentar zu: Die Regesten des Kaiserreiches unter Heinrich II. 1002–1024, bearb. von Theodor Graff, Wien u. a. 1971, S. 953f., Nr. 1697 (Regesta Imperii, 2,4); Ehlers, Integration (wie Anm. 9), S. 576, führt in seinen Regesten den Aufenthalt in Dortmund ebenfalls erst für nach dem 13. März an, Regest Nr. 1351.

67 Vita Meinwerci episcopi Patherbrunnensis. Das Leben Bischof Meinwerks von Paderborn, bearb. von Guido M. Berndt, München 2009, S. 82–87, Kapitel 10–11 (MittelalterStudien des Instituts zur Interdisziplinären Erforschung des Mittelalters und seines Nachwirkens, 21).

68 Ebd., S. 82–87, Kapitel 11.

Reiseweg in Richtung Dortmund lag. Eindeutig nachzuweisen ist der Aufenthalt in Paderborn anhand der Quellen jedoch nicht.[69]

Lässt man Heinrich Meinwerks Weihe beiwohnen und ihn auch mit nach Paderborn reisen, so wäre der König erst nach dem 13. März in Paderborn und im Anschluss erst in Dortmund – die tatsächlichen Aufenthalte in Dortmund und anschließend in Duisburg[70] würden demnach deutlich nach dem 13. März liegen, da die Entfernung von Goslar bis nach Dortmund 232 Kilometer, bis nach Duisburg sogar 285 Kilometer beträgt. Es wäre demnach auch schwerlich möglich für den König innerhalb von fünf Tagen[71] diese Strecke zurückzulegen, da es eine Tagesreiseleistung von 57 Kilometern erfordern würde.[72] Es müssen also Zweifel an der Datierung oder den Orten angemeldet werden, geht man von Heinrichs Anwesenheit bei Meinwerks Weihe aus. Doch selbst wenn Heinrich direkt nach Meinwerks Ernennung Goslar verlassen hätte,[73] hätte der Hof noch eine Tagesreiseleistung von 46,4 Kilometern erreichen müssen, um am 12. März in Dortmund einzutreffen.[74]

Im Anschluss vergingen mehrere Jahre, ehe Heinrich II. erneut nach Westfalen kam. Zu Beginn des Jahres 1012 befand er sich noch in Ostsachsen, für den Februar ist ein Aufenthalt in Erwitte überliefert, bei dem der König seinem Kaplan Gerhard

---

69   Ehlers, Integration (wie Anm. 9), S. 576, Nr. 1350, schließt sich hier den Regesten unter Heinrich II. (wie Anm. 66), S. 953f., Nr. 1697 an und lässt den König mit Meinwerk reisen; Balzer, Dortmund und Paderborn (wie Anm. 37), S. 13, spricht hingegen davon, dass Heinrich nach Kunigundes Krönung bis 1013 nur noch einmal im Jahre 1005 in Paderborn nachweisbar ist. Auch die Vita Meinwerci (wie Anm. 67), S. 41 weist darauf hin, dass Heinrich während der Weihe Meinwerks nicht mehr in Goslar war.

70   Urkunden Heinrichs II. (wie Anm. 50), S. 224f., Nr. 190. Demnach war Heinrich II. am 17. März in Duisburg, auch hier wird jedoch die uneinheitliche Datierung angemerkt. Vgl. dazu: Regesten unter Heinrich II. (wie Anm. 66), S. 953f., Nr. 1697.

71   Frühestmöglicher Abreisetag wäre der 13. März, letztmöglicher Reisetag der 17. März.

72   Grundsätzlich ist eine solche Tagesreiseleistung zwar möglich, bei einem mit großem Tross reisenden Herrscher jedoch unwahrscheinlich.

73   Der Tod Rethars ist für den 6. März überliefert, die Boten aus Paderborn werden den König sicher nicht vor dem 7. März erreicht haben. Daher käme unter Berücksichtigung der Beratungen der 8. März als möglicher Abreisetag infrage.

74   Im Gegensatz zu der Kritik an der Datierung der Urkunden aus Dortmund und Duisburg, meldet Keller Zweifel an der Richtigkeit von Goslar als Aufenthaltsort Heinrichs an und nimmt die Aufenthalte am 12. März und am 17. März für gesetzt: Hagen Keller, „Der König bat und befahl". Über die Einsetzung der Bischöfe im ottonisch-frühsalischen Reich, in: Christoph Stiegemann/Martin Kroker (Hg.), Für Königtum und Himmelreich. 1000 Jahre Bischof Meinwerk von Paderborn. Katalog zur Jubiläumsausstellung im Museum in der Kaiserpfalz und im Erzbischöflichen Diözesanmuseum Paderborn 2009/2010, Regensburg 2009, S. 40–57, hier: 46.

das Bistum Cambrai verlieh.[75] Dieses Mal reiste der König von dort jedoch nicht – wie so häufig – weiter nach Westen, sondern zurück in den ostsächsischen Raum.

Im Jahr 1013 folgte ein Aufenthalt ganz besonderer Art in Paderborn, denn dieses Mal verbrachte Heinrich II. dort das Osterfest. Zwei Nachrichten informieren über dieses Osterfest: eine findet sich in den Quedlinburger Annalen,[76] die andere bei Thietmar von Merseburg.[77] Beide vermitteln ein voneinander abweichendes Bild über die Wahl Paderborns als Ort der Osterfeierlichkeiten. Die Quedlinburger Annalen berichten, dass Heinrich II. Ostern in Aachen zu feiern gedachte, in Werla aber so schwer erkrankte, dass er dem Plan nicht folgen konnte und so gezwungenermaßen in Paderborn feierte – Paderborn wird hier für das Osterfest zu einem notwendigen Übel stilisiert.[78] Auch Thietmar weiß von der Krankheit des Königs und dem eigentlichen Reiseplan zu berichten, doch erklärte er auch, Heinrich II. feiere das Osterfest bei seinem Vertrauten Meinwerk und weist damit auf die persönliche Beziehung des Königs zu dem Paderborner Bischof hin.

Diese Komponente war auch in den folgenden Jahren von großer Bedeutung. Es kam zu einer engen Zusammenarbeit zwischen König und Bischof[79] und Heinrich suchte Paderborn bis zum Ende seiner Herrschaft von nun an regelmäßig auf. Insgesamt noch sechs Mal war er nach 1013 in Paderborn, in den Jahren 1015, 1018 und 1022[80] sogar zur Feier des Weihnachtsfestes. Für die Jahre 1017, 1019 und 1021

---

75 Gesta episcoporum Cameracensium, in: Chronica et gesta aevi Salici, hg. von Georg Heinrich Pertz, Hannover 1846, S. 393–525, hier S. 454, Buch 1,122; S. 465f., Buch 3,1 (Monumenta Germaniae Historica, Scriptores in Folio, 7); Die Annales Quedlinburgenses, bearb. von Martina Giese, Hannover 2004, S. 532–536 zum Jahr 1012 (Monumenta Germaniae Historica, Scriptores rerum Germanicarum in usum scholarum separatim editi, 72); zur Erhebung Gerhards siehe auch: Theodor Schieffer, Ein deutscher Bischof des 11. Jahrhunderts. Gerhard I. von Cambrai (1012–1051), in: Deutsches Archiv für Geschichte des Mittelalters 1 (1937), S. 324–360, hier: 331f.

76 Annales Quedlinburgenses (wie Anm. 75), S. 536–541; Übersetzung in: Die Jahrbücher von Quedlinburg nach der Ausgabe der Monumenta Germaniae, übers. von Eduard Winkelmann, Berlin 1862 (Geschichtsschreiber der deutschen Vorzeit, 36).

77 Thietmar, Chronik (wie Anm. 1), S. 338f., Buch 6,91.

78 Balzer, Dortmund und Paderborn (wie Anm. 37), S. 13 ordnet beide Nachrichten in den Gesamtkontext ein. Er weist darauf hin, dass Quedlinburg als bevorzugte Osterpfalz der Ottonen ein gewisses Selbstverständnis entwickelt habe, in der Bemerkung zum Paderborner Osterfest habe sich die Sorge widergespiegelt, diesen Stellenwert eingebüßt zu haben.

79 Manfred Balzer, Vornehm – reich – klug. Herkunft, Königsdienst und Güterpolitik Bischof Meinwerks, in: Stiegemann/Kroker, Königtum und Himmelreich (wie Anm. 74), S. 88–99, hier: 96f., mit einer Auflistung über den Königsdienst Meinwerks und die Urkundenausstellungen Heinrichs II. zu Gunsten des Bischofs.

80 Zu 1015: Thietmar, Chronik (wie Anm. 1), S. 382f., Buch 7,26; zu 1018: Annales Hildesheimenses (wie Anm. 63), S. 32; zu 1019: Annales Quedlinburgenses (wie Anm. 75), S. 533f.; zu 1022: Vita Meinwerci (wie Anm. 67), S. 212f., Kapitel 180. Der Aufenthalt zu Weihnachten 1022 erstreckte sich bis zum Januar 1023.

lassen sich Heinrichs Aufenthalte durch ausgestellte Urkunden nachweisen.[81] Über den Aufenthalt im Jahre 1017 erfahren wir darüber hinaus von Thietmar von Merseburg, dass der König sich hier mit seiner Gemahlin Kunigunde traf und mit ihr gemeinsam weiter nach Magdeburg zog.[82]

Doch Paderborn ist nicht der einzige Ort in Westfalen, den Heinrich II. in der zweiten Hälfte seiner Herrschaft wiederholt aufsuchte, auch Dortmund besuchte er noch zwei weitere Male. Für das Jahr 1014 ist ein nicht auf den Tag genau datiertes Diplom aus Dortmund überliefert,[83] das wohl im Sommer, möglicherweise im August, ausgestellt wurde. Bis Ende Mai war Heinrich auf seinem Italienzug anlässlich seiner Kaiserkrönung,[84] Pfingsten feierte er in Bamberg[85] und am 29. Juli urkundete er in Mörfelden bei Frankfurt.[86] Da der König im August oder September in Corvey und von da an bis zum Ende des Jahres im ostsächsischen Raum war,[87] ist anzunehmen, dass der Aufenthalt in Dortmund während seiner Reise aus dem Frankfurter Raum nach Ostsachsen stattfand.

Der zweite und letzte nachweisliche Aufenthalt Heinrichs in Dortmund ist hingegen wieder klar zu datieren, da er Anfang des Jahres – von Paderborn kommend – zwischen dem 10. und 14. Januar mehrere Urkunden[88] ausstellte und anschließend weiter in den Westen reiste.

Neben den durch schriftliche Zeugnisse eindeutig nachweisbaren Aufenthalten Heinrichs II. in Westfalen lassen sich durch mögliche gewählte Reiseetappen noch zusätzliche Aufenthalte im westfälischen Raum für den König herleiten. Um diese Durchreisen durch Westfalen zu ermitteln, ist ein Blick auch auf die belegten Aufenthalte Heinrichs II. außerhalb des betrachteten Raumes zu werfen. Hier kommen Ausgangs- und Endpunkte[89] infrage, deren Wegverbindung durch den westfälischen Raum geführt haben dürften – besonders trifft dies auf die Orte im restlichen Teil Sachsens sowie in Lothringen zu. Bei diesen so zusammengestellten Reiseetappen handelt es sich um mögliche Varianten, klar nachvollziehbar bleiben diese aber aufgrund der teilweise großen Lücken in der Überlieferung des königlichen Itinerars selbstverständlich nicht.[90] Zwischen den belegten Aufenthaltsorten wird dann zum

---

81   Zum Jahr 1017: Urkunden Heinrichs II. (wie Anm. 50), S. 469f., Nr. 368; zu 1019: ebd., S. 527f., Nr. 412; zu 1021: ebd., S. 539f., Nr. 439.
82   Thietmar, Chronik (wie Anm. 1), S. 418f., Buch 7,57.
83   Urkunden Heinrichs II. (wie Anm. 50), S. 400–402, Nr. 320.
84   Weinfurter, Heinrich II. (wie Anm. 38), S. 237–241.
85   Zum Jahr 1014: Annales Hildesheimenses (wie Anm. 63), S. 31.
86   Urkunden Heinrichs II. (wie Anm. 50), S. 399f., Nr. 319.
87   Regesten unter Heinrich II. (wie Anm. 66), S. 1022, Nr. 1849a; Ehlers, Integration (wie Anm. 9), S. 579f., Nr. 1434–1441.
88   Urkunden Heinrichs II. (wie Anm. 50), S. 435–439, Nr. 341–344.
89   Die Endpunkte sind hier selbstverständlich nicht als endgültig zu verstehen, sondern lediglich als Ende des betrachteten Reiseabschnittes.
90   Zur Problematik der Itinerarüberlieferung und dem Umgang damit ausführlich: Müller-Mertens, Reichsstruktur (wie Anm. 5), S. 79–100.

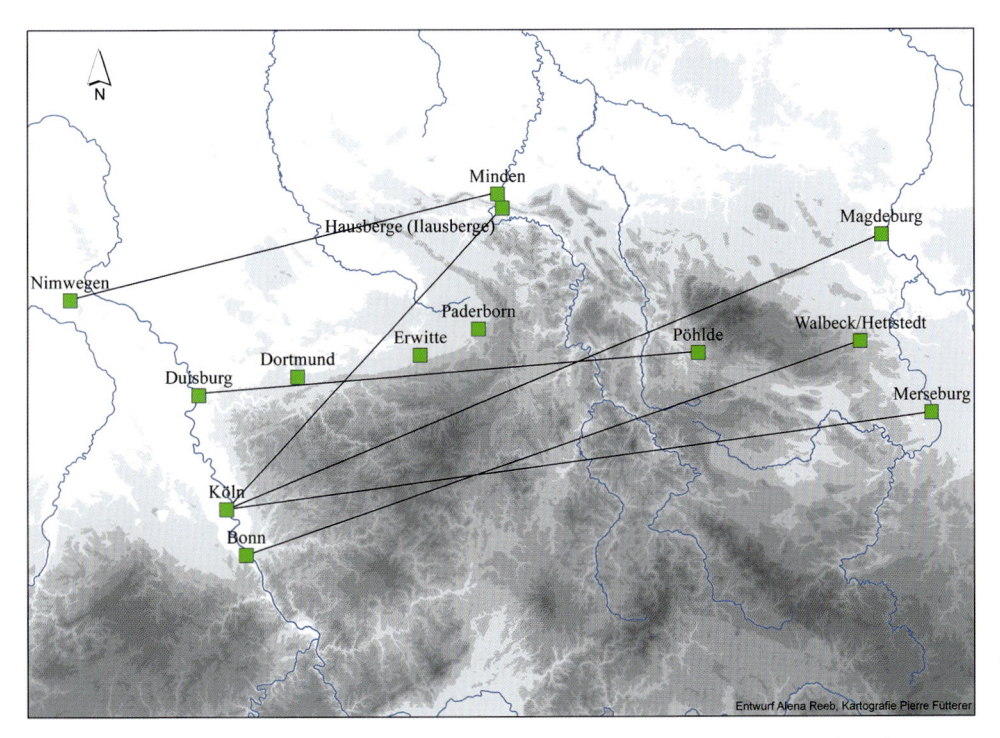

Abb. 2: Schematisierte Darstellung der Itineraretappen und der belegten westfälischen Aufenthaltsorte Heinrichs II. (Entwurf: Alena Reeb, Kartographie: Pierre Fütterer)

einen die möglichst direkteste (Fußgänger-)Route (Distanz) mit Hilfe von GoogleMaps und zum anderen die maximale Reisedauer erfasst, die sich aus der Zeitspanne zwischen den beiden belegten Aufenthalten ergibt.[91] Hierbei wird der Tag, an dem sich der König zuletzt nachweislich am Ausgangsort aufhielt, als erster möglicher Reisetag (Abreisetag) gewertet und der Tag, an dem der nächsten Aufenthaltsort belegt ist, als der letzte mögliche Reisetag (Anreisetag). Die in Tabelle 1 beschriebenen Reisewege werden in Abb. 2 noch einmal veranschaulicht.

91 Zur Verwendung von GoogleMaps siehe oben Anm. 53.

Tabelle 1: Rekonstruierte Reiseetappen Heinrichs II. durch Westfalen[92]

Jahr	Ausgangsort mit Datum	Nächster sicherer Aufenthalt	Distanz	Maximale Reisedauer	Durchschnittliche Tagesreiseleistung
1003	Nimwegen, 28. Februar	Minden, 10./13. März	243 km	14 Tage	17,4 km
1015	Bonn, 25. Februar	Walbeck/ Hettstedt, 3. April	367 km (durch Franken) 413 km (über Dortmund und Paderborn)	37 Tage	9,9 bzw. 11,2 km
1016	Duisburg, 6. Dezember	Pöhlde, 25. Dezember	271 km	20 Tage	13,6 km
1020	Ilausberge, Januar/ Februar	Köln, 19. Februar	220 km	unklar	–
1021	Magdeburg, 21. Mai	Köln, 29. Juni	400 km	40 Tage	10 km
1023	Merseburg, 14. April	Köln, 16. Mai	427 bzw. 402 km	33 Tage	12,9 bzw. 12,2 km

92 Nachweis für Nimwegen 1003: Urkunden Heinrichs II. (wie Anm. 50), S. 48f., Nr. 41; Minden 1003: ebd., S. 49f., Nr. 42; Bonn 1015: ebd., S. 423f., Nr. 333; Walbeck/Hettstedt 1015: Annales Quedlinburgenses (wie Anm. 75), S. 545–549; Duisburg 1016: Urkunden Heinrichs II. (wie Anm. 50), S. 463, Nr. 360; Pöhlde 1016: Thietmar, Chronik (wie Anm. 1), S. 408f., Buch 7,50; Nachweis für „Ilausberge" (Hausberge bei Minden) 1020: Regesten unter Heinrich II. (wie Anm. 66), S. 1073, Nr. 1961a; Köln 1020: Urkunden Heinrichs II. (wie Anm. 50), S. 534f., Nr. 421; Magdeburg 1021: Annales Quedlinburgenses (wie Anm. 75), S. 559–568. Im Mai/Juni ist Heinrich II. in Allstedt, da für diesen Aufenthalt aber kein genaues Datum überliefert ist, wird als Ausgangsort der vorhergegangene Magdeburgaufenthalt mit eindeutigem Datum gewählt. Für die Reiseroute wird Allstedt als Station aber miteingerechnet, so dass der Verlauf der Reiseroute Magdeburg–Allstedt–Köln ist. Nachweis für Köln 1021: Gesta episcoporum Cameracensium (wie Anm. 75), S. 470, Buch 3,17. Zur Distanz Magdeburg–Köln: Die hier zu Grunde gelegte Route verläuft über den Hellweg und über Paderborn. Nachweis für Merseburg 1023: Annales Quedlinburgenses (wie Anm. 75), S. 570–573; Köln 1023: Urkunden Heinrichs II. (wie Anm. 50), S. 622–624, Nr. 488, 489. Distanz Merseburg–Köln: Die 427 Kilometer lange Strecke verläuft über Paderborn. Die direkte Fußverbindung beträgt laut Routenplaner 402 Kilometer, verläuft allerdings quer über das Gebirge, auch hier ist die Strecke über Paderborn anzunehmen.

Auf diese Art und Weise lassen sich für Heinrich II. zusätzlich zu seinen insgesamt 16 belegten Aufenthalten in Westfalen sechs mögliche Reiseetappen ermitteln, die den Liudolfinger durch den westfälischen Raum geführt haben könnten. Wirft man zudem einen Blick auf die durchschnittliche Tagesreiseleistung, so lässt sich für diese sechs Etappen feststellen, dass sie ausnahmslos unter 20 Kilometer pro Tag liegen, mitunter eher an zehn pro Tag grenzen. Möglich ist durchaus, dass diese eher geringe Tagesreiseleistung durch die spätere Abreise am Ausgangspunkt beziehungsweise frühere Ankunft am Endpunkt, über die wir aufgrund der Überlieferungssituation allerdings nicht informiert sind, entsteht. Genauso sind aber auch längere Aufenthalte an den uns unbekannten Zwischenstationen in Westfalen möglich.

Vergleicht man nun generell die Aufenthalte Heinrichs II. in Westfalen mit denen seiner Vorgänger, so fällt auf, dass diese weniger gestreut sind und sich auf die drei Orte Dortmund, Erwitte und Paderborn entlang der westfälischen Hellwegroute beschränken. In den ersten Jahren seiner Herrschaft knüpfte Heinrich II. mit seinen Besuchen in Dortmund sowohl in der Quantität als auch in der Qualität – durch die dort angesetzte Synode und längere Aufenthalte – an die bisherigen Gewohnheiten der Liudolfinger an. Ein Bruch ergab sich dann jedoch durch die Einsetzung Meinwerks als Bischof von Paderborn, wodurch die Besuche des Königs sich von Dortmund nach Paderborn verlagerten.

Weitet man den Blick noch vergleichend auf den gesamten sächsischen Raum zur Zeit Heinrichs II., so lässt sich festhalten, dass er dort insgesamt 41 Orte aufsuchte, viele davon jedoch nur ein einziges Mal. Paderborn mit neun und Dortmund mit fünf Aufenthalten finden sich im sächsischen Gesamtvergleich damit an vierter und zehnter Stelle, sind also durchaus als prominente Zielorte zu werten.[93]

Der erste Salier – die Aufenthalte Konrads II. in Westfalen

Wie schon sein Vorgänger Heinrich II. begab sich auch Konrad II. nach seiner Wahl in Kamba (die inzwischen wüste Königspfalz lag im heute zu Hessen gehörenden Riedstadt) und der anschließenden Krönung in Mainz auf einen Umritt durch das Reich.[94] Anders als sein Vorgänger reiste Konrad II. jedoch nicht über Thüringen nach Sachsen, vielmehr kam er von Nimwegen in westfälisches Gebiet und machte zuerst in Vreden Station.[95] Der genaue Zeitpunkt des Aufenthaltes in Vreden ist

---

93 Zu den Aufenthalten Heinrich II. in Sachsen siehe Ehlers, Integration (wie Anm. 9), S. 572–585 mit den Regesten Nr. 1237–1593.

94 Zu den Ereignissen: Herwig Wolfram, Konrad II. 990–1039. Kaiser dreier Reiche, München 2000, S. 60–68.

95 Zum Verlauf von Konrads Umritt im Überblick: Stefan Weinfurter, Das Jahrhundert der Salier (1024–1125), Ostfildern 2004, S. 33; ausführlich: Wolfram, Konrad II. (wie Anm. 94), S. 74–86.

unklar, er datiert aber wohl in den November 1024.[96] Die Quedlinburger Annalen wissen über diesen ersten Aufenthalt des Königspaares in Sachsen zu berichten, dass diese „in das berühmte Vreden ein[zogen], wo ihnen die Kaisertöchter, nämlich die Schwestern Sophia und Adelheid, freudig entgegenkamen und, wie das Recht der Blutsverwandtschaft es forderte, noch freudiger beide empfingen."[97]

Der Empfang des Königspaares durch die beiden ottonischen Äbtissinnen ist insofern interessant, als Sophia und Adelheid schon 1002 beim Herrschaftsantritt Heinrichs II. in Sachsen eine wichtige Rolle gespielt und die versammelten Großen in Werla zugunsten des bayerischen Liudolfingers beeinflusst hatten.[98] Nun empfingen sie 1024 als erste den neuen König auf sächsischem Boden – ausgerechnet im westfälischen Vreden, das sonst nicht als königlicher Aufenthaltsort diente. Da es unter der Verfügungsgewalt Adelheids von Quedlinburg stand,[99] drängt sich der Gedanke geradezu auf, dass während dieses Aufenthalts womöglich erste Vorbereitungen für Konrads weiteren Umritt in Verbindung mit einer Huldigung durch die Sachsen getroffen wurden. Darüber hinaus setzte der erste offizielle Empfang des neuen Königspaares auf sächsischem Boden durch die ottonischen Schwestern ein deutliches Zeichen, das die allgemeine Anerkennung Konrads begünstigt haben dürfte.

Die nächste Station von Konrads Umritt war Dortmund, wo sie „einige Zeit daselbst [blieben], weil sich die westlichen Bischöfe und Fürsten hier versammelten",[100] noch ehe die allgemeine Huldigung der sächsischen Großen an Weihnachten in Minden erfolgte.[101] Die beiden Äbtissinnen erwiesen sich 1024 also in gewisser Weise abermals als „Königsmacherinnen"[102] und bereiteten dem neuen König in doppelter Hinsicht den Weg nach Sachsen.[103]

Somit begann Konrads II. Herrschaft mit zwei wichtigen Aufenthalten in Westfalen. Zum Jahreswechsel war der König ebenfalls dort, dieses Mal in Paderborn.[104] Dass Paderborn während des Umrittes Konrads II. keine prominentere Rolle spielte mag damit in Verbindung stehen, dass Bischof Meinwerk in der Anfangszeit von

---

96 Müller-Mertens/Huschner, Reichsintegration (wie Anm. 2), S. 137 zum längeren Aufenthalt in Nimwegen, bevor Konrad Vreden erreichte.
97 Annales Quedlinburgenses (wie Anm. 75), S. 574–577.
98 Thietmar, Chronik (wie Anm. 1), S. 196f., Buch 5,3.
99 Die Übertragung erfolgte 1014 unter Heinrich II.: Annales Quedlinburgenses (wie Anm. 75), S. 541–545.
100 Annales Quedlinburgenses (wie Anm. 75), S. 574–577.
101 Die Regesten des Kaiserreichs unter Konrad II. 1024–1039, neu bearb. von Heinrich Appelt, Graz 1951, S. 15, Nr. 8c (Regesta Imperii, 3,1) mit ausführlichen Quellenhinweisen zu dem Mindener Hoftag.
102 Wolfram, Konrad II. (wie Anm. 94), S. 77.
103 Schmidt, Königsumritt (wie Anm. 39), S. 152.
104 Annales Quedlinburgenses (wie Anm. 75), S. 577–580; Die Urkunden Konrads II., bearb. von Harry Bresslau, Hannover 1909, S. 10, Nr. 9 (Monumenta Germaniae Historica, Die Urkunden der deutschen Könige und Kaiser, 4).

Konrads Regierung eine eher untergeordnete Rolle spielte und seine Position unter dem neuen König erst wieder festigen musste.[105]

Der nächste Besuch in Westfalen ist erst wieder für das Jahr 1028 in Dortmund belegt,[106] an den sich vermutlich die Feier des Pfingstfestes in Paderborn anschloss.[107] Rückblickend betrachtet, war der Aufenthalt in Paderborn 1028 der Auftakt für nahezu jährlich stattfindende Besuche Konrads II. in der Bischofsstadt bis zum Jahre 1036, denn schon 1029 beging der König in Paderborn erneut einen großen Festtag, nämlich Weihnachten.[108] Konrad II. hielt sich auch noch mehr als die Hälfte des Januar des neues Jahres in Westfalen auf, denn nach der Weihnachtsfeier in Paderborn urkundete er am 17. Januar 1030 in Dortmund.[109] Die Zeitspanne zwischen Dezember und Januar bot ausreichend Spielraum für einen längeren Aufenthalt im westfälischen Gebiet, war doch die etwa 100 Kilometer lange Strecke zwischen Paderborn und Dortmund auch im Winter innerhalb von drei bis vier Tagen zu bewältigen.

Der 1030 durch seine Urkundentätigkeit bezeugte Aufenthalt war zugleich der letzte nachweisbare in Dortmund während der Herrschaft Konrads. In den folgenden Jahren hielt er sich der Überlieferung nach nur noch in Paderborn zweifelsfrei auf; dort feierte er im selben Jahr auch das Weihnachtsfest.[110] Es folgen in den Jahren 1032[111] und 1033 beziehungsweise 1034[112] weitere, durch Urkunden bezeugte Besuche, ehe Konrad 1035 das Osterfest feierlich in Paderborn beging.[113] An die Gewohnheit der Festaufenthalte in Paderborn knüpfte auch noch sein letzter belegter Aufenthalt in Westfalen an, den er zu Christi Himmelfahrt 1036 dort verbrachte.[114]

Dass die überlieferten Besuche Konrads II. nach dem Tod Bischof Meinwerks 1036 abrissen, wird kein Zufall gewesen sein und verdeutlicht die persönliche Be-

---

105 Balzer, Dortmund und Paderborn (wie Anm. 37), S. 16; ders., Vornehm (wie Anm. 79), S. 97, mit der Auflistung von Meinwerks Königsdienst und den zu seinen Gunsten ausgestellten Urkunden, die deutlich zeigen, dass Meinwerk in Konrads Umfeld erst seit dessen Romzug wieder stark in Erscheinung tritt.
106 Urkunden Konrads II. (wie Anm. 104), S. 167f., Nr. 122.
107 Ebd., S. 168f., Nr. 123, vgl. zu der Einreihung der Urkunde in das Jahr 1028: Müller-Mertens/Huschner, Reichsintegration (wie Anm. 2), S. 99f.
108 Annales Magdeburgenses, bearb. von Georg Heinrich Pertz, Hannover 1859, S. 169 zum Jahr 1030 (Monumenta Germaniae Historica, Scriptores (in Folio), 16), sowie Annalista Saxo, bearb. von Georg Waitz, Hannover 1844, S. 678 zum Jahr 1030 (Monumenta Germaniae Historica, Scriptores (in Folio), 6) zu 1030; Urkunden Konrads II (wie Anm. 104), S. 193f., Nr. 143.
109 Ebd., S. 195, Nr. 144.
110 Annales Hildesheimenses (wie Anm. 63), S. 36f.; Vita Godehardi posterior (wie Anm. 42), S. 209, Kapitel 24.
111 Urkunden Konrads II. (wie Anm. 104), S. 284–286, Nr. 176.
112 Ebd., S. 273–275, Nr. 203; vgl. zur Einreihung der Urkunde in das königliche Itinerar: Müller-Mertens/Huschner, Reichsintegration (wie Anm. 2), S. 142f.
113 Annales Hildesheimenses (wie Anm. 63), S. 39f.
114 Ebd., S. 40f.

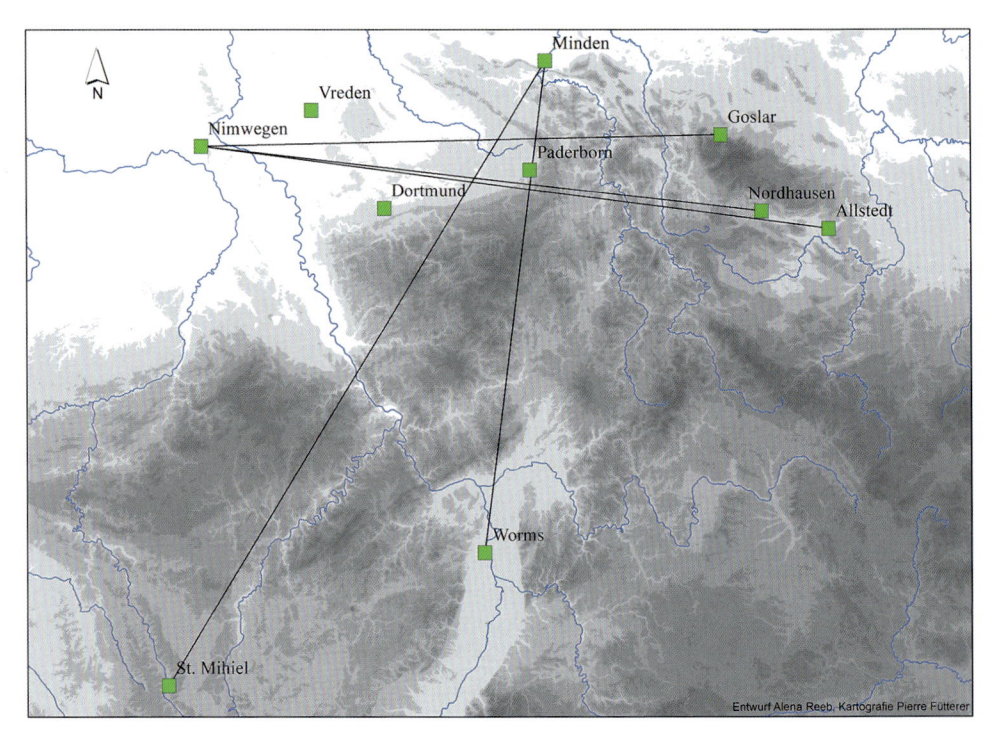

Abb. 3: Schematisierte Darstellung der Itineraretappen und der belegten westfälischen Aufenthaltsorte Konrads II. (Entwurf: Alena Reeb, Kartographie: Pierre Fütterer)

ziehung Meinwerks zu Heinrich II. und dessen salischem Nachfolger.[115] Relativierend muss man hier jedoch auch einwenden, dass sich Konrad vom Ende des Jahres 1036 bis 1038 in Italien aufhielt, wodurch es ihm schlichtweg nicht möglich war, an seine (fast) jährlichen Besuche in Paderborn anzuknüpfen.

Neben diesen gesicherten Aufenthalten Konrads II. lassen sich, wie schon für Heinrich II. gezeigt, weitere Reiseetappen durch den westfälischen Raum erschließen. Vier beziehungsweise fünf Itineraretappen Konrads erlauben Rückschlüsse auf entsprechende Aufenthalte. Die in Tabelle 2 beschriebenen Reisewege werden in Abb. 3 noch einmal veranschaulicht.

---

115 Balzer, Dortmund und Paderborn (wie Anm. 37), S. 216, 16f.

Tabelle 2: Rekonstruierte Reiseetappen Konrad II. durch Westfalen[116]

Jahr	Ausgangsort mit Datum	Nächster sicherer Aufenthalt	Distanz	Maximale Reisedauer	Durchschnittliche Tagesreiseleistung
1031	Goslar, 23. März	Nimwegen, 11. April	357 km	20 Tage	17,9 km
1033	Nimwegen, 13. Mai	Nordhausen, 20. Juni	387 km	39 Tage	9,9 km
1033	St. Mihiel, 20. August	Minden, 25. Dezember	508 km	127 Tage	–
1033/1034	Minden, 25. Dezember	Worms, 30. Januar	345 km	30 Tage	11,5 km
1039	Allstedt, 2. Februar	Nimwegen, 28. Februar	433 km	27 Tage	16 km

Im Vergleich zu den Etappen, die sich für Heinrich II. ermitteln lassen, sind die Orte, die für Konrad II. die Ausgangs- und Endpunkte bilden, etwas weiter gestreut. Ähnlichkeiten zeigen sich hingegen bei der Tagesreiseleistung Konrads II., die für längere Aufenthalte an einzelnen Orten während der Reise sprechen. Darüber hinaus fällt auf, dass unter Heinrich II. häufig Köln ein westlicher Anlaufpunkt war, unter Konrad II. jedoch als solcher nicht mehr auftaucht.[117] Dafür tritt hier nun Nimwegen mehrfach in Erscheinung. Die Etappen, die Nimwegen als Ausgangs- oder Endpunkt haben, sind typische Ost-West- beziehungsweise West-Ost-Verbindungen. Anders verhält es sich hingegen mit der Etappe, die Konrad II. im Januar 1034 von Minden nach Worms führte. Der direkte Weg verlief hier vermutlich von Minden aus direkt südlich in Richtung Worms ohne Paderborn zu berühren. Anzunehmen ist allerdings, dass der Hof über Paderborn reiste, da im Umkreis kein weiterer Aufenthaltsort belegt ist. Überdies bedeutete der Halt in Paderborn keinen signifikanten Umweg, denn während die Länge der direkten Verbindung 343 Kilometer beträgt, waren für die Route über Paderborn lediglich zwei Kilometer mehr, also insgesamt 345 Kilometer, zurückzulegen. Nur der Vollständigkeit halber ist die

---

116   Nachweis für Goslar 1031: Urkunden Konrads II. (wie Anm. 104), S. 216f., Nr. 164; Nimwegen 1031: Annales Hildesheimenses (wie Anm. 63), S. 36f.; Nimwegen 1033: Urkunden Konrads II. (wie Anm. 104), S. 250f., Nr. 188; Nordhausen 1033: ebd., S. 252f., Nr. 190; St. Mihiel 1033: ebd., S. 266–269, Nr. 200; Minden 1033: Annales Hildesheimenses (wie Anm. 63), S. 38f.; Worms 1034: Urkunden Konrads II. (wie Anm. 104), S. 275–277, Nr. 204; Allstedt 1039: Annales Hildesheimenses (wie Anm. 63), S. 43; Nimwegen 1039: ebd., S. 43–45; vgl. zudem Regesten unter Konrad II. (wie Anm. 101), S. 141, Nr. 294a.

117   Köln ist für die Herrschaftszeit Konrads II. lediglich mit einem Aufenthalt des Königs belegt: Müller-Mertens/Huschner, Reichsintegration (wie Anm. 2), S. 380.

Itineraretappe von St. Mihiel nach Minden aufgelistet, ist hier doch die Zeitspanne zwischen den überlieferten Aufenthalten für eine Streckenrekonstruktion zu groß.

Insgesamt sind für Konrad II. zwölf Aufenthalte in Westfalen bezeugt, die um fünf potenzielle Durchreisen mit entsprechenden Stationen ergänzt werden können. Wie schon Heinrich II. war auch Konrad II. maßgeblich entlang des Hellweges zu finden, einzig Vreden bildete eine Ausnahme. Ebenso ist für den ersten Salier festzuhalten, dass er zwar auch wichtige Aufenthalte in Dortmund vorzuweisen hat, diese im Vergleich zu Paderborn jedoch deutlich in den Hintergrund treten.

Bemerkenswert ist, dass Paderborn unter sämtlichen sächsischen Aufenthaltsorten des Herrschers mit acht Aufenthalten an die Spitze getreten ist und somit den bevorzugten Aufenthaltsort Konrads II. in Sachsen darstellte. Dortmund rangiert mit drei Aufenthalten immerhin noch an sechster Stelle von insgesamt 24 Orten in Sachsen und war zumindest in der ersten Zeit von Konrads Herrschaft ein mehrfach aufgesuchter Zielort.

Ein Fazit: Mehr als nur zur Durchreise!

Für das erste Drittel des 11. Jahrhunderts lässt sich für die königlichen Aufenthalte in Westfalen festhalten, dass diese durchaus regelmäßig in West-Ost- beziehungsweise Ost-West-Reiseetappen der Herrscher eingebettet waren. Somit können sie in gewisser Weise den Anschein erwecken, die Regionen des Reiches miteinander zu verbinden und nur der Durchreise zu dienen. Letztlich wohnte es aber ohnehin dem Charakter des Reisekönigtums inne, dass der König und sein Hof ständig in Bewegung waren und sich kontinuierlich durch das Reich bewegten. Entscheidend für die Bedeutung Westfalens ist deshalb der genaue Blick auf die Aufenthalte. Besonders das häufig aufgesuchte Paderborn, aber auch Dortmund können sowohl in Quantität als auch in Qualität der königlichen Aufenthalte mit anderen häufig frequentierten Orten aus den sogenannten Kernregionen mithalten. Nicht selten waren sie Ort für die Ausrichtung von Hoftagen, Synoden und von wiederholten Feiern hoher Kirchenfeste – und das nicht nur unter den Liudolfingern, sondern auch unter dem ersten Salier. Paderborn avancierte unter Konrad II. gar zum am häufigsten aufgesuchten Ort im gesamten Reich.[118]

Der Umstand, dass sich die Aufenthaltsorte des königlichen Hofes in Westfalen auf den Raum zwischen Lippe und Ruhr und damit entlang des westfälischen Hellweges konzentrieren, kann wohl mit der dortigen Bodengüte sowie mit der daraus resultierenden dichteren Besiedlung des Gebietes in Verbindung gebracht werden. Die Bodenwertkarte zeigt, dass gerade im Bereich der Soester Börde die Voraussetzungen für ertragreiche Ernten vorhanden waren, die eine Besiedlung generell be-

---

118 Ebd., S. 382. In der Anzahl der Besuchstage tritt Paderborn zwar etwas zurück, ist jedoch immer noch an vierter Stelle nach Nimwegen, Regensburg und Augsburg zu finden.

günstigten.[119] Wenn man davon ausgeht, dass die Versorgung des königlichen Hofes während dessen Reise gewährleistet sein musste, ist dieser Umstand durchaus von Gewicht.[120] Gleichzeitig dürfte ein dichter besiedeltes Gebiet eine gesteigerte herrscherliche Präsenz hervorgerufen haben.

Es ist zwar unbestreitbar, dass mit dem westfälischen Hellweg ein wichtiger Reiseweg durch Westfalen verlief – nicht umsonst weist auch heute noch die A44 in Teilen einen ganz ähnlichen Streckenverlauf auf –, doch wäre es zu kurz geschlossen, Westfalen aufgrund dessen auf ein reines Durchzugsgebiet zu reduzieren. Vielmehr hat die Auswertung der Aufenthalte gezeigt haben, dass Westfalen Ort wichtiger Zusammenkünfte zwischen Herrschern und Großen gewesen ist.

---

119 Leibniz-Institut für Länderkunde (Hg.), Nationalatlas Bundesrepublik Deutschland. Bd. 2: Relief, Boden und Wasser, Berlin 2003, S. 105.
120 Hermann, Lothar III. (wie Anm. 2), S. 60–65, der auf den Zusammenhang von Lößböden und menschlichem Kulturraum hinweist.

Florian Hartmann

Westfalen – ein „Hinterland" der Billunger in salischer Zeit?

Angesichts des berühmten billungischen Hausklosters Sankt Michael in Lüneburg liegt es nahe, auch das herrschaftliche und besitzrechtliche Zentrum dieses in der Salierzeit überaus mächtigen und alten Herzogsgeschlechts im Osten dieses Herzogtums zu vermuten.[1] Viele Überblicksdarstellungen greifen diese regionale Zuordnung auch auf. Ganz falsch ist das natürlich nicht. Schon ein flüchtiger Blick auf die verdienstvolle Karte von Gudrun Pischke in den Vorarbeiten zum Historischen Atlas Niedersachsens zeigt,[2] dass die Aussage mit Blick auf die Bedeutung ihres Hausklosters in Lüneburg zutreffend ist. Doch betrachtet man die Grafschaftsrechte und Vogteien, dann wird deutlich, dass diese aufs Ganze gesehen eher auf Westfalen konzentriert waren.

Westfalen war ein Herrschaftszentrum der Billunger. Für die salische Frühzeit hat Paul Leidinger die tiefe Verwurzelung der Billunger in Westfalen konzise dargestellt.[3] In der Spätzeit scheint Westfalen dann aber zum billungischen Hinterland geworden zu sein – zu dürftig sind die Hinweise auf ihre Tätigkeit in Westfalen. Allerdings scheint sich in dieser Zeit ein generelles Schwinden des Einflusses der Billunger abzuzeichnen. Selbst in Ostsachsen, ja sogar in ihrem Zentrum um Lüneburg, hört man von dem billungischen Herzog fast nichts mehr, was die Forschung

1   Zu den Billungern: Hans-Joachim Freytag, Die Herrschaft der Billunger in Sachsen, Göttingen 1951 (Veröffentlichungen der Historischen Kommission für Niedersachsen und Bremen, 2; Studien und Vorarbeiten zum Historischen Atlas Niedersachsens, 20); Ruth Bork, Die Billunger. Mit Beiträgen zur Geschichte des deutsch-wendischen Grenzraumes im 10. und 11. Jahrhundert, Diss. (masch.), Greifswald 1951; Ingrid Pellens, Die Slavenpolitik der Billunger im 10. und 11. Jahrhundert, Diss., Kiel 1950; Gerd Althoff, Adels- und Königsfamilien im Spiegel ihrer Memorialüberlieferung. Studien zum Totengedenken der Billunger und Ottonen, München 1984 (Münstersche Mittelalter-Schriften, 47); Nathalie Kruppa, Die Billunger und ihre Klöster. Beispiele zu den weitläufigen Verbindungen im frühmittelalterlichen Sachsen, in: Concilium medii aevi 12 (2009), S. 1–49, hier: 10. Zu diesem Forschungsparadigma: Florian Hartmann, Die späten Billunger, ihre sächsische Herzogsgewalt und ihr Erbe, in: Wolfgang Dörfler/Luise Knoop/Bernd Ulrich Hucker (Hg.), Das Jahr 1112. Ida von Elsdorf und ihre Zeitgenossen, Rotenburg 2012, S. 135–157 (Rotenburger Schriften, 92); zu den älteren Billungern: Matthias Becher, Rex, Dux und Gens. Untersuchungen zur Entstehung des sächsischen Herzogtums im 9. und 10. Jahrhundert, Husum 1996 (Historische Studien, 444).
2   Gudrun Pischke, Herrschaftsbereiche der Billunger, der Grafen von Stade, der Grafen von Northeim und Lothars von Süpplingenburg. Quellenverzeichnis mit einer mehrfarbigen Faltkarte und einer Stammtafel, Hildesheim 1984.
3   Paul Leidinger, Westfalen im Investiturstreit, in: Westfälische Zeitschrift 119 (1969), S. 267–314.

zu der Feststellung veranlasst hat, die Billunger hätten ab den späten 1070er-Jahren in Sachsen jeden Einfluss verloren, vor allem zugunsten Ottos von Northeim.[4] In dieser verbreiteten Forschungsperspektive war Westfalen im ausgehenden 11. Jahrhundert also nicht nur ein unbedeutendes Herrschaftsgebiet der Billunger – es war auch ein Herrschaftsgebiet der insgesamt unbedeutenden Billunger.

Im Folgenden soll der Blick auf diese Spätzeit der Billunger gerichtet werden, genauer auf Herzog Magnus, der von 1072 bis zu seinem Tod 1106 Herzog von Sachsen war. In einem ersten Schritt soll sein wandlungsreicher Weg vom Anführer der Opposition gegen Heinrich IV. zu dessen Weggefährten nachgezeichnet werden.[5] Vor diesem Hintergrund soll dann in einem zweiten Schritt gezeigt werden, dass Herzog Magnus für eine gewisse Periode gerade durch seine Verbindungen nach Westfalen zu einer Stütze Heinrichs IV. geworden ist.

Magnus Billung und die Sachsenkriege Heinrichs IV. – ein Aufriss

Herzog Magnus hatte 1070 Otto von Northeim in seinem Aufstand gegen Heinrich IV. unterstützt, 1071 mussten sich beide unterwerfen.[6] Während Otto recht bald aus der Haft entlassen wurde, verblieb Magnus noch zwei Jahre auf der Harzburg und konnte erst 1073 auf Vermittlung seines Onkels Hermann in Freiheit kom-

---

4   So am deutlichsten von: Freytag, Billunger (wie Anm. 1); ähnlich dann auch: Lutz Fenske, Adelsopposition und kirchliche Reformbewegung im östlichen Sachsen. Entstehung und Wirkung des sächsischen Widerstandes gegen das salische Königtum während des Investiturstreits, Göttingen 1977 (Veröffentlichungen des Max-Planck-Instituts für Geschichte, 47); Gerd Althoff, Die Billunger in der Salierzeit, in: Stefan Weinfurter (Hg.), Die Salier und das Reich. Bd. 1: Salier, Adel und Reichsverfassung, Sigmaringen 1991, S. 309–329; zuletzt: Kruppa, Billunger (wie Anm. 1), S. 10. Zu diesem Forschungsparadigma: Hartmann, Die späten Billunger (wie Anm. 1), S. 135f.; dagegen aber: Hans-Werner Goetz, Das Herzogtum der Billunger – Ein sächsischer Sonderweg?, in: Niedersächsisches Jahrbuch für Landesgeschichte 66 (1994), S. 167–197. Dessen Postulat zur Neubewertung der Billunger hat aber keinen Niederschlag in einer neuen Monographie zu den Billungern gefunden.
5   Diese einführenden und den größeren Kontext absteckenden Ausführungen basieren zu großen Teilen auf: Hartmann, Die späten Billunger (wie Anm. 1).
6   Siehe dazu den Eintrag in den Annalen des Lampert von Hersfeld: Lamperti monachi Hersfeldensis Opera. Accedunt Annales Weissenburgenses, bearb. von Oswald Holder-Egger, Hannover/Leipzig 1894, S. 127 zum Jahr 1071 (Monumenta Germaniae Historica, Scriptores rerum Germanicarum in usum scholarum separatim editi, 38). Bruno berichtet über die Unterwerfung direkt vor der Darstellung des *colloquium*: Bruno, De Bello Saxonico liber. Brunos Buch vom Sachsenkrieg, bearb. von Hans Eberhard Lohmann, Leipzig 1937, S. 25, Kapitel 19 (Monumenta Germaniae Historica, Deutsches Mittelalter, Kritische Studientexte, 2); siehe dazu: Henrik Janson, Templum nobilissimum. Adam av Bremen. Uppsalatemplet och konfliktlinjerna i Europa kring år 1075, Göteborg 1998, S. 204.

Westfalen – ein „Hinterland" der Billunger in salischer Zeit?

men.[7] Heinrich hatte – Lampert von Hersfeld zufolge – die Freilassung an dessen Verzicht auf die Herzogswürde geknüpft, wozu der Billunger angesichts der über hundertjährigen dynastischen Kontinuität in diesem Amt nicht bereit war. In dieser Zeit übernahm Otto die Führung der sächsischen Opposition. Hermann Billung belagerte die inzwischen von Heinrichs Truppen besetzte Lüneburg und erzwang einen Austausch der gesamten königstreuen Besatzung gegen Magnus.[8]

Kaum in Freiheit, stellte sich Magnus sofort wieder an die Spitze der Opposition. Dass er, wie in der Literatur immer wieder dargestellt wird, zu dieser Zeit „im Reich wie in Sachsen weitgehend zu politischer Bedeutungslosigkeit herabgesunken" gewesen sei,[9] entspricht einer sehr selektiven sächsischen Historiographie. Wohl kaum zufällig erhoben sich die Sachsen erst nach der Entlassung ihres Herzogs erneut und mit Erfolg. König Heinrich musste sich fügen, im Frieden von Gerstungen 1074 versprach er das Schleifen seiner Burgen.

Magnus Billung und sein Onkel Hermann gingen unterdessen „daran, die ihnen verlustig gegangenen Rechte und noch etwas mehr wieder einzubringen".[10] Ihr gräflicher Gewaltbezirk hat damals also eher zugenommen, was nur mit Unterstützung und Zustimmung weiter Teile des sächsischen Adels denkbar erscheint.[11] Auch die Spitzenposition der Billunger in Sachsen war unbestritten. Die Freilassung des Billungers hat nach Aussage der Chronisten in ganz Sachsen Anlass zur Freude gegeben.[12] Die anhaltende Empörung war wohl auch eine Folge der aus Sicht der Sach-

---

7   Lampert von Hersfeld, Annales (wie Anm. 6), S. 160 zum Jahr 1073; zur Deutung u. a.: Althoff, Die Billunger in der Salierzeit (wie Anm. 4), S. 323f.
8   Lampert von Hersfeld, Annales (wie Anm. 6), S. 160 zum Jahr 1073, wonach Boten Hermanns dem König die Nachricht gebracht hätten: *[…] ut, si suos, qui obsidebantur, vivos incolumesque recipere vellet, Magnum fratris sui filium deditione absolveret sibique remitteret; ni id faceret, se de his tamquam de hostibus, qui fines alienos contra leges invasissent, iuxta leges gentis suae capitale supplicium sumpturum […].* „[…] dass er, wenn er die Seinen, die belagert wurden, lebend und wohlbehalten wieder erhalten möchte, Magnus, den Sohn seines Bruders, von der Unterwerfung lösen und zurückschicken solle. Wenn er dies nicht tue, dann werde er an ihnen wie an Feinden, die in fremdes Gebiet gegen die Gesetze eingefallen sind, gemäß den Gesetzen seines Volkes die Todesstrafe vollziehen." Ausführlich auch: Bruno, De Bello Saxonico (wie Anm. 6), S. 26, Kapitel 21: *[…] Reddidit ergo Magnum ducem et suorum fidelium recepit multitudinem. Inde natum proverbium per totam Saxoniam divulgatur, quod unus Saxo LXX Suevis ematur, vel LXX Suevi uno Saxone redimantur.* „Er gab also den Herzog Magnus frei und erhielt eine Menge seiner Getreuen zurück. Deswegen wurde das dort geborene Sprichwort in ganz Sachsen verbreitet, dass ein Sachse für 70 Schwaben gekauft werde oder dass 70 Schwaben für einen Sachsen freigekauft würden."
9   Freytag, Billunger (wie Anm. 1), S. 22.
10 Ebd., S. 21.
11 Ebd., S. 22.
12 Bruno, De bello Saxonico (wie Anm. 6), S. 27, Kapitel 22: *De reditu ducis Magni quanta fuissent omni Saxoniae gaudia, Tulliana non posset explicare facundia: non magis de illo gauderent, si eum a morte redivivum accepissent.* „Wie groß in ganz

sen ehrlosen Behandlung ihres Herzogs.[13] Dieser Befund widerspricht deutlich der These von der vermeintlichen Belanglosigkeit und mangelnden Anerkennung der Billunger. Ganz offensichtlich füllten die Billunger ihre Führungsrolle in Sachsen auch weiterhin aus. Daneben konnte sich allein Otto von Northeim profilieren, und auch das zunächst nur während der Gefangenschaft von Magnus Billung.

Als Heinrich IV. im Jahr 1075 erneut, nun aber mit einem großen Heer gegen die Sachsen vorrückte, konnte er sie vernichtend schlagen. Die führenden Billunger gerieten erneut in Haft.[14] Heinrich IV. sah in ihnen weiterhin die unbestrittenen Anführer der Sachsen, dementsprechend hart ging er mit ihnen ins Gericht. Sogar eine Frau, die zweite Gemahlin von Magnus' Vater Ordulf, wurde festgesetzt und blieb lange in Haft.[15] Dass der billungische Herzog „bei der Organisation des Widerstands im sächsischen Stamm keinesfalls […] führend" gewesen sei, wie Gerd Althoff konstatiert,[16] lässt sich also kaum behaupten. Im Gegenteil: Keine Familie wurde nach 1075 so hart bestraft wie die Billunger! Otto von Northeim verhielt sich – zumindest was sein persönliches Wohl anging – dagegen geschickter: Er wechselte die Seiten. Die Folge waren erste Spannungen zwischen den sächsischen Protagonisten.[17] Bis 1077 stand Otto von Northeim nun an der Seite des Saliers. Bei Lampert von Hersfeld liest sich dieser Coup wie folgt:

> Sachsen die Freude über die Rückkehr Herzog Magnus' war, kann nicht einmal Ciceros Eloquenz beschreiben. Sie hätten sich über ihn nicht mehr gefreut, wenn sie vernommen hätten, dass er vom Tode auferstanden ist." Vergleiche auch die weitere blumige Umschreibung der sächsischen Freude über die Freilassung ihres Herzogs: *Quanto eum se umquam vivum visuros desperaverant, tanto eum videntes vivum maiore laetitia tripudiabant; nec solum sui vel cognati vel clientes eius de salute plaudebant, sed omnis omnino populus omnipotenti Deo, qui eum mirabiliter liberavit, laudes unanimiter reddebat. […] Itaque nichil fere iam sonabat ex ore totius Saxoniae, nisi: ‚Deo gratias de Magni ducis ammirabili liberatione!' Illi qui numquam eum viderant, pro eius ereptione non minores, quam si de eius genere vel familia fuissent, Deo gratias agebant.* „So sehr sie die Hoffnung aufgegeben hatten, ihn jemals lebend wiederzusehen, so sehr jubelten sie in großer Freude, als sie ihn lebend wiedersahen. Aber nicht nur seine Verwandten und Untergebenen freuten sich über seine Gesundheit, sondern das ganze Volk stimmte vollständig Lobgesänge für den allmächtigen Gott an, der ihn so wundersam befreit hat. […] Deshalb hörte man aus dem Munde ganz Sachsens fast nichts anderes als ‚Gott sei Dank für die wundersame Befreiung von Herzog Magnus!' Diejenigen, die ihn noch nie gesehen hatten, dankten Gott für seine Befreiung so, als ob sie aus dessen Geschlecht oder Familie gewesen wären."

13   Das bezeugt auch deutlich: Lampert von Hersfeld, Annales (wie Anm. 6), S. 149f. zum Jahr 1073. Etwas weniger pointiert: Bruno, De bello Saxonico (wie Anm. 6), S. 27f., Kapitel 20f.; Althoff, Die Billunger in der Salierzeit (wie Anm. 4), S. 324.
14   Lampert von Hersfeld, Annales (wie Anm. 6), S. 238f. zum Jahr 1075.
15   Bruno, De bello Saxonico (wie Anm. 6), S. 80f., Kapitel 85.
16   Althoff, Die Billunger in der Salierzeit (wie Anm. 4), S. 324f.
17   Siehe dazu den sehr ausführlichen Bericht bei: Lampert von Hersfeld, Annales (wie Anm. 6), S. 261f. zum Jahr 1076.

Solus adhuc Otto dux quondam Baioariae in castello Hartesburg residebat. Huic rex per totam Saxoniam vices suas et publicarum rerum procurationem delegavat.

„Damals residierte Otto, der vormalige Herzog von Bayern, allein auf der Harzburg. Ihm hatte der König seine Stellvertreterschaft in ganz Sachsen und die Verwaltung der öffentlichen Angelegenheiten übertragen."[18]

Lampert von Hersfeld formuliert den wohl nicht unberechtigten, unter den sächsischen Fürsten kursierenden Vorwurf, Otto habe die Sachsen zur Unterwerfung veranlasst,

[…] ut eorum sanguine regis sibi animum deplacaret et communi exicio suam ipse salutem mercaretur.

„[…] um mit deren [scil. der sächsischen Fürsten] Blut die Haltung des Königs gegenüber sich [d.h. Otto selbst] zu beruhigen und durch deren kollektiven Untergang sein eigenes Wohlergehen zu erkaufen".[19]

Vor diesem Hintergrund ist das Verhalten von Magnus nach seiner Freilassung zu sehen. Das Renommee des für die Interessen der Sachsen kämpfenden und deswegen inhaftierten Herzogs war eher noch gestiegen, seine Stellung nach der Gefangenschaft also überragend.[20] Doch zugleich führte die erneute lange Haft ihres Herzogs zu Verwerfungen im Gefüge des sächsischen Adels. In dieser Situation musste sich die Führungselite in Sachsen erst einmal neu formieren.

„Die zahlreichen Inhaftierungen könnten auch erklären, warum konkrete Angaben über die Teilnahme einzelner sächsischer Fürsten an den frühen Zusammenkünften der antisalischen Partei fehlen; sie standen zumindest in der ersten Jahreshälfte 1076 vielleicht schlichtweg noch nicht als Verhandlungspartner zur Verfügung."[21]

Magnus Billung konnte diese Neuordnung innerhalb des sächsischen Adels nicht anders verstehen denn als „klare[n] Affront gegen den regulären Inhaber des Herzogsamtes".[22] Wem konnte er noch trauen? Fest auf seiner Seite stand Magnus'

18   Lampert von Hersfeld, Annales (wie Anm. 6), S. 261 zum Jahr 1076. Siehe auch ebd., S. 251: *Ibi Otto dux quondam Baioariae, datis pro se duobus filiis suis obsidibus deditione absolutus est, nec solum in gratiam, sed in tantam quoque familiaritatem receptus est a rege, ut omnia deinceps consilia tam de privata quam de re publica caeteris auriculariis familiarius cum eo communicaret.* „Dort wurde Otto, der ehemalige Herzog von Bayern, nach Übergabe seiner beiden Söhne als Geisel von der Unterwerfung gelöst; er wurde vom König nicht nur wieder in dessen Huld, sondern sogar in dessen Gefolgschaft aufgenommen, sodass dieser mit ihm künftig alle Pläne über private und öffentliche Angelegenheiten intimer als mit allen anderen Höflingen besprach."
19   Ebd., S. 261.
20   Hartmann, Die späten Billunger (wie Anm. 1).
21   Michaela Muylkens, Reges geminati. Die „Gegenkönige" in der Zeit Heinrichs IV., Husum 2012, S. 117 (Historische Studien, 501).
22   Ebd., S. 137.

Onkel Hermann. Er drohte Otto von Northeim, seine Güter zu verwüsten, wenn er dem Herzog nicht die erforderliche Ehre erweisen sollte.[23] Magnus musste in der neuen Konstellation nach seiner zweiten Inhaftierung und Freilassung seine Rolle erst neu finden.

Als sich Rudolf von Rheinfelden nach seiner Wahl zum Gegenkönig 1077,[24] an der bezeichnenderweise zwar Otto von Northeim, nicht aber Magnus Billung teilnahm,[25] nach Sachsen zurückzog, wurde ihm als König von zahlreichen Sachsen gehuldigt. Die Huldigung erfolgte in Merseburg, also in einer Region, in der die Billunger gerade nicht präsent waren.[26] Die Opposition konzentrierte sich im Osten Sachsens, oder im nun als Sachsen bezeichneten Teil, wenn wir auf den Befund Paul Leidingers zurückgreifen:

23 Lampert von Hersfeld, Annales (wie Anm. 6), S. 261f. zum Jahr 1076.
24 Zu dieser überaus wirkmächtigen Wahl siehe jetzt die akkurate Detailstudie: Muylkens, Reges geminati (wie Anm. 21), S. 129–157. Die Anwesenheit Magnus' ist allein in einer einzigen, zudem nicht unproblematischen Quelle belegt: Annales Sancti Disibodi, in: Annales aevi Suevici. Bd. 2, bearb. von Georg Waitz, Hannover 1861, S. 4–30, hier: 8 zum Jahr 1076 (Monumenta Germaniae Historica, Scriptores in Folio, 17). Der Autor dieser Annalen zeigt eine überaus prosächsische Perspektive; er dürfte deshalb ein Interesse daran gehabt haben, die Präsenz der Sachsen und ihres Herzogs zu betonen. Walter Schlesinger geht davon aus, dass er die Präsenz von Magnus gegen die Tatsachen erfunden hat: Walter Schlesinger, Die Wahl Rudolfs von Schwaben zum Gegenkönig 1077 in Forchheim, in: Josef Fleckenstein (Hg.), Investiturstreit und Reichsverfassung, Sigmaringen 1973, S. 61–85, hier: 71 (Vorträge und Forschungen, 17). Alle anderen Quellen lassen Magnus vermissen: Die Chroniken Bertholds von Reichenau, in: Die Chronik Bertholds von Reichenau und Bernolds von Konstanz 1054–1100, bearb. von Ian S. Robinson, Hannover 2003, S. 161–382, hier: 267f. zum Jahr 1077 (Monumenta Germaniae Historica, Scriptores rerum Germanicarum, Nova series, 14); Paul von Bernried, Gregorii P. P. VII vita, in: Pontificium Romanorum vitae. Bd. 1, bearb. von Johann Matthias Watterich, Leipzig 1862, S. 474–546, 752–753 (Additamenta), hier: 529f., Kapitel 93–95; Bruno, De bello Saxonico (wie Anm. 6), S. 85f., Kapitel 91.
25 Ottos Anwesenheit ist belegt bei: Bruno, De bello Saxonico (wie Anm. 6), S. 85, Kapitel 91; Frutolf, Cronica, in: Frutolfs und Ekkehards Chroniken und die anonyme Kaiserchronik, bearb. von Franz-Josef Schmale/Irene Schmale-Ott, Darmstadt 1972, S. 47–121, hier: 89, Kapitel 21 (Ausgewählte Quellen zur deutschen Geschichte des Mittelalters, Freiherr-vom-Stein-Gedächtnisausgabe, 15). An der Anwesenheit Magnus' und Udos in Forchheim zweifelt auch: Egon Boshof, Die Salier, 5. Aufl., Stuttgart/Berlin/Köln 2008, S. 234; Schlesinger, Wahl (wie Anm. 24), S. 71, deutet zumindest Zweifel an. Für deren Anwesenheit plädieren dagegen: Stefan Weinfurter, Canossa. Die Entzauberung der Welt, 3. Aufl., München 2007, S. 148; Ian Stuart Robinson, Pope Gregory VII, the Princes and the Pactum 1077–1080, in: The English Historical Review 94 (1979), S. 721–756, hier: 721.
26 Siehe die Karte bei: Pischke, Herrschaftsbereiche (wie Anm. 2). Zu den Besitzungen und Grafschaftsrechten der Billunger, insbesondere unter Magnus: Freytag, Billunger (wie Anm. 1), S. 43f.

„[…] in der historiographischen Namenüberlieferung der Zeit wird diese unterschiedliche politische Ausrichtung faßbar: der bisherige Oberbegriff ‚Sachsen' wich allmählich auf die innersächsischen Gebiete östlich der Weser zurück […]. Ihm trat nunmehr, sich mehr und mehr verselbständigend, der Begriff ‚Westfalen' gegenüber, der die westfälisch-engrischen Altgebiete westlich der Weser in sich subsumierte."[27]

Magnus scheint bei der Huldigung Rudolfs in Merseburg nicht anwesend gewesen zu sein – zumindest fehlen sämtliche Belege für eine Präsenz des Herzogs. Man darf wohl annehmen, dass Bruno von Merseburg, der stets bemüht war, den Zusammenhalt der Sachsen unter der Führung ihres Herzogs herauszustreichen, Magnus explizit erwähnt hätte, wenn er an der Huldigung teilgenommen hätte. So muss Bruno sich mit dem allgemeinen, die Abwesenheit wichtiger Sachsen nur schlecht kaschierenden Hinweis begnügen, dass irgendwelche *maiores et minores* und *principes* aus allen Teilen Sachsens anwesend gewesen seien.[28]

In dieser Phase beginnt offenbar Magnus' Rückzug aus der auf Ostsachsen konzentrierten Fürstenopposition, während Rudolf von Rheinfelden nur in Teilen von Sachsen Rückhalt hatte.[29] Die Billunger suchten in der neuen Konstellation augenscheinlich einen neuen, einen eigenen Weg – eine Strategie, die angesichts der Wechselhaftigkeit der Verhältnisse sowie der Ambitionen Ottos von Northeim und anderer Fürsten sinnvoll erschien.[30] Zwei Mal hatte Magnus mit ansehen müssen, wie andere Fürsten seine Gefangenschaft zu seiner Kaltstellung genutzt hatten. Ab 1078 verengte sich die Opposition in Abwesenheit des gefangen gesetzten Herzogs ganz maßgeblich auf Ostsachsen, andere Akteure nahmen die Position der Billunger ein.

In dieser Situation war es fast folgerichtig, dass sich Magnus als Herzog aus einer uralten Dynastie nicht ohne Weiteres in die zweite Reihe hinter Otto von Northeim und König Rudolf begeben wollte.[31] Spätestens 1079, vermutlich aber schon 1078,

---

27 Leidinger, Westfalen im Investiturstreit (wie Anm. 3), S. 270.
28 Bruno, De bello Saxonico (wie Anm. 6), S. 87, Kapitel 93; Hartmann, Die späten Billunger (wie Anm. 1).
29 Walter Schlesinger, Kirchengeschichte Sachsens im Mittelalter. Bd. 1: Von den Anfängen kirchlicher Verkündigung bis zum Ende des Investiturstreites, Köln/Graz 1962, S. 124–132 (Mitteldeutsche Forschungen, 27,1); Fenske, Adelsopposition (wie Anm. 4), S. 61–94; Muylkens, Reges geminati (wie Anm. 21), S. 176; Thomas Zotz, Merseburg, Sachsen und das Königtum Rudolfs von Schwaben, in: Holger Kunde u. a. (Hg.), Zwischen Kathedrale und Welt. 1000 Jahre Domkapitel Merseburg. Bd. 2: Aufsätze, Petersberg 2004/2005, S. 63–73, hier: 66.
30 Hartmann, Die späten Billunger (wie Anm. 1).
31 Annales Patherbrunnenses. Eine verlorene Quellenschrift des zwölften Jahrhunderts, aus Bruchstücken wiederhergestellt, bearb. von Paul Scheffer-Boichhorst, Innsbruck 1870, S. 97 zum Jahr 1079; Annales Corbeiensis maiores, bearb. von Franz-Josef Schmale, Münster 1996, S. 37 zum Jahr 1079 (Veröffentlichungen der Historischen Kommission für Westfalen, 10; Abhandlungen zur Corveyer Geschichtsschreibung, 8); Berthold, Chroniken (wie Anm. 24), S. 302 zum Jahr 1077; Theodorus

haben die Billunger wohl genau deshalb die Seite gewechselt. Es ist nicht der am besten informierte Bruno von Merseburg,[32] sondern der fern schreibende Bernold von Konstanz, der berichtet:

Magnus vero dux ac patruus eius Herimannus comes, qui in precedenti bello Saxonico captus ac Heinrico traditus, iam ab illo pro fidei condicione et promissione quam ipse ac dux predictus sibi iuraverant, relaxatus et liberatus est, fidem et auxilium, quam ipsi iam antea regi R(uodolfo) iureiurando contra omnes sibi adversantes confirmaverunt, perfidi plurimum infringentes, collectis omnibus quos poterant, addere se fraudulenter ante inceptum bellum predicto tyranno pertemptabant.

„Herzog Magnus und sein Onkel Graf Hermann, die im vorangehenden Sachsenkrieg gefangen und Heinrich ausgeliefert worden waren, wurden von diesem gegen einen Treueid freigelassen. Sie brachen oft meineidig die Treue und Hilfe, die sie zuvor bereits König Rudolf gegen all seine Feinde unter Eid bekräftigt hatten, sammelten so viele Anhänger, wie sie konnten, und schlossen sich vor Kriegsbeginn heimlich dem Tyrannen an."[33]

Mit Empörung also berichtet Bernold – ein bekennender Gegner König Heinrichs IV. – vom Seitenwechsel des Billungers. Bruno von Merseburg dagegen übergeht diesen in Sachsen sicher Aufsehen erregenden Entschluss der Billunger. Er hält die Idee einer einheitlichen sächsischen Oppositionsbewegung aufrecht, in der natürlich kein Platz für einen königsnahen Herzog der Sachsen ist. Auch er berichtet zwar davon, dass Heinrich IV. einige Sachsen bestochen und gekauft habe, allerdings nennt er, anders als Bernold, den Herzog und dessen Onkel nicht. Dementsprechend gering schätzt Bruno die Bedeutung der Billunger zu dieser Zeit ein. Da zur Abfassungszeit von Brunos *De bello Saxonico* Otto von Northeim die „faktische Führungsrolle gegenüber einem Großteil der sächsischen Fürsten" – das heißt der oppositionellen Fürsten – innehatte,[34] projizierte Bruno diese Rolle offenbar auch auf die Frühzeit der 1070er-Jahre zurück.

Alles deutet aber darauf hin, dass Magnus um 1078 bereits auf Seiten des Saliers stand und zumindest eine neutrale Haltung angenommen hatte, wie übrigens

---

monachus, Annales Palidenses, in: Annales aevi Suevici. Bd. 1, bearb. von Georg Heinrich Pertz, Hannover 1859, S. 48–98, hier: 70 zum Jahr 1079 (Monumenta Germaniae Historica, Scriptores in Folio, 16); Annalista Saxo, Reichschronik, bearb. von Klaus Nass, Hannover 2006 (Monumenta Germaniae Historica, Scriptores in Folio, 37), S. 461 zum Jahr 1079; dazu auch: Leidinger, Westfalen im Investiturstreit (wie Anm. 3), S. 291.

32 Zu Brunos Darstellungsabsicht in dieser Konstellation: Hartmann, Die späten Billunger (wie Anm. 1).
33 Berthold, Chroniken (wie Anm. 24), S. 379f. zum Jahr 1080.
34 Sabine Borchert, Herzog Otto von Northeim (um 1025–1083). Reichspolitik und personelles Umfeld, Hannover 2005, S. 172 (Veröffentlichungen der historischen Kommission für Niedersachsen und Bremen, 227).

viele Westfalen in der Zeit.[35] Berücksichtigt man nun den Herrschaftsschwerpunkt der Billunger in Westfalen, dann verdient diese Region eine eigene Untersuchung in der Frage, wie sich die wechselvolle Haltung der Billunger hier niederschlug.[36] Welche Rolle spielen die Billunger in diesen für ganz Sachsen wechselvollen Jahren in Westfalen?

Die Billunger in Westfalen im Investiturstreit

Die Präsenz der Billunger in Westfalen noch zur Zeit Heinrichs III. ist gut belegt. Schon Magnus' Großvater, Herzog Bernhard II., hatte in Minden etwa 1055/1056 „umfangreichen Besitz aus bischöflicher Hand übertragen bekommen und dagegen die Zusicherung gegeben, das Bistum [= Minden] in Rechtsstreitigkeiten zu unterstützen".[37] In dieses Recht der Mindener Stiftsvogtei ist Magnus „wohl 1073" eingetreten, so Thomas Vogtherr auf der Grundlage von Datierungsversuchen Paul Leidingers.[38] Angesichts der herzoglichen Opposition gegen den Salier dürfte dem insgesamt wohl königstreuen Bischof Eilbert seine Parteinahme für die Billunger schwer gefallen sein. Doch wie Bischof Imad von Paderborn, so stellte sich auch Eilbert auf die Seite der oppositionellen Sachsen, zu denen 1073 auch die Billunger gehörten. Wenn auch die Datierung des Vertrages zwischen dem Mindener Bischof und dem Herzog nicht ganz gesichert ist, kann man sich wohl Leidinger anschließen, bei dem es heißt:

> „Bischof Eilbert von Minden aber schloß in jenen Tagen mit dem erst kurz zuvor (August 1073) aus der Haft entlassenen Herzog Magnus in der Dorfkirche zu Ronnenberg (sw Hannover) einen Vertrag, wodurch dieser die Schutzvogtei über die Mindener Kirche übernahm. Es ist dazu aber wohl mit Recht bemerkt worden, daß dieser Vertragsschluß wenig für den Übertritt Eilberts ins Lager der Ostsach-

---

35 Annales Patherbrunnenses (wie Anm. 31), S. 97 zum Jahr 1079; Annales Corbeiensis maiores (wie Anm. 31), S. 37 zum Jahr 1079; Berthold, Chroniken (wie Anm. 24), S. 302 zum Jahr 1077; Theodorus, Annales Palidenses (wie Anm. 31), S. 70 zum Jahr 1079; Annalista Saxo, Chronik (wie Anm. 31), S. 461 zum Jahr 1079; dazu auch: Leidinger, Westfalen im Investiturstreit (wie Anm. 3), S. 291.
36 Sieh dazu erneut die Karte bei: Pischke, Herrschaftsbereiche (wie Anm. 2).
37 Thomas Vogtherr, Handlungsspielräume bischöflicher Parteinahme in Westfalen während des Investiturstreits, in: Jörg Jarnut/Matthias Wemhoff (Hg.), Vom Umbruch zur Erneuerung? Das 11. und beginnende 12. Jahrhundert. Positionen der Forschung. Historischer Begleitband zur Ausstellung „Canossa 1077, Erschütterung der Welt. Geschichte, Kunst und Kultur am Aufgang der Romanik", München 2006, S. 417–425, hier: 420 (MittelalterStudien des Instituts zur interdisziplinären Erforschung des Mittelalters und seines Nachwirkens, 13).
38 Ebd.

sen aussagt, vielmehr aus Sorge um sein Bistum geschah, in dem die Billunger eine dominierende Stellung besaßen."[39]

Eines geht daraus unzweifelhaft hervor: Die Billunger konnten in den 1070er-Jahren in den Auseinandersetzungen im Rahmen der Sachsenkriege Heinrichs IV. in Westfalen immer noch maßgeblichen Einfluss ausüben. Der damals noch königsfeindlichen Haltung des Billungers konnten sich die Bischöfe schwerlich entziehen. Einige wenige blieben wohl an der Seite des Saliers – diese salische Partei hatte wohl Berthold von Reichenau im Blick, als er berichtete, Rudolf von Rheinfelden habe *quosdam Westfalorum et Thoringorum sibi rebellantes regia maiestate* („einige Westfalen und Thüringer, die ihm Widerstand leisteten, der königlichen Majestät") unterworfen.[40] Ähnliches berichten die Paderborner Annalen für 1078:[41]

Ruodolfus expeditionem movit super Westfalos, qui muneribus datis pacem cum eo fecerunt. Item eiusdem expeditio in Hassiam fuit, in qua Fridislar cum monasterio, quod sanctus Bonifacius construxit, est exustum.
„Rudolf führte einen Kriegszug gegen die Westfalen, die mit ihm Geschenke austauschten und einen Frieden schlossen. Ebenso unternahm er einen Zug nach Hessen, bei dem Fritzlar samt dem Kloster, das der Heilige Bonifatius errichtet hat, niedergebrannt ist."[42]

Während Westfalen insgesamt also ebenso wenig zu einer einheitlichen Positionierung fand wie der Rest Sachsens, wandte sich das Blatt zum Jahreswechsel 1079/1080. Nicht nur Magnus finden wir nun auf der Seite des Saliers, sondern – Leidinger zufolge – offensichtlich auch immer mehr Westfalen.[43] Mit dem Seitenwechsel der Billunger, so scheint es, konnte sich die salische Partei auch in Westfalen durchsetzen.

Ebenfalls um 1079 heiratete der königstreue Herzog Dietrich von Lothringen Hedwig von Formbach.[44] Diese stand Magnus Billung nahe und hielt sich bis dahin wohl mit ihrer Mutter Gertrud, der Stiefmutter von Magnus, am Hof der Billunger auf.[45] Diese Hochzeit deutet auf eine Annäherung der Billunger an Heinrich IV. hin. Aus der neutralen Haltung von 1077/1078 war eine salische geworden.

---

39 Leidinger, Westfalen im Investiturstreit (wie Anm. 3), S. 280, mit Verweis auf: Erich Gisbert, Die Bischöfe von Minden bis zum Ende des Investiturstreits, in: Mindener Jahrbuch 5 (1930/31), S. 3–80, hier: 21.
40 Die Chronik Bertholds von Reichenau (wie Anm. 24), S. 302 zum Jahr 1077.
41 Zur Datierung dieser Ereignisse in den Paderborner Annalen: Leidinger, Westfalen im Investiturstreit (wie Anm. 3), S. 291f.
42 Annales Patherbrunnenses (wie Anm. 31), S. 97 zum Jahr 1079.
43 Leidinger, Westfalen im Investiturstreit (wie Anm. 3), S. 294f.
44 Tobias Weller, Die Heiratspolitik des deutschen Hochadels im 12. Jahrhundert, Köln/Weimar/Wien 2004, S. 536f. (Rheinisches Archiv, 149).
45 Siehe zum Ganzen mit weiteren Belegen: Hartmann, Die späten Billunger (wie Anm. 1.); Weller, Die Heiratspolitik (wie Anm. 44), S. 537, bezeichnet Dietrich als „zuverlässige Stütze Heinrichs IV". Ausführlicher über ihn: Walter Mohr, Geschich-

Dieser Seitenwechsel zeigte sich rasch auch in Westfalen, wo die Billunger zwar nicht mehr unmittelbar nachzuweisen sind, ihre alten Besitzrechte aber nicht verloren hatten. Tatsächlich können wir über die Aufenthaltsorte der Billunger in diesen Jahren nur wenig sagen. Einige Indizien machen ihren fortgesetzten Einfluss in Westfalen aber wahrscheinlich.

So kam es 1080 nach dem Tod des Bischofs Eilbert von Minden zu einem Schisma zwischen einem Kandidaten des Stifts, der dem Papst nahestand, und einem königstreuen Kandidaten. Heinrich IV. konnte in diesem Schisma nach dem Tod Rudolfs von Rheinfelden im Herbst 1080 und wohl vor allem mit Unterstützung des seit 1073 amtierenden Schutzvogts Magnus Billung seinen Kandidaten durchsetzen. Schon Paul Leidinger hat festgestellt: „Auch in Minden dürfte mit Hilfe der Billunger ein Umschwung stattgefunden haben".[46] Dieser Umschwung hatte Folgen auch für andere Bistümer: „Die ehemals aus Westfalen Geflüchteten kehrten in ihre Heimat zurück, auch Bischof Benno von Osnabrück sah nach dreijähriger Abwesenheit sein Bistum wieder".[47] Die Koinzidenz dieser Stärkung der salischen Partei in Westfalen mit dem auf dieselbe Zeit zu datierenden Parteiwechsel von Magnus auf die Seite der Salier ist auffällig.

Nach 1080 hatte Heinrich nicht nur mit Herzog Magnus den führenden Vertreter Sachsens auf seiner Seite, sondern war auch militärisch überlegen, besonders in Westfalen. Erst die Abwesenheit Heinrichs IV. während seines Italienzuges ermunterte die sächsische Opposition zu einer neuen Unternehmung – der zum Gegenkönig erhobene Hermann von Salm fiel in Westfalen ein. Dem konnten die Anhänger des Saliers, zu denen damals auch schon Magnus Billung zählte, kurzfristig offenbar nichts entgegensetzen. Erst mit der Rückkehr Heinrichs IV. 1084 gewann die salische Seite wieder die Oberhand. Mit dem Rückhalt eines salischen Heeres konnte in Minden mit Folkmar der Kandidat des Königs zurückkehren,[48] hinter dem wohl auch Magnus als Schutzvogt stand. Noch im gleichen Jahr konnte Heinrich IV. auch in Paderborn und Münster königstreue Bischöfe einsetzen.[49] Die sächsische Opposition bröckelte, bezeichnenderweise in Westfalen, also dem Gebiet, in dem die Billunger von jeher über Einfluss und Vogteien verfügten.[50] Udo von Hildesheim lief,

---

te des Herzogtums Lothringen. Bd. 3: Das Herzogtum der Moselaner (11.–14. Jahrhundert), Saarbrücken 1979, S. 17ff.

46 Leidinger, Westfalen im Investiturstreit (wie Anm. 3), S. 295; Annales Patherbrunnenses (wie Anm. 31), S. 98 zum Jahr 1080: *a rege substitutus*; Liber de unitate ecclesiae conservanda, bearb. von Wilhelm Schwenkenbecher, in: Libelli de lite imperatorum et pontificum. Bd. 2, Hannover 1892, S. 173–284, hier: 241–244, Kapitel 24 (Monumenta Germaniae Historica, Libelli de lite imperatorum et pontificum, 2).

47 Leidinger, Westfalen im Investiturstreit (wie Anm. 3), S. 294.

48 Ebd., S. 299.

49 Josef Fleckenstein, Hofkapelle und Reichsepiskopat unter Heinrich IV., in: ders., (Hg.), Investiturstreit und Reichsverfassung, Sigmaringen 1973, S. 117–140 (Vorträge und Forschungen, 17).

50 Gerd Althoff, Heinrich IV., 2. Aufl., Darmstadt 2008, S. 202.

von der zunehmenden Königstreue der Bischöfe motiviert, zu Heinrich IV. über, Dietrich von Kattlenburg ebenfalls.[51]

Laut dem späten Zeugnis des *Annalista Saxo* war Heinrich IV. nun insgesamt kompromissbereiter und stellte den Sachsen im Gegenzug zur Herrschaftsanerkennung weitgehende Rechte in Aussicht.[52] Diese kompromissbereite Haltung dürfte dem Salier wohl auch von seinen sächsischen Beratern, also von den Bischöfen (vornehmlich Westfalens, aber auch Udos von Hildesheim) sowie den weltlichen Fürsten nahegelegt worden sein.[53] Zwar setzte sich die Auseinandersetzung in einigen kleinen Scharmützeln noch fort, doch konnten 1088 die wichtigsten gregorianischen Bischöfe Sachsens zu einem Frieden mit Heinrich IV. finden.[54] In diesem Kontext dürfte auch die Ehe Heinrichs IV. mit der Witwe des bis dahin mit ihm verfeindeten Grafen Udo von Stade, Eupraxia bzw. Adelheid, fallen, die die Tochter eines Kiewer Großfürsten war.[55]

Heinrich IV. hatte in diesen Jahren die Oberhand gewonnen. Das zeigte sich auch in Westfalen, wo Magnus Billung an der Seite der westfälischen Bischöfe zu finden ist. So etwa im Jahr 1087, als eine Reihe von Großen in Aachen zur Krönung von Heinrichs Sohn Konrad zusammen kam.[56] Unter den weltlichen Fürsten nennt die Zeugenreihe, die wohl echt sein dürfte, auch wenn die Zuverlässigkeit der Urkunde selbst zumindest bezweifelt werden kann,[57] zuerst Magnus Billung. Anwesend waren zudem die Erzbischöfe von Köln und Hamburg-Bremen sowie ausgerechnet die westfälischen Bischöfe von Münster, Minden und Paderborn. Diese westfälische Phalanx in Verbindung mit Magnus Billung ist ein weiterer Hinweis auf die Verbindung des Herzogs mit dem westfälischen Episkopat, zumal mit den salierfreundlichen Bischöfen Westfalens. Nach dem Bericht des Annalista Saxo schloss sich an diese Krönungsfeier in Aachen unmittelbar eine Reichsversammlung in Speyer an:

Frequens conventus principum tocius regni Spiram convenit pro regno conciliando, sed factione quorumdam maior ibi discordia orta est. Imperator expedicionem

---

51 Liber de unitate ecclesiae conservanda (wie Anm. 46), S. 235, Kapitel 18.

52 Althoff, Heinrich IV. (wie Anm. 50), S. 202; Annalista Saxo, Chronik (wie Anm. 31), S. 722, zum Jahr 1085.

53 So auch: Althoff, Heinrich IV. (wie Anm. 50), S. 202. Mit Bezug auf: Annales Magdeburgenses, in: Annales aevi Suevici (wie Anm. 31), S. 105–196, hier: 177 zum Jahr 1085; Annalista Saxo, Chronik (wie Anm. 31), S. 722 zum Jahr 1085.

54 Althoff, Heinrich IV. (wie Anm. 50), S. 207. Beleg dafür ist die Absetzung Ekberts II. in Übereinkunft mit zahlreichen sächsischen Großen: Die Urkunden Heinrichs IV. Bd. 2, bearb. von Dietrich von Gladiss/Alfred Gawlik, Weimar 1952, S. 531–533, Nr. 402 (Monumenta Germaniae Historica, Die Urkunden der deutschen Könige und Kaiser, 6).

55 Zu ihr vor allem: Hartmut Rüß, Eupraxia – Adelheid. Eine biographische Annäherung, in: Jahrbücher für Geschichte Osteuropas 54 (2006), S. 481–518. Zur Hochzeit mit Heinrich IV. auch: Althoff, Heinrich IV. (wie Anm. 50), S. 207.

56 Ian S. Robinson, Henry IV. of Germany 1056–1106, Cambridge 1999, S. 262.

57 Die Urkunden Heinrichs IV. (wie Anm. 54), S. 521f. (Nr. 394).

movit in Saxoniam, sed amicorum suorum consilio usque Herveldiam rediit. Illuc ex parte Saxonum Ecbertus marchio ad eum venit pro pace inter eos facienda. Qui cum omne bonum de se imperatori promitteret, imperator exercitum dimisit, et Ecbertus omne bonum quod promiserat adnichilavit, et non occultum sed manifestum inimicum imperatori se postmodum exhibuit.

„Zur Befriedung des Reiches trat eine gut besuchte Versammlung der Fürsten des gesamten Reiches in Speyer zusammen. Doch ist auf Betreiben gewisser Leute dort ein großer Streit aufgekommen. Der Kaiser führte sein Heer gegen Sachsen, aber auf Rat seiner Freunde zog er sich nach Hersfeld zurück. Dorthin kam von Seiten der Sachsen der Markgraf Ekbert zu ihm, um Frieden unter ihnen zu schließen. Als dieser dem Kaiser seinen gesamten Besitz versprochen hatte, entließ der Kaiser sein Heer. Doch Ekbert annulierte all seine Versprechen und erwies sich damit nicht mehr nur als geheimer, sondern als offener Feind des Kaisers."[58]

Dieses Treffen in Speyer ist bemerkenswert und bislang wenig beachtet worden: Der hier berichtete Zug gegen die Sachsen dürfte kaum ohne Absprache mit dem Herzog der Sachsen erfolgt sein. Der unmittelbar zuvor in Speyer beabsichtigte Ausgleich zwischen den Parteien war gescheitert und Heinrich sah sich daher zu militärischem Vorgehen genötigt.

Das Ergebnis der gescheiterten Verhandlungen in Speyer war der nächste Sachsenzug, der schließlich im Sommer 1088 im Fürstengericht über Ekbert mündete, an dem mit Erpho von Münster und Folkmar von Minden wiederum zwei westfälische Bischöfe aus dem Umkreis des Billungers teilnahmen.[59] Die Situation in Sachsen, vor allem aber in Westfalen, ließ sich damit vorerst beruhigen. Die Rolle des Billungers ist dabei nicht mehr zu erkennen, aber auch andere Personen gewinnen in den Quellen keine deutlichen Konturen. Dass Magnus an der Seite der westfälischen Bischöfe beteiligt war, legt wohl seine Anwesenheit im Umfeld des Saliers am Vorabend des Sachsenzuges von 1087 nahe.

Für diese Beruhigung des Konfliktes gab es einige Gründe. Eine Vielzahl der sächsischen Fürsten war unterdessen verstorben, und deren Söhne suchten nach Jahren der Kämpfe den Kompromiss.[60] Von Magnus hören wir von nun an in Westfalen bis zu seinem Tode 1106 nichts mehr. Er scheint nach Beruhigung der Kämpfe seinen Schwerpunkt in Sachsen an die Ostgrenzen in die Mark verlegt zu haben.[61]

---

58   Annalista Saxo, Chronik (wie Anm. 31), S. 724 zum Jahr 1087.
59   Die Urkunden Heinrichs IV. (wie Anm. 54), S. 531–533 (Nr. 402).
60   Auf den Generationenwechsel und seinen Einfluss auf die Opposition in Sachsen verweist: Muylkens, Reges geminati (wie Anm. 21), S. 117; vgl. auch: Fenske, Adelsopposition (wie Anm. 4), S. 330. Er konstatiert, dass in den späten 1080er Jahren die realen Machtverhältnisse in Sachsen „nicht länger das Fortbestehen einer angespannten Kampfsituation [erforderten]".
61   Florian Hartmann, Die Billunger und die Stader Grafen in den Sachsenkriegen Heinrichs IV. – Adlige Handlungsstrategien im Vergleich, in: Stader Jahrbuch 105 (2015), S. 199–216, hier 210–215.

Ausblick oder: Nach dem Konflikt – Westfalen als Hinterland der Billunger

Mit dem Ende des 11. Jahrhunderts scheint sich der Schwerpunkt der Billunger tatsächlich an die östliche Reichsgrenze verschoben zu haben. Heinrich IV. brach zu seinem dritten Italienzug auf und Magnus fand im Bunde mit Erzbischof Liemar von Hamburg-Bremen eine neue Aufgabe im slawischen Grenzgebiet.[62] Ab 1090 unterstützte er seinen Verwandten, den am dänischen Königshof aufgewachsenen Slawenfürsten Heinrich bei dessen Versuchen, sein Erbe im Land der Obodriten im südwestlichen Ostseeraum anzutreten.[63] 1093 schlug Magnus dann bei Ratzeburg ein Aufgebot der Obodriten entscheidend und nahm dort 14 Burgen in Besitz.[64] Von nun an scheint Magnus auf die Ausweitung seines Einflusses und auf Rückeroberungen von Besitz konzentriert gewesen zu sein, der von den Obodriten 1066 erobert worden war.[65] Von nun an häufen sich die Hinweise für eine Neuausrichtung der billungischen Politik, die nachhaltige Folgen hatte.

Helmold, die Hildesheimer Annalen und der Annalista Saxo berichten für das Jahr 1110, dass der Graf Gottfried von Storman bei einem slawischen Beutezug erschlagen worden sei. Nach dem Nekrolog im billungischen Hauskloster Sankt Michael in Lüneburg dürfte es sich um einen billungischen Getreuen, nach Heinz

---

62 Leidinger, Westfalen im Investiturstreit (wie Anm. 3), S. 218; Hamburgisches Urkundenbuch. Bd. 1: 786–1300, bearb. von Johann M. Lappenberg, Hamburg 1842, S. 111–114, Nr. 118 (von 1091), 119 (von 1092). Der dort genannte Graf Lambert von Westfalen wird mit dem 1085 in Münster genannten Grafen Lambert identisch sein. Siehe dazu Karl Köster, Sachsen unter Herzog Magnus, Schulprogramm Marne, Marne 1881, S. 19f. Kritischer äußert sich: Richard G. Hucke, Die Grafen von Stade 900–1144, Genealogie, politische Stellung, Comitat und Allodialbesitz der sächsischen Udonen, Stade 1956, S. 87, 89ff. Zum siegreichen Slawenzug 1093 von Magnus, der auch im Interesse Liemars lag: Gerold Meyer von Knonau, Jahrbücher des Deutschen Reiches unter Heinrich IV. und Heinrich V. Bd. 4, Leipzig 1903, S. 416f.

63 Zur Verwandtschaft mit Magnus Billung: Helmold von Bosau, Slawenchronik, bearb. von Bernhard Schmeidler, Hannover 1937, S. 66 (Monumenta Germaniae Historica, Scriptores rerum Germanicarum in usum scholarum separatim editi, 32). Zum Ganzen auch: Hans-Otto Gaethke, Kämpfe und Herrschaft Heinrichs von (Alt-) Lübeck und Lothars von Supplingenburg im Slawenland 1093/1106–1125, in: Zeitschrift des Vereins für Lübeckische Geschichte und Altertumskunde 80 (2000), S. 63–163, hier: 67. Zu Heinrich auch: Wolfgang Seegrün, Erzbischof Adalbert von Hamburg-Bremen. Persönlichkeit und Geschichte, in: Katholische Akademie Hamburg (Hg.), Mit Ansgar beginnt Hamburg, Hamburg 1986, S. 67–90, hier: 83 (Publikationen der Katholischen Akademie Hamburg, 2).

64 Annales Hildesheimenses, bearb. von Georg Waitz, Hannover 1878, S. 49 zum Jahr 1093 (Monumenta Germaniae Historica, Scriptores rerum Germanicarum in usum scholarum separatim editi, 8); Helmold von Bosau, Slawenchronik (wie Anm. 63), S. 47; dazu auch: Hartmann, Die Billunger und die Stader Grafen (wie Anm. 61), S. 199–216.

65 Ebd. S. 210–215.

Stoob um einen billungischen Lehnsgrafen[66] handeln, den Magnus nach dem Erfolg des Jahres 1093 in dem frisch zurückgewonnenen Gebiet neu eingesetzt hatte.[67] Billungische Lehnsleute wurden von den Billungern gezielt mit neuen Ämtern im neu eroberten Grenzgebiet versorgt.

Westfalen wurde erst mit dieser Neuausrichtung billungischer Politik auf die Grenzaufgaben in den Marken zum Hinterland der Billunger – also erst zu einem Zeitpunkt, als die Konflikte mit dem Königtum in Westfalen bereits beruhigt schienen. Inwiefern die Billunger zu dieser Beruhigung selbst beigetragen haben, lassen die Quellen leider nur vermuten. Die Präsenz des billungischen Herzogs im Moment der Befriedung und die Durchsetzung von westfälischen Bischöfen in lokalen Bischofsschismen, die den Billungern nahestanden, deuten auf ihren Einfluss hin. Vor dem Hintergrund ihrer umfangreichen Besitzrechte in Westfalen ist es auch nur zu verständlich, dass Westfalen für die Billunger über Jahrzehnte hinweg ein wichtiges Aktionsfeld darstellte. Die noch unter den Welfen – als Rechtsnachfolgern der Billunger – nachzuweisenden erheblichen Besitzungen belegen letztlich den Erfolg billungischer Politik in Westfalen. Offenbar hat dieser Erfolg die Verwerfungen der Sachsenkriege Heinrichs IV. durchaus überstanden.

---

66 Die Totenbücher von Merseburg, Magdeburg und Lüneburg, hg. von Gerd Althoff/Joachim Wollasch, Hannover 1983, S. 14 (Monumenta Germaniae Historica, Libri memoriales et Necrologia, Nova Series, 2); Helmold von Bosau, Slawenchronik, neu übertragen und erläutert von Heinz Stoob, 7. Aufl., Darmstadt 2008, S. 147 (Ausgewählte Quellen zur deutschen Geschichte des Mittelalters, Freiherr-vom-Stein-Gedächtnisausgabe, 19); so auch: Gaethke, Kämpfe und Herrschaft (wie Anm. 63), S. 157.

67 Hartmann, Die Billunger und die Stader Grafen (wie Anm. 61), S. 213.

Andreas Bihrer

Westfalia Salica – Westfalia Sacra?

Bischöfe, ihre Diözesen und die Entstehung Westfalens im 11. und 12. Jahrhundert

„Still und ruhig wurde es in Westfalen"[1] zu Beginn der Salierzeit, schreibt Joseph Prinz im ersten Band der von Wilhelm Kohl herausgegebenen „Westfälischen Geschichte". In der geschichtswissenschaftlichen Forschung zur Haltung und zur Rolle der westfälischen Bischöfe im 11. und frühen 12. Jahrhundert herrscht hingegen wenig Stille und Ruhe. Seit dem 19. Jahrhundert wurde dieses Thema immer wieder untersucht, der besondere Fokus lag dabei auf den politischen Positionen der Bischöfe im Investiturstreit und in den Sachsenkriegen.[2] Thomas Vogtherr resümierte deshalb im jüngsten Aufsatz zu diesem Forschungsfeld, dass man eigentlich nichts Neues mehr herausfinden könne: „Das alles sind kaum wirklich neue Einsichten."[3] Vogtherr macht hierfür vor allem das Fehlen von „aussagekräftigen Quellen"[4] verantwortlich.

1　　Joseph Prinz, Das hohe Mittelalter vom Vertrag von Verdun (843) bis zur Schlacht von Worringen (1288), in: Wilhelm Kohl (Hg.), Westfälische Geschichte. Bd. 1: Von den Anfängen bis zum Ende des alten Reiches, Düsseldorf 1983, S. 337–402, hier: 357 (Veröffentlichungen der Historischen Kommission für Westfalen, 43,1).
2　　Als Überblick über die Geschichte der Erforschung der westfälischen Landesgeschichte seit dem 19. Jahrhundert, beginnend mit der klassischen Kulturraumforschung und bis zur modernen Landeskunde reichend: vgl. Bernd Walter, Geschichtsforschung und Geschichtsschreibung aus regionaler Perspektive. Bilanz und neue Herausforderungen, in: Wilfried Reininghaus/Bernd Walter (Hg.), Räume – Grenzen – Identitäten. Westfalen als Gegenstand landes- und regionalgeschichtlicher Forschung, Paderborn u. a. 2013, S. 29–52, hier: 32–38 (Veröffentlichungen der Historischen Kommission für Westfalen, Neue Folge, 9; Forschungen zur Regionalgeschichte, 71) mit weiterführender Forschungsliteratur; zudem die aktuelle Übersicht zur westfälischen Landesgeschichtsschreibung im 19. und 20. Jahrhundert in: Werner Freitag/Wilfried Reininghaus (Hg.), Westfälische Geschichtsbaumeister. Landesgeschichtsforschung und Landesgeschichtsschreibung im 19. und 20. Jahrhundert. Beiträge der Tagung am 10. und 11. Oktober 2013 in Herne, Münster 2015 (Veröffentlichungen der Historischen Kommission für Westfalen, Neue Folge, 21).
3　　Thomas Vogtherr, Handlungsspielräume bischöflicher Parteinahme in Westfalen während des Investiturstreits, in: Jörg Jarnut/Matthias Wemhoff (Hg.), Vom Umbruch zur Erneuerung? Das 11. und beginnende 12. Jahrhundert. Positionen der Forschung. Historischer Begleitband zur Ausstellung „Canossa 1077 – Erschütterung der Welt. Geschichte, Kunst und Kultur am Aufgang der Romanik", München 2006, S. 417–425, hier: 425 (MittelalterStudien des Instituts zur Interdisziplinären Erforschung des Mittelalters und seines Nachwirkens, 13).
4　　Ebd.

Welche neuen Erkenntnisse kann eine nochmalige Beschäftigung mit den westfälischen Bischöfen der Salierzeit vor diesem Hintergrund überhaupt noch erbringen? Als Vorschlag für zukünftige Forschungen sei auf vier mögliche Perspektiven hingewiesen. Erstens konzentrierten sich die bisherigen Studien in erster Linie auf den Investiturstreit und die Sachsenkriege, während die frühe Salierzeit bislang deutlich weniger in den Blick genommen wurde. Zum zweiten wäre die Diagnose Vogtherrs zu relativieren, hat sich die bisherige Forschung doch bislang vor allem auf die historiographische und mit Einschränkung auf die urkundliche Überlieferung konzentriert, während beispielsweise liturgische Quellen oder Streitschriften kaum herangezogen wurden – ganz zu schweigen von Kunstgegenständen, der Sachkultur oder archäologischen Befunden. Auch die Methoden der Auswertung von Quellen ändern sich stets, sodass es lohnend sein kann, beispielsweise mit den Zugriffen der Diskursanalyse oder der Historischen Narratologie nochmals einen Blick auf die historiographische Überlieferung zu werfen. Drittens können neue Fragestellungen, neue Methoden und neue Themenfelder auch andere Sichtweisen ermöglichen. So soll etwa im folgenden Beitrag die Frage im Zentrum stehen, welche Perspektiven eine Kirchengeschichte eröffnen kann, in der die Bischöfe vorrangig als Diözesanbischöfe und weniger als Reichsbischöfe begriffen werden. Viertens schließlich ist stets auch die Auseinandersetzung mit Meta-Narrativen notwendig. So fragt der vorliegende Sammelband danach, ob Westfalen in der Salierzeit als eine geographische, ethnische, politische oder kulturelle Einheit zu verstehen ist und wann es entstand. Genau an dieser Stelle soll dieser Beitrag einsetzen.

Wann entstand Westfalen?

Im vorbereitenden Tagungsexposé haben sich die Herausgeber des vorliegenden Sammelbands in der schon lange währenden Forschungsdebatte, ob Westfalen bereits während des Investiturstreits und während der Sachsenkriege des 11. Jahrhunderts oder erst durch das Ausgreifen der Kölner Erzbischöfe in der zweiten Hälfte des 12. Jahrhunderts begonnen habe, sich vom östlichen Sachsen „abzusondern", der ersten Sichtweise angeschlossen. Ernst Schubert zustimmend, erkennen sie in der Salierzeit aufgrund dieses „Absonderungsprozesses" einen historischen „Wandel".[5]

Sie folgen damit einer Deutung, deren Vertreter auch die Haltung und Rolle der westfälischen Bischöfe für ihre Argumentation herangezogen hatten. Schon Albert K. Hömberg und dann vor allem Paul Leidinger vertraten den Standpunkt, dass die eindeutige Mehrheit der westfälischen Bischöfe in den im letzten Drittel des 11. Jahrhunderts beginnenden Konflikten auf Seiten der Salier agiert hätte.[6] Die re-

---

5 Alle Zitate sind dem am 10. April 2017 erstellten Tagungsexposé entnommen. Siehe dazu auch den einführenden Beitrag von Stefan Pätzold in diesem Band.
6 Albert K. Hömberg, Westfalen und das sächsische Herzogtum, Münster 1963, S. 26, 95f. (Schriften der Historischen Kommission Westfalens, 5); Paul Leidinger, Westfa-

gelrechte „Politisierung Westfalens"[7] sei „das Ergebnis königstreuer Gesinnung der Westfalen"[8] gewesen, und zwar – neben den Grafen von Werl-Arnsberg – auch der „meisten Bischöfe".[9] „Weil der Name ‚Sachsen' zum Namen einer Partei geworden war, begannen die nicht zu dieser Partei gehörenden Westfalen sich bewußter als bisher ‚Westfalen' zu nennen."[10]

Ernst Schubert hatte sich dieser Sichtweise in seiner 1997 publizierten „Niedersächsischen Geschichte" angeschlossen. Bereits seit dem Ende der Ottonenzeit seien die westfälischen Bischöfe besonders königstreu gewesen,[11] in den Sachsenkriegen habe sich dann „die Königstreue der Westfalen"[12] gezeigt; nun begann die „Absonderung Westfalens".[13] Mit ihrer Frühdatierung der „Geburt Westfalens" stellte sich diese Gruppe von Historikern in erster Linie gegen die verbreitete Sichtweise, dass Westfalen erst mit den auf das Jahr 1180 hinauslaufenden Aktivitäten der Kölner Erzbischöfe in der zweiten Hälfte des 12. Jahrhunderts entstanden sei.[14]

len im Investiturstreit, in: Westfälische Zeitschrift 119 (1969), S. 267–314, hier: 270; Paul Leidinger, Die Salier und Westfalen – eine Übersicht, in: ders., Von der karolingischen Mission zur Stauferzeit. Beiträge zur früh- und hochmittelalterlichen Geschichte Westfalens vom 8.–13. Jahrhundert, Warendorf 2012, S. 170–190, hier: 188f. (Quellen und Forschungen zur Geschichte des Kreises Warendorf, 50).

7   Leidinger, Westfalen (wie Anm. 6), S. 271.
8   Ebd., S. 314.
9   Ebd., S. 314; vgl. auch Leidinger, Salier (wie Anm. 6), S. 188: Auch in Hinblick auf die Haltung der westfälischen Bischöfe im Investiturstreit „blieb Westfalen überwiegend ein sicherer Faktor für die königliche Politik".
10 Dieses Zitat nach Hömberg, Westfalen (wie Anm. 6), S. 27 und Leidinger, Westfalen (wie Anm. 6), S. 270. So auch Ernst Schubert (Hg.), Geschichte Niedersachsens. Bd. 2,1: Politik, Verfassung, Wirtschaft vom 9. bis zum ausgehenden 15. Jahrhundert, Hannover 1997, S. 266 (Veröffentlichungen der Historischen Kommission für Niedersachsen und Bremen, 36). Dazu auch Leidinger, Westfalen (wie Anm. 6), S. 278: Die Sachsenkriege führten „zur politischen Trennung zwischen dem Westen und Osten Sachsens"; ders., Salier (wie Anm. 6), S. 176: Im Investiturstreit war Westfalen „zu einer eigenen politischen Landschaft geworden". Deutlich vorsichtiger hingegen äußerte sich Prinz, Mittelalter (wie Anm. 1), S. 359 zur Phase des Investiturstreits: „Die Westfalen sonderten sich in ihrer Haltung gegen Kaiser und Reich immer mehr von den östlichen Sachsen ab", aber erst 1180 kam es zur „Vereinigung von Westfalen und Engern zu einer politischen Einheit"; so ebd., S. 369.
11 Schubert, Geschichte Niedersachsens (wie Anm. 10), S. 236: Bereits während der Regierungszeiten von Heinrich II. bis zu Heinrich III. könne eine besondere „Königsnähe" der westsächsischen Bistümer beobachtet werden.
12 Ebd., S. 301.
13 Ebd., S. 173. Siehe auch ebd., S. 266: „Unzweifelhaft" sei es eine Folge der Sachsenkriege gewesen, dass sich Westfalen von Sachsen zu „trennen" begonnen habe.
14 Bereits Hermann Aubin unterschied zwischen einem „ersten Westfalen" (750–800) und einem „zweiten Westfalen" (1180–16. Jahrhundert): Hermann Aubin, Die geschichtliche Entwicklung, in: Hermann Aubin/Franz Petri (Hg.), Der Raum Westfalen. Bd. 1: Grundlagen und Zusammenhänge, Berlin 1931, S. 7–27, hier: 8–11. Diese Periodisierung war in der Folge grundlegend für das gesamte Sammelwerk „Der

Doch zunächst ist die vielleicht naheliegendste Frage zu beantworten: Gab es überhaupt „westfälische Bischöfe"? Welches waren die „westfälischen Bistümer"?[15]

Raum Westfalen" und wurde auch in jüngeren Gesamt- und Übersichtsdarstellungen zur westfälischen Geschichte aufgenommen; vgl. Harm Klueting, Geschichte Westfalens. Das Land zwischen Rhein und Weser vom 8. bis zum 20. Jahrhundert, Paderborn 1998, insbes. S. 48–51; ders., Das Herzogtum Westfalen. Bd. 1: Das kurkölnische Herzogtum Westfalen von den Anfängen der kölnischen Herrschaft im südlichen Westfalen bis zur Säkularisation 1803, Münster 2009; Peter Johanek, Artikel: Westfalen, in: Lexikon des Mittelalters 9 (1998), Sp. 22–24, hier: 23; ders., Landesbewusstsein in Westfalen im Mittelalter, in: Matthias Werner (Hg.), Spätmittelalterliches Landesbewusstsein in Deutschland, Ostfildern 2005, S. 265–292, hier: 279 (Vorträge und Forschungen, 61). Johanek geht davon aus, dass schon vor 1180 ein „politisches System" Westfalen entstanden sei, ohne dies aber explizit mit den Sachsenkriegen oder dem Investiturstreit in Verbindung zu bringen. Eingehender wurde der verstärkte Herrschaftsausbau der Kölner Erzbischöfe in Westfalen ab der Mitte des 12. Jahrhunderts zuletzt behandelt von: Gabriele Meier, Die Bischöfe von Paderborn und ihr Bistum im Hochmittelalter, Paderborn/München/Wien 1987, S. 91–96 (Paderborner theologische Studien, 17); oder von: Diana Zunker, Adel in Westfalen. Strukturen und Konzepte von Herrschaft (1106–1235), Husum 2003, S. 337–344 (Historische Studien, 472).

15 An neueren bistumsgeschichtlichen Übersichtsdarstellungen und Forschungsbibliographien siehe: Stefan Weinfurter/Odilo Engels (Hg.), Series Episcoporum ecclesiae catholicae occidentalis ab initio usque ad annum MXCXVIII. Bd. 5,1: Germania. Archiepiscopatus Coloniensis, Stuttgart 1982, S. 3–42 (zu Köln), 84–108 (zu Minden), 109–135 (zu Münster), 136–166 (zu Osnabrück); außerdem Wilhelm Kohl, Artikel: Bistum Minden, in: Erwin Gatz (Hg.), Die Bistümer des Heiligen Römischen Reiches von ihren Anfängen bis zur Säkularisation. Ein historisches Lexikon, Freiburg im Breisgau 2003, S. 469–478, zur Salierzeit siehe: S. 472f.; Wilhelm Kohl, Artikel: Bistum Münster, in: Gatz, Bistümer (wie Anm. 15), S. 479–487, zur Salierzeit: S. 480; Thomas Scharf-Wrede, Artikel: Bistum Osnabrück, in: Gatz, Bistümer (wie Anm. 15), S. 529–539, zur Salierzeit: S. 530; Wilhelm Kohl, Artikel: Bistum Paderborn, in: Gatz, Bistümer (wie Anm. 15), S. 540–546, zur Salierzeit siehe: S. 541. Am besten untersucht ist die frühmittelalterliche Geschichte der Diözesen Münster und Paderborn; vgl. an jüngeren Bistumsgeschichten und Einführungen beispielsweise: Hans-Josef Weiers, Studien zur Geschichte des Bistums Münster im Mittelalter, Köln 1984 (Kölner Schriften zur Geschichte und Kultur, 8); zur Salierzeit siehe: ebd., S. 70–104; Wilhelm Kohl, Das Bistum Münster. Bd. 7,1–4: Die Diözese, Berlin/New York 1999–2004 (Germania Sacra. Historisch-statistische Beschreibung der Kirche des Alten Reiches, Neue Folge, 37); zu den Bischöfen der Salierzeit siehe: ebd., Teilbd. 1, S. 78–95, Teilbd. 3, S. 92–190; Alois Schröer, Die Bischöfe von Münster. Biogramme der Weihbischöfe und Generalvikare, Münster 1993 (Das Bistum Münster, 1); zu den Bischöfen der Salierzeit siehe: ebd., S. 70–100. Außerdem der Überblick bei Wilhelm Damberg/Gisela Muschiol, Das Bistum Münster. Eine illustrierte Geschichte 805–2005, Münster 2005; zu Paderborn: Hans Jürgen Brandt/Karl Hengst, Geschichte des Erzbistums Paderborn. Bd. 1: Das Bistum Paderborn im Mittelalter, Paderborn 2002 (Veröffentlichungen zur Geschichte der mitteldeutschen Kirchenprovinz, 12); zur Salierzeit siehe: ebd., S. 96–100, 138–142. Eine Übersicht über die

Als westfälische Bistümer genannt werden stets Minden, Münster, Osnabrück und Paderborn sowie das Vest, also das zu Köln gehörige Gebiet südlich der Lippe.[16] Es muss jedoch betont werden, dass die Bistumsgrenzen keineswegs mit den politischen, ethnischen oder gar kulturellen Grenzen Westfalens übereinstimmten.[17] Teile der Diözesen Münster und Osnabrück lagen in Friesland, wohingegen die Bistümer Paderborn und Minden – zumindest ursprünglich – zu Engern gehörten. Auch wenn sich später die Weser als Grenze zwischen Westfalen und Sachsen etablierte, so befanden sich doch zumindest Teile des Mindener Sprengels rechts der Weser und damit in Sachsen. Umgekehrt lag nur ein kleiner Teil des Kölner Erzbistums in Westfalen. Überdies gehörte das Bistum Paderborn – im Gegensatz zu den anderen Diözesen – zum Erzbistum Mainz.

Ernst Schubert hat beklagt, diese Bistumsgrenzen seien „unlogisch", „unorganisch", „improvisiert" und „wenig durchdacht",[18] aber diese Wertung gilt nur dann, wenn man das spätere, das moderne Westfalen als Maßstab nimmt. Schließlich ist zu hinterfragen, ob die Kirche – anders als in der Karolinger- und Ottonenzeit, folgt man Joachim und Caspar Ehlers – in der Salierzeit überhaupt noch den „raumbestimmenden Kräften"[19] zuzuordnen ist, ob mit kirchenorganisatorischen Ordnungsvorstellungen also ein Raum erfasst und erschlossen wurde, ob anhand der kirchlichen Topographie und insbesondere der Diözesanstrukturen historische Großlandschaften geformt wurden.[20] Darauf soll am Ende dieses Beitrags noch eingegangen werden.

wichtigsten Spezialstudien zu den westfälischen Bistümern im Investiturstreit bietet: Hans-Werner Goetz, Die bischöfliche Politik in Westfalen und ihre historiographische Legitimierung während des Investiturstreits, in: Westfälische Zeitschrift 141 (1991), S. 307–328, hier: 311.

16   Dazu beispielsweise: Johanek, Westfalen (wie Anm. 14), Sp. 23 oder: Caspar Ehlers, Könige, Klöster und der Raum. Die Entwicklung der kirchlichen Topographie Westfalens und Ostsachsens in karolingischer und ottonischer Zeit, in: Westfälische Zeitschrift 153 (2003), S. 189–216, hier: 193.

17   Einen Abriss über die historische Entwicklung des Raumbegriffs Westfalen in Früh- und Hochmittelalter geben: Johanek, Westfalen (wie Anm. 14); Schubert, Geschichte Niedersachsens (wie Anm. 10), S. 23f., 173; Zunker, Adel (wie Anm. 14), S. 12–14; Ehlers, Könige (wie Anm. 16), S. 190, 198f.; Caspar Ehlers, Die Integration Sachsens in das fränkische Reich: 751–1024, Göttingen 2007, S. 43–47 (Veröffentlichungen des Max-Planck-Instituts für Geschichte, 231).

18   Schubert, Geschichte Niedersachsens (wie Anm. 10), S. 57f.

19   Joachim Ehlers, Das früh- und hochmittelalterliche Sachsen als historische Landschaft, in: Joachim Dahlhaus/Armin Kohnle (Hg.), Papstgeschichte und Landesgeschichte. Festschrift für Hermann Jakobs zum 65. Geburtstag, Köln/Weimar/Wien 1995, S. 17–36, hier: 36 (Archiv für Kulturgeschichte, Beiheft 39).

20   Ehlers, Sachsen als historische Landschaft (wie Anm. 19), S. 36. Demnach waren im frühmittelalterlichen Sachsen das Königtum und die Kirche die beiden wichtigsten „raumbestimmenden Kräfte", um diesen Raum zu erschließen. Zur Entstehung der Diözesanstrukturen in Sachsen bis 1024 siehe umfassend und mit neuen Erklärungsansätzen: Ehlers, Integration Sachsens (wie Anm. 17), S. 52–101; zum Verhältnis von

Dies ist der kirchenrechtliche Befund zu den Diözesangrenzen. Wie jedoch nahm sich die zeitgenössische Wahrnehmung der Grenzen aus? Hier ist zunächst zu konstatieren, dass aus dem Mittelalter keine chronikalische Beschreibung einer gemeinsamen Geschichte der westfälischen Bistümer erhalten ist.[21] Die erst spät fassbare diözesanübergreifende Chronistik verstand Sachsen weiterhin als eine räumliche Einheit. Darauf weist beispielsweise ein möglicherweise aus dem ausgehenden 15. Jahrhundert stammender (1732 von Caspar Abel gedruckter) niederdeutscher Bischofskatalog hin, in welchem neben Magdeburg, Halberstadt, Verden, Bremen und Hildesheim auch die Bischöfe von Minden und Osnabrück aufgeführt wurden.[22] Erst Hermann Hamelmann gliederte seine 1563 bis 1565 verfassten Lebensbeschreibungen berühmter Männer aus Westfalen nach den Diözesen Münster, Osnabrück, Paderborn, Minden sowie nach dem Raum um Lippe und Höxter.[23]

kirchlichen und weltlichen Ordnungsvorstellungen bei der Erschließung Sachsens: ebd., S. 251, 385–387. Dabei schreibt Caspar Ehlers für die Frühzeit den kirchlichen Vorstellungen eine größere Wirkungsmacht zu. Zur Entwicklung der kirchlichen Topographie mit einem Fokus auf Westfalen und zur zentralen Rolle der Diözesanstrukturen in dieser „historischen Großlandschaft" siehe: ders., Könige (wie Anm. 16), insbes. S. 189–191. Zur Instrumentalisierung kirchlicher Raumstruktur für politische Ziele wie für die Eingliederung Sachsens in das Frankenreich vgl. auch: Edeltraud Klueting, Die karolingischen Bistumsgründungen und Bistumsgrenzen in Sachsen, in: Edeltraud Klueting/Harm Klueting/Hans-Joachim Schmidt (Hg.), Bistümer und Bistumsgrenzen vom frühen Mittelalter bis zur Gegenwart, Rom/Freiburg/Wien 2006, S. 64–80, insbes. S. 70 (Römische Quartalschrift für christliche Altertumskunde und Kirchengeschichte, Supplementband 58); sowie umfassend zu Raumerfassung und Raumgestaltung der mittelalterlichen Kirche, allerdings mit einem Schwerpunkt auf dem Papsttum und dem Spätmittelalter: Hans-Joachim Schmidt, Kirche, Staat, Nation. Raumgliederung der Kirche im mittelalterlichen Europa, Weimar 1999 (Forschungen zur mittelalterlichen Geschichte, 37). Das Früh- und Hochmittelalter werden in einem ersten Kapitel als Vorgeschichte behandelt. Dabei unterscheidet Schmidt zwischen mehreren Phasen, wobei er den Zeitraum vom 5. bis zum 12. Jahrhundert als Phase der Unsicherheit bezeichnet, in welcher Versuche zu beobachten seien, Räume zu stabilisieren; vgl. ebd., S. 83, 537; ausführlich: S. 47–101.

21 Zur Entstehung eines westfälischen Landesbewusstseins im Spätmittelalter vgl. umfassend: Johanek, Landesbewusstsein (wie Anm. 14). Besonders fokussiert wird Werner Rolevincks erstmals 1474 gedrucktes „Buch zum Lobe Westfalens". Vgl. außerdem die auch ins 16. Jahrhundert reichende Übersicht bei: Franz-Josef Schmale, Überlieferung, Erforschung und Darstellung der Landesgeschichte Westfalens im Mittelalter, in: Kohl, Westfälische Geschichte (wie Anm. 1), S. 1–14 (besonders S. 10).

22 Sammlung etlicher noch nicht gedruckter alter Chroniken, bearb. von Caspar Abel, Braunschweig 1732. In diesem Druck sind die folgenden Bischofskataloge gesammelt: Magdeburg bis 1445 (ebd., S. 220–230), Halberstadt bis 1473 (ebd., S. 230–237), Minden bis 1473 (ebd., S. 237–244), Verden bis 1467 (ebd., S. 245), Bremen bis 1168 (ebd., S. 245), Hildesheim bis 1452 (ebd., S. 247f.), Osnabrück bis 1442/3 (ebd., S. 248–250).

23 Leopold Schütte, Überlieferung, Erforschung und Darstellung der Landesgeschichte Westfalens in der Neuzeit, in: Kohl, Westfälische Geschichte (wie Anm. 1), S. 15–34, hier: 18.

Bis ins 16. Jahrhundert hinein wurde der Raum Westfalen vermutlich also weder kirchenrechtlich noch in der zeitgenössischen Wahrnehmung als kirchliche Einheit verstanden. Desgleichen kann „in Bezug auf die religiöse Praxis", so Werner Freitag in Hinblick auf das Spätmittelalter, „nicht von einem Raum Westfalen gesprochen werden".[24] Eine Identität der Grenzen von weltlichen Territorien und Kirchengrenzen sowie das Aufkommen eines auch kirchlich geprägten Landesbewusstseins dürfte erst ab dem 16. Jahrhundert im Raum Westfalen zu beobachten sein. Es sollte nicht vorschnell in das Mittelalter zurückprojiziert werden.

Die „westfälischen" Bischöfe

Im Folgenden soll genauer auf die Bischöfe von Minden, Münster, Osnabrück und Paderborn in der Salierzeit geblickt werden. Sie sind zu betrachten als eine Gruppe von geistlichen Würdenträgern, die in – darauf wird zu achten sein – unterschiedliche, sich zum Teil sogar widersprechende Raumkonzepte eingebunden waren. Auch wenn die Vorstellung von den „königstreuen westfälischen Bischöfen" weite Verbreitung gefunden hat,[25] so haben doch schon Hömberg, Leidinger und Schubert konzedieren müssen, dass es Ausnahmen gegeben hat.[26] Diese Unterschiede hatte schon Klemens Löffler in seiner bereits 1903 in Paderborn eingereichten Dissertation über die westfälischen Bischöfe im Investiturstreit herausgearbeitet.[27] Die-

---

24 Werner Freitag, Fromme Traditionen, konfessionelle Abgrenzung und kirchliche Strukturen. Religiosität als Faktor westfälischer Identität (16.–18. Jahrhundert)?, in: Reininghaus/Walter, Räume (wie Anm. 2), S. 91–104, hier: 94.

25 Die Auffassung von den königstreuen westfälischen Bischöfen im Investiturstreit und in den Sachsenkriegen hat nicht zuletzt Eingang in die diözesangeschichtlichen Synthesen gefunden. Vgl. beispielsweise: Kohl, Minden (wie Anm. 15), S. 473; Kohl, Münster (wie Anm. 15), S. 480; Scharf-Wrede, Osnabrück (wie Anm. 15), S. 530; oder – mit Abstrichen – Kohl, Paderborn (wie Anm. 15), S. 541.

26 Hömberg, Westfalen (wie Anm. 6), insbes. S. 110, zudem S. 26: immerhin eine „Minderheit" der westfälischen Bischöfe habe im Investiturstreit auf der Seite des Papstes gestanden. Nach Leidinger, Westfalen (wie Anm. 6), S. 271, waren diese Bischöfe nicht stets, aber „zumeist königstreu eingestellt". Zu den Positionen in einzelnen Bistümern: vgl. ebd., S. 290–306. Vgl. auch den Überblick über die Haltung der sächsischen Kirche im Investiturstreit bei: Schubert, Geschichte Niedersachsens (wie Anm. 10), S. 305–310. Er zieht das Fazit, dass die Bischöfe (mit Ausnahmen) königstreu gewesen seien; ebd., S. 306.

27 Klemens Löffler, Die westfälischen Bischöfe im Investiturstreit und in den Sachsenkriegen unter Heinrich IV. und Heinrich V., Paderborn 1903 (Münstersche Beiträge zur Geschichtsforschung, 14). Er hatte eine beachtlich quellenkritische Behandlung jedes einzelnen westfälischen Bischofs im Investiturstreit und in den Sachsenkriegen erarbeitet.

ses Ergebnis wurde in der Folgezeit von Studien zu einzelnen Bistümern bestätigt.[28] Hans-Werner Goetz hat 1991 diese Resultate zusammenfassend auf den Punkt gebracht. Er resümierte, dass zum einen unterschiedliche und sich oftmals ändernde Haltungen der westfälischen Bischöfe gegenüber den Saliern zu beobachten seien; für ein gemeinsames Handeln dieser Bischöfe in Investiturstreit und Sachsenkriegen gebe es deshalb keine Belege. Zum anderen sei eine Vielzahl von Akteuren mit ganz unterschiedlichen Zielen, in ganz unterschiedlichen Konstellationen und Parteiungen bestimmend für die Haltung eines Bistums gewesen.[29] Goetz nannte als Akteure den Bischof, das Domkapitel, den Diözesanadel sowie die Bewohner der Bischofsstadt und dabei insbesondere die Ministerialen.[30] Diese „Vielfalt der

---

[28] Siehe dazu etwa die Übersicht über die Haltung der westfälischen Bischöfe im Investiturstreit, vor allem in Hinblick auf die Parteinahme von Bischof und Domkapitel, bei: Prinz, Mittelalter (wie Anm. 1), S. 360–365. Sein Fazit: „Die unterschiedliche Haltung westfälischer Bischöfe im Sachsenkrieg und im Investiturstreit zeigt, daß von einer gemeinsamen ‚westfälischen' Politik dieser Herren in ihrem Verhalten zu Kirche und Reich nicht die Rede sein kann." (ebd., S. 365). Hinweise auf frühen Widerspruch in der Forschung zur These Paul Leidingers bietet: Vogtherr, Handlungsspielräume (wie Anm. 3), S. 420. Zudem sei auf die eingehende und kritische Auseinandersetzung mit dieser Hypothese bei Meier verwiesen: Meier, Bischöfe (wie Anm. 14), S. 23–29.

[29] Goetz, Politik (wie Anm. 15), S. 309. Er hebt in Einklang mit Meier hervor, dass es im Investiturstreit auch in Westfalen nicht zwei klar getrennte Lager von „Königstreuen" bzw. „Papsttreuen" gegeben habe: Meier, Bischöfe (wie Anm. 14), S. 3. Siehe dazu auch die Übersicht zu den einzelnen Bistümern und das Fazit bei: Goetz, Politik (wie Anm. 15), S. 314–324: „Weder im Sachsenkrieg noch im Konflikt zwischen Papst und König verfolgten die westfälischen Bischöfe also eine einheitliche Politik." (ebd., S. 312). Explizit der Position von Hans-Werner Goetz stimmen zu: Vogtherr, Handlungsspielräume (wie Anm. 3), S. 418; ders., Westfälische Bischöfe im Zeitalter des Investiturstreits, in: Christoph Stiegemann/Matthias Wemhoff (Hg.), Canossa 1077 – Erschütterung der Welt. Geschichte, Kunst und Kultur am Aufgang der Romanik. Eine Ausstellung im Museum in der Kaiserpfalz, im Erzbischöflichen Diözesanmuseum und in der Städtischen Galerie am Abdinghof zu Paderborn vom 21. Juli–5. November 2006, Bd. 1: Essays, München 2006, S. 169–174, hier: 169–173; Damberg/Muschiol, Münster (wie Anm. 15), S. 49; Jörg Bölling, Zwischen Regnum und Sacerdotium. Historiographie, Hagiographie und Liturgie der Petrus-Patrozinien im Sachsen der Salierzeit (1024–1125), Ostfildern 2017, S. 19, 88 (Mittelalter-Forschungen, 52).

[30] Goetz, Politik (wie Anm. 15), S. 325: „Die Vielzahl der wirkenden Kräfte jedenfalls liefert zumindest eine Erklärung für die differenzierte Parteinahme." Als wichtigste Akteure in den westfälischen Bistümern identifiziert Hans-Werner Goetz Bischöfe, Domkapitel, „Ministeriale und Städter"; ebd., S. 323. Vogtherr, Handlungsspielräume (wie Anm. 3), S. 424f. nennt neben den Bischöfen zudem den König, die sächsische Opposition, den regionalen Adel und dabei insbesondere die Ministerialität in den Bischofsstädten sowie das Domkapitel; vgl. auch Vogtherr, Bischöfe (wie Anm. 30), S. 172–174.

Formen einer differenzierten Parteinahme"[31] in mehreren, sich überlagernden Konflikten zeigt sich auch anhand der in diesem Zeitraum fassbaren Doppelbesetzungen und Vertreibungen von Bischöfen sowie der Schismen. Es offenbart sich damit, so Thomas Vogtherr, „die Komplexität der Situation gerade der westfälischen Bistümer im Investiturstreit".[32] Dementsprechend seien, so Hans-Werner Goetz, „einseitig-eindeutige Deutungen"[33] der älteren Forschung abzulehnen. „Die Politik der westfälischen Bischöfe", so Goetz, „scheint demnach durch Parteiwechsel und Schwankungen geprägt"[34] zu sein – ganz so wie in anderen Regionen des Reichs auch. Es lässt sich somit für Westfalen keinerlei Sonderentwicklung beobachten. Anders ausgedrückt: Im Investiturstreit gab es für Bischöfe nicht nur die beiden Alternativen Königstreue oder Opposition gegen den König, sondern ein ganzes Spektrum an weiteren Möglichkeiten. Die Annahme einer geschlossenen Gruppe westfälischer Bischöfen mit einer eindeutigen, zudem auch noch königstreuen Haltung, führt folglich in eine falsche Richtung.

Vor diesem Forschungsstand sollen nun die Quellen zu den Bistümern Minden, Münster, Osnabrück und Paderborn nochmals mit dem Ziel befragt werden, ob darin nicht doch „Westfalen" als eine räumliche Kategorie auftaucht – und falls ja, wie diese Kategorie von den Geschichtsschreibern verstanden wurde, wie sie in ihrer Argumentation genutzt und in Relation zu welchen anderen Raumvorstellungen sie gestellt wurde.[35]

Gesta Episcoporum als Quellen

Hat man in der salischen Diözesanchronistik – so ist mit Blick auf die erste hier zu diskutierende Quellengattung zu fragen – eine *Westfalia Sacra* entworfen? Leider ist der Beginn der Bistumsgeschichtsschreibung in Minden und Münster erst in das 14. Jahrhundert und in Osnabrück in das 15. Jahrhundert zu datieren, aus Paderborn ist gar keine mittelalterliche Bistumshistoriographie erhalten.[36]

---

31 Goetz, Politik (wie Anm. 15), S. 310.
32 Vogtherr, Handlungsspielräume (wie Anm. 3), S. 424.
33 Goetz, Politik (wie Anm. 15), S. 325.
34 Ebd., S. 314.
35 Eine knappe Übersicht über die im engeren Sinn westfälische Historiographie und Hagiographie der Salierzeit bietet: Schmale, Überlieferung (wie Anm. 21), S. 3–5.
36 Siehe die Zusammenstellungen bei: Markus Müller, Die spätmittelalterliche Bistumsgeschichtsschreibung. Überlieferung und Entwicklung, Köln/Weimar/Wien 1998 (Archiv für Kulturgeschichte, Beihefte 44); zu Minden: ebd., S. 123–129; zu Münster: ebd., S. 111–119; zu Osnabrück: ebd., S. 120–122; zu Paderborn: ebd., S. 103–105. Siehe außerdem den Überblick bei: Oliver Plessow, Episcopal Histories in Transformation, in: Franz-Josef Arlinghaus u. a. (Hg.), Transforming the Medieval World. Uses of Pragmatic Literacy in the Middle Ages, Turnhout 2006, S. 171–196, hier: 174f.

Anders sieht dies im ostsächsischen Bereich aus, hier sind mit den *Gesta Episcoporum* von Hildesheim, Halberstadt, Magdeburg und Merseburg gleich vier Bistumsgeschichten zu nennen, die als Ganzes beziehungsweise in Teilen oder deren Vorstufen in der Salierzeit entstanden sind.[37] Ein Fazit zu diesen historiographischen Quellen ist schnell formuliert: In all diesen Chroniken ist für die Salierzeit durchgehend von *Saxones* oder *Saxonia* die Rede, der Begriff Westfalen wird aus ostsächsischer Perspektive niemals erwähnt – selbst dann nicht, wenn von den Nachbarbischöfen aus Paderborn oder Minden die Rede ist.[38]

[37] Die Datierungen der *Gesta Episcoporum* von Hildesheim, Halberstadt, Magdeburg und Merseburg bedürfen aber einer Überprüfung. Vgl. zu dieser Gattung und den vier sächsischen Bistumschroniken: Michel Sot, Gesta episcoporum, gesta abbatum, Turnhout 1981, S. 37, 40 (Typologie des Sources du Moyen Age Occidental, 37); Reinhold Kaiser, Die Gesta episcoporum als Genus der Geschichtsschreibung, in: Anton Scharer/Georg Scheibelreiter (Hg.), Historiographie im frühen Mittelalter, Wien 1994, S. 459–480 (Veröffentlichungen des Instituts für Österreichische Geschichtsforschung, 32); Helmut Flachenecker, Das Bild der Ortskirche in mittelalterlichen Bistumschroniken. Zur Traditionsbildung zwischen Bischofskatalog, Bistumschronik und Bistumsstatistik, in: Römische Quartalschrift für Christliche Altertumskunde und Kirchengeschichte 95 (2000), S. 144–166, hier: 154–156. Vgl. außerdem umfassend: Gerhard-Peter Handschuh, Bistumsgeschichtsschreibung im ottonisch-salischen Reichskirchensystem. Studien zu den sächsischen Gesta episcoporum des 11. bis frühen 13. Jahrhunderts, Diss. Tübingen 1982; zuletzt Dirk Schlochtermeyer, Bistumschroniken des Hochmittelalters. Die politische Instrumentalisierung von Geschichtsschreibung, Paderborn u. a. 1998. Im Fokus sind hierbei das Geschichtsbild, die Darstellungsabsicht und politische Instrumentalisierung der Chroniken.

[38] Chronicon Hildesheimense, in: Chronica et gesta aevi Salici, hg. von Georg Heinrich Pertz, Hannover 1846, S. 845–873, hier: 845–854 (Monumenta Germaniae Historica, Scriptores in Folio, 7). Die Bischofsliste von der Gründung des Bistums bis zum Abschluss des Katalogs im Jahr 1079 siehe: ebd., S. 850–854. Gesta episcoporum Halberstadensium, bearb. von Ludwig Weiland, in: Chronica aevi Suevici, hg. von Georg Pertz, Hannover 1874, S. 73–123 (Monumenta Germaniae Historica, Scriptores in Folio, 23). Die Bischofsliste von der Gründung bis zum Ende der Salierzeit siehe: ebd., S. 78–105. Gesta archiepiscoporum Magdeburgensium, bearb. von Wilhelm Schum, in: Supplementa tomorum I–XII, pars II., hg. von Georg Waitz, Hannover 1883, S. 361–416 (Monumenta Germaniae Historica, Scriptores in Folio, 14). Die Bischofsliste von der Gründung durch Otto den Großen bis zum Ende der Salierzeit siehe: ebd., S. 376–412. Chronica episcoporum ecclesiae Merseburgensis, bearb. von Roger Wilmans, in: Annales et chronica aevi Salici. Vitae aevi Carolini et Saxonici, hg. von Georg Heinrich Pertz, Hannover 1852, S. 157–188 (Monumenta Germaniae Historica, Scriptores in Folio, 10). Die Bischofsliste von der Gründung durch Otto den Großen bis zum Ende der Salierzeit siehe: ebd., S. 163–188.

Streitschriften als Quellen

Schaut man nach Westfalen selbst, dann ist es in erster Linie die Osnabrücker Überlieferung unter Bischof Benno II. (1068–1088), die einen guten Einblick in die zeitgenössischen Raumkonzepte erlaubt.[39] Im Umfeld und auf Anregung Bennos entstand 1084/85 aus der Feder des Dompropsts und späteren Osnabrücker Bischofs Wido (1093–1101) eine prokaiserliche Streitschrift, in welcher zu den Positionen im Investiturstreit Stellung genommen wurde. Darin wurde allerdings nicht ein einziges Mal eine regionale Perspektive eingenommen, auch sonst fällt der Begriff „Westfalen" nicht.[40] Auch in einer um 1085 in Osnabrück entstandenen, Teilen der Forschung zufolge von Bischof Benno selbst verfassten Kompilation einer Geschichte der Päpste, mit der dem gegenwärtigen Papst die guten Taten seiner Vorgänger vorgehalten werden sollten, fehlt jeder regionale Bezug.[41]

---

39 Lexikonartikel zur Person Bennos von Osnabrück folgen fast immer und oftmals unkritisch der 1090/1100 entstandenen Vita des Bischofs: vgl. beispielsweise: Josef Prinz, Artikel: Benno II., Bischof von Osnabrück (seit 1068), * um 1020 in Löhningen (Schwaben), † 27.7.1088, in: Neue Deutsche Biographie 2 (1955), S. 53f.; Reinhold Kaiser, Artikel: Benno II., Bischof von Osnabrück (1068–1088) (um 1020/25–1088), in: Lexikon des Mittelalters 1, 2. Aufl. (2003), Sp. 1917f.; Friedrich Wilhelm Bautz, Artikel: Benno II., Bischof von Osnabrück (1020–1088), in: Biographisch-bibliographisches Kirchenlexikon 1, 2. Aufl. (1990), Sp. 502; oder: Stefan Weinfurter/Odilo Engels, Series Episcoporum ecclesiae catholicae occidentalis. Bd. 5,1: Germania: Archiepiscopatus Coloniensis, Stuttgart 1982, S. 151–156 (mit umfassender Bibliographie). Wie viel Forschungsbedarf zu Leben und Wirken Bennos aber noch besteht, zeigen beispielsweise die kritischen Bemerkungen zur familiären Abstammung des Bischofs von: Thomas Zotz, Die Formierung der Ministerialität, in: Stefan Weinfurter (Hg.), Die Salier und das Reich. Bd. 3: Gesellschaftlicher und ideengeschichtlicher Wandel im Reich der Salier, Sigmaringen 1991, S. 3–50, hier: 47. Zur sehr differenzierten Darstellung der politischen Haltung Bennos von Osnabrück zwischen Kaiser, Papst und Sachsen: vgl. Goetz, Politik (wie Anm. 15), S. 317f.

40 Siehe den gegenüber der MGH-Edition verbesserten Text bei: Irene Schmale-Ott (Hg.), Quellen zum Investiturstreit. Zweiter Teil: Schriften über den Streit zwischen regnum und sacerdotium, Darmstadt 1984, S. 240–271 (Ausgewählte Quellen zur deutschen Geschichte des Mittelalters, Freiherr vom Stein-Gedächtnisausgabe, 12b). Zu Überlieferung, Verfasser, Datierung und Wirkungsabsicht vgl. ebd., S. 24–28; Franz Josef Worstbrock, Artikel: Wido von Osnabrück, in: Verfasserlexikon. Die deutsche Literatur des Mittelalters 10, 2. Aufl. (1999), Sp. 999f.; und zuletzt Codex Udalrici, bearb. von Klaus Nass, Wiesbaden 2017, Nr. 196 (Monumenta Germaniae Historica, Die Briefe der deutschen Kaiserzeit, 10).

41 Für diese Papstgeschichte ist immer noch die Edition von Migne zu benutzen: vgl. Luitprandus Cremonensis, Liber de pontificum Romanorum vitis, in: Patrologia Latina. Bd. 129, hg. von Jacques Paul Migne, Paris 1879, Sp. 1149–1256. Eine umfassende Untersuchung dieses Werks bietet: Detlev Jasper, Die Papstgeschichte des Pseudo-Liudprand, in: Deutsches Archiv für Erforschung des Mittelalters 31 (1975), S. 17–107, der für Bischof Benno als Verfasser plädiert, vgl. ebd., S. 107.

Urkunden als Quellen

Dieser negative Befund mag vor dem Hintergrund der beiden Texttypen – Streitschrift und Papstgeschichte – kaum verwundern. Dagegen werden wenigstens im Bestand der im Umkreis Bischof Bennos gefälschten Urkunden für das Osnabrücker Bistum regionale Raumordnungen thematisiert.[42] Im Rahmen eines Zehntstreits gab der Bischof die Anfertigung mehrerer Königs- und Kaiserurkunden in Auftrag, mit deren Hilfe die Osnabrücker Ansprüche vor Heinrich IV. am Ende erfolgreich artikuliert werden konnten. Am Beginn dieser Reihe steht die, so Theo Kölzer, „evidente Fälschung"[43] einer Urkunde Ludwigs des Frommen vom 7. September 829. Wohl unter Verwendung von karolingischen Formulierungen – vor allem für die Arenga – und auf dem Palimpsest einer Urkunde Heinrichs II. entwarf der Osnabrücker Fälscher einen neuen Rechtsinhalt. Teil dieses neuen Textes war die Formulierung, dass durch Karl den Großen in der Provinz Westfalen, im Ort Osnabrück, eine Kirche und das erste Bistum in Sachsen gegründet worden seien: *in provintia Uuestfala, loco Osnabruggi vocato, aecclesiam et primam omnium in Saxonia ordinavit cathedram*.[44] Der Fälscher übernahm diesen Wortlaut auch noch für drei andere Urkunden, von denen er eine Ludwig dem Deutschen und zwei Arnulf von Kärnten zuschrieb.[45]

Das Umfeld des Osnabrücker Bischofs lokalisierte den Bischofssitz damit in der Provinz Westfalen, die aber nicht als abgesondert oder abgespalten von Sachsen

---

42 Zur Erforschung der Osnabrücker Fälschungen: vgl. Thomas Vogtherr, Original oder Fälschung? Die Osnabrücker Kaiserurkunden des Mittelalters, in: Hermann Queckenstedt/Bodo Zehm (Hg.), Der Dom als Anfang. 1225 Jahre Bistum und Stadt Osnabrück, Osnabrück 2005, S. 109–133 (Das Bistum Osnabrück, 6; Schriften zur Archäologie des Osnabrücker Landes, 4); sowie immer noch Kurt-Ulrich Jäschke, Studien zu Quellen und Geschichte des Osnabrücker Zehntstreits unter Heinrich IV., in: Archiv für Diplomatik, Schriftgeschichte, Siegel- und Wappenkunde 11/12 (1965/66), S. 280–402, mit älterer Forschungsliteratur.

43 So Theo Kölzer in seiner umfassenden Einleitung, in welcher auch die Positionen der älteren Forschung dargestellt und bewertet werden: vgl. Die Urkunden Ludwigs des Frommen, bearb. von Theo Kölzer, Wiesbaden 2016, Nr. 281 (Monumenta Germaniae Historica, Die Urkunden der Karolinger, 2).

44 Ebd., Nr. 281.

45 Alle Urkunden mit der Formulierung *in provintia Westfala* sind abgedruckt bei: Wilfried Pabst (Hg.), Bischof Benno II. und der Osnabrücker Zehntstreit. Unechte und echte Dokumente zum Rechtsstreit um den Kirchenzehnten zwischen dem Bistum Osnabrück und den Klöstern Corvey und Herford, Osnabrück 2006, Nr. D 3 (829, Ludwig der Fromme), Nr. D 5 (848, Ludwig der Deutsche), Nr. D 8 (889, Arnulf von Kärnten) und Nr. D 9 (889, Arnulf von Kärnten), Nr. D 15 (1077, Heinrich IV.), Nr. D 17 (1079, Heinrich IV.); vgl. auch ebd., Nr. D 19 (1084, Heinrich IV.). Hierbei handelt es sich um ein Mandat, das Heinrich IV. an seine Getreuen in Westfalen *(omnibus de Uvestphalen suis fidelibus)* richtete. Zur Kontroverse um die Echtheit dieser Urkunden Heinrichs IV. vgl. Die Urkunden Ludwigs des Frommen (wie Anm. 43), Nr. 281.

verstanden wurde, sondern explizit innerhalb Sachsens lag, also ein Teil dessen war. Westfalen als Raumbegriff war in diesem Fälschungszusammenhang gerade deswegen attraktiv, weil er keine neu entstandene regionale Einheit bezeichnete, sondern ganz im Gegensatz dazu Alter und Tradition suggerierte – bis zurück zu Karl dem Großen. Die Vorstellung eines „Westfalen" wurde somit in Bezug auf eine weit zurückliegende Vergangenheit genutzt, gerade nicht in Hinblick auf einen gegenwärtigen Zustand oder gar, um eine neu gewonnene regionale Unabhängigkeit oder Absonderung zu verdeutlichen. Ebenso wie in anderen Urkunden der Zeit wird „Westfalen" als eine kleine geographische Einheit verstanden, die nicht neben, sondern in Sachsen lag.[46]

Annalen als Quellen

Auch in den salierzeitlichen Annalen, die mit westfälischen Bischofssitzen in Verbindung stehen, wird man bei der Suche nach dem Begriff „Westfalen" fündig.[47] In den nach 1116 verfassten Paderborner Annalen, deren Entstehungsort von Franz-Josef Schmale allerdings nach Corvey und damit von einem westfälischen Bischofssitz in ein Kloster direkt an der Weser verlegt wurde,[48] werden an zwei Stellen Feldzüge der Gegenkönige Rudolf von Rheinfelden und Hermann von Salm

---

46 Im Westfälischen Urkundenbuch werden für die zweite Hälfte des 11. Jahrhunderts nur drei Urkunden mit einer Westfalen-Nennung abgedruckt, in welchen sämtlich Heinrich IV. Güter im „Gau" *Westfala* verschenkt oder verleiht: Regesta historiae Westfaliae. Accedit Codex diplomaticus. Die Quellen der Geschichte Westfalens in chronologisch geordneten Nachweisungen und Auszügen, begleitet von einem Urkundenbuche. Bd. 1: Von den ältesten geschichtlichen Nachrichten bis zum Jahre 1125, bearb. von Heinrich August Erhard, Münster 1847, Nr. 1090 (24. Oktober 1062), Nr. 1097 (8. August 1065) und Nr. 1231 (28. Dezember 1085).

47 Trotz der wichtigen Studien von Franz-Josef Schmale und Irene Schmale-Ott zur Annalistik der Salierzeit bleibt die Erforschung der Paderborner, Corveyer und Iburger Annalen ein dringendes Desiderat. Vgl. zuletzt die Hinweise bei: Klaus Naß, Die Reichschronik des Annalista Saxo und die sächsische Geschichtsschreibung im 12. Jahrhundert, Hannover 1996, S. 210–213, 394f. (Monumenta Germaniae Historica, Schriften, 41); sowie Die Annales Quedlinburgenses, bearb. von Martina Giese, Hannover 2004, S. 198–200 (Monumenta Germaniae Historica, Scriptores rerum Germanicarum in usum scholarum separatim editi, 72).

48 Siehe dazu die beiden Editionen der Paderborner/Corveyer Annalen und deren Vorworte: Annales Patherbrunnenses. Eine verlorene Quellenschrift des 12. Jh.s, aus Bruchstücken wiederhergestellt, bearb. von Paul Scheffer-Boichorst, Innsbruck 1870; Die Annales Corbeienses maiores, bearb. von Franz-Josef Schmale, Münster 1996 (Veröffentlichungen der Historischen Kommission für Westfalen, 10; Abhandlungen zur Corveyer Geschichtsschreibung, 8). Zur Datierung und Lokalisierung dieser Annalen vgl. auch: Goetz, Politik (wie Anm. 15), S. 315f.; Naß, Reichschronik (wie Anm. 47), S. 210f., 395.

super Westfalos beziehungsweise *contra Westfalos* erwähnt.[49] Beiden Passagen ist jedoch gemein, dass sie von der modernen Geschichtswissenschaft aus späteren, zum Teil erst der zweiten Hälfte des 12. Jahrhunderts angehörenden Annalen rekonstruiert wurden.[50] Die beiden Abschnitte können somit nicht sicher in das ausgehende 11. Jahrhundert datiert werden.

Die einzige gesicherte Erwähnung Westfalens in salierzeitlichen Annalen stammt wiederum aus dem Umfeld der Osnabrücker Bischöfe. Die um 1100, wohl vor 1117 verfassten Iburger Annalen entstanden im von Bischof Benno neu gegründeten bischöflichen Hauskloster.[51] Den erhalten gebliebenen Notizen aus Iburg zu den Jahren 1072 bis 1077 und 1080 bis 1085 liegt wohl ein homogenes historiographisches Konzept zugrunde.[52] In den Iburger Annalen wird zum Jahr 1082 ein Feldzug des Gegenkönigs Hermann erwähnt: *Expeditio facta est contra Westfalos.*[53] Bei dieser Passage fällt auf, dass der Annalist den Begriff *Westfali* gegenüber seiner Vorlage, der Lebensbeschreibung Bischof Bennos, hinzugefügt und damit bewusst verwendet hat.[54]

49   Der Eintrag zum Jahr 1079 lautet in: *Rex Rodolfus expedicionem movit super Westfalos, qui muneribus datis pacem cum eo fecerunt.* Annales Patherbrunnenses (wie Anm. 48), S. 97 bzw. Die Annales Corbeienses maiores (wie Anm. 48), S. 37. Die aus den Iburger Annalen übernommene Notiz zum Feldzug Hermanns von Salm *contra Westfalos* im Jahr 1082 benutzte für seine Rekonstruktion der Paderborner Annalen nur Paul Scheffer-Boichorst, Franz-Josef Schmale hingegen jedoch nicht; vgl. dazu: Annales Patherbrunnenses (wie Anm. 48), S. 98. Sie wurde aber nicht aufgenommen in: Die Annales Corbeienses maiores (wie Anm. 48).
50   Die Notiz zum Feldzug Rudolfs von Rheinfelden findet sich erst beim *Annalista Saxo* (um 1150) und in den Pöhlder Annalen (nach 1164); vgl. dazu die Nachweise bei Annales Patherbrunnenses (wie Anm. 48), S. 97; Die Annales Corbeienses maiores (wie Anm. 48), S. 37. Der Bericht vom Feldzug Hermanns von Salm 1082 wurde aus den Iburger Annalen übernommen; vgl. dazu: Hermann Forst, Die Bruchstücke der sogenannten Annales Yburgenses, in: Friedrich Philippi (Hg.), Die Chroniken des Mittelalters, Osnabrück 1891, S. 177–184, hier: 182 (Osnabrücker Geschichtsquellen, 1).
51   Zum Kloster Iburg vgl. den Überblick bei: Wolfgang Seegrün, Iburg, in: Ulrich Faust (Hg.), Die Benediktinerklöster in Niedersachsen, Schleswig-Holstein und Bremen, St. Ottilien 1979, S. 253–265 (Germania Benedictina, 6); Michaela Jansen, Die Iburg. Bischöfliche Herrschaft und Repräsentation im Hochstift Osnabrück im Hoch- und Spätmittelalter, in: Gerd Steinwascher (Hg.), Adelige Herrschaft und Herrschaftssitze in Nordwestdeutschland im Mittelalter, Edewecht 2016, S. 143–166 (mit weiterer Forschungsliteratur und einer Übersicht vor allem über die baugeschichtlichen Befunde).
52   Forst, Bruchstücke (wie Anm. 50). Zu Datierung und Vorlagen der Iburger Annalen: Naß, Reichschronik (wie Anm. 47), S. 213, 394–395.
53   Forst, Bruchstücke (wie Anm. 50), S. 182f.
54   Forst, Bruchstücke (wie Anm. 50), S. 182f. Die Vorlage dazu bildet: Vita Bennonis II. episcopi Osnabrugensis auctore Nortberto abbate Iburgensi, bearb. von Harry Bresslau, Hannover/Leipzig 1902, Kapitel 20 (Monumenta Germaniae Historica,

Nicht außer Acht gelassen werden sollte dabei aber, dass sowohl in den Paderborn-Corveyer Annalen als auch in den Iburger Annalen ansonsten ausschließlich die Gruppen- bzw. Raumbegriffe *Saxones* und *Saxonia* Verwendung finden, selbst wenn beispielsweise die Lage Paderborns oder Mindens beschrieben wird.[55] Die Iburger Annalen äußern sich in den Einträgen zu den Jahren 1073 und 1074 kritisch gegenüber dem Vorgehen Heinrichs IV. gegen die Sachsen, sie verschweigen dabei aber, dass auch sächsische Bischöfe den am Ende erfolglosen Rudolf von Rheinfelden zum König gewählt hatten.[56] Bei der Notiz zu Hermanns Feldzug *contra Westfalos* werden zudem nicht die Sachsen als Gruppe von Aggressoren erwähnt, sondern nur namentlich benannte Personen.[57] Die Iburger Annalen sind damit weder als päpstlich noch als königstreu einzuschätzen, sondern vor allem als sächsisch. Mit der Iburger Westfalen-Nennung wird somit nicht eine Personengruppe benannt, die sich von den Sachsen absondern wollte, sondern vielmehr die Lage einer Region präzisiert, die zu Sachsen gehörte – ebenso wie in der in Bennos Umfeld gefälschten Urkunde. Das in den Iburger Annalen nur an einer einzigen Stelle gebrauchte Wort „Westfalen" ist als Raumbegriff damit nachrangig.

Chroniken der Sachsenkriege als Quellen

An keinem der westfälischen Bischofssitze entstand im 11. Jahrhundert eine Chronik, in welcher die Sachsenkriege ausschließlich, vornehmlich oder in größerem Umfang behandelt wurden. Selbst in den vier außerhalb dieser Diözesen abgefassten umfangreichsten zeitgenössischen Darstellungen der Sachsenkriege wird Westfalen lediglich viermal genannt – demgegenüber steht eine kaum quantifizierbare Zahl an Erwähnungen von *Saxones* bzw. *Saxonia*.

<blockquote>
Scriptores rerum Germanicarum in usum scholarum separatim editi, 56). Auch Notizen in den Iburger Annalen zu den Jahren 1077 und 1083 haben eindeutig die Lebensbeschreibung Bennos von Osnabrück zur Vorlage; vgl. dazu: Forst, Bruchstücke (wie Anm. 50), S. 182f.; Vita Bennonis (wie Anm. 54), Kapitel 14–15, 19, 16.
</blockquote>

55 Annales Patherbrunnenses (wie Anm. 48); Die Annales Corbeienses maiores (wie Anm. 48); Forst, Bruchstücke (wie Anm. 50); Die Corveyer Annalen, bearb. von Joseph Prinz, Münster 1982 (Veröffentlichungen der Historischen Kommission für Westfalen, 10; Abhandlungen zur Corveyer Geschichte, 7); Annalium Corbeiensium continuatio saeculi XII et Historia Corbeiensis Monasterii annorum MCXLV–MCXLVII cum additamentis (Cronographus Corbeiensis), bearb. von Irene Schmale-Ott, Münster 1989 (Veröffentlichungen der Historischen Kommission für Westfalen, 41; Fontes minores, 2). Diese weisen allerdings eine Lücke für die Jahre zwischen 1070 und 1087 auf.

56 Die Erzbischöfe bzw. Bischöfe von Mainz, Salzburg, Magdeburg, Passau, Worms, Würzburg und Halberstadt hatten 1077 Rudolf von Rheinfelden gewählt, die Iburger Annalen nennen in ihrer Aufzählung jedoch nicht die beiden sächsischen Wähler aus Magdeburg und Halberstadt: Forst, Bruchstücke (wie Anm. 50), S. 182.

57 Ebd., S. 182f.

Das 1075/76 im Umfeld Heinrichs IV. gedichtete *Carmen de Bello Saxonico* nennt nur ein einziges Mal die *acies Westfalorum*, als für das Jahr 1075 das kaiserliche Aufgebot aus allen Regionen des Reichs beschrieben wird: Die Westfalen kämpften im kaiserlichen Heer beispielsweise neben Schwaben, Bayern, Lothringern, Friesen oder Böhmen.[58] Wie im Osnabrücker Umfeld wird auch in dieser Formulierung auf traditionelle Raumbegriffe zurückgegriffen, um die Gesamtheit des Reichs – wie es seit Anbeginn bestanden habe – zu visualisieren, aus welchem allein die Sachsen ausgeschert seien.

Auch bei den antikaiserlich eingestellten Chronisten findet Westfalen nur eine marginale Verwendung. Der nach 1082 gestorbene Chronist Bruno, der im Umfeld des Erzbischofs von Magdeburg und des Bischofs von Merseburg sein „Buch vom Sachsenkrieg" schrieb, bemerkt lediglich zum Jahr 1075, dass nicht alle Sachsen gegen Heinrich IV. gestanden hätten, sondern nur noch ein Drittel; die anderen beiden Drittel – *omnes Westfali* und alle aus der Gegend um Meißen – hätten zum Salier gehalten.[59] In dieser Passage zeigt sich in aller Deutlichkeit, dass die Historiographen Westfalen als ein Drittel und damit als einen Teil Sachsens verstanden, der zwar zusammen mit einem anderen Drittel Sachsens kurzzeitig eine andere politische Position eingenommen habe, aber fraglos keine abgesonderte Region war. Lampert von Hersfeld, der bis 1078/79 antikaiserliche Annalen niederschrieb, nennt Westfalen im Kontext der Sachsenkriege nicht, die Bezeichnung findet sich nur einmal, um die geographische Lage des Ortes Grafschaft (heute Stadt Schmallenberg im Hochsauerlandkreis) *in regione Westfaal* zu präzisieren.[60]

Aus geographisch noch größerer Entfernung schrieb bis 1088 Berthold von Reichenau seine ebenfalls antikaiserliche Chronik. Zum Jahr 1077 berichtet er, dass sich auch Westfalen gegen Rudolf von Rheinfelden gestellt hätten: *Preter hec quosdam Westfalorum et Thoringorum sibi rebellantes regia maiestate coercuit.*[61] („Außerdem bändigte er [= Rudolf von Rheinfelden] mit königlicher Würde einige Westfalen und Thüringer, die sich gegen ihn aufgelehnt hatten.") Hier dient die nur einmal in der gesamten Chronik verwendete Formulierung ebenfalls dazu, einen

---

58 Carmen de Bello Saxonico, bearb. von Oswald Holder-Egger, Hannover 1889, S. 17 (Monumenta Germaniae Historica, Scriptores rerum Germanicarum in usum scholarum separatim editi, 17).
59 Bruno, De Bello Saxonico liber. Brunos Buch vom Sachsenkrieg, bearb. von Hans-Eberhard Lohmann, Leipzig 1937, S. 39 (Monumenta Germaniae Historica, Deutsches Mittelalter, Kritische Studientexte, 2). Siehe hierzu auch den einleitenden Beitrag von Stefan Pätzold in diesem Band.
60 Lamperti monachi Hersfeldensis Opera. Accedunt Annales Weissenburgenses, bearb. von Oswald Holder-Egger, Hannover/Leipzig 1894, S. 244 (Monumenta Germaniae Historica, Scriptores rerum Germanicarum in usum scholarum separatim editi, 38).
61 Die Chroniken Bertholds von Reichenau, in: Die Chroniken Bertholds von Reichenau und Bernolds von Konstanz 1054–1100, bearb. von Ian S. Robinson, Hannover 2003, S. 161–382, hier: 302 (zum Jahr 1077) (Monumenta Germaniae Historica, Scriptores rerum Germanicarum, Nova series, 14).

seit der Karolingerzeit bekannten Begriff für eine den Sachsen zugehörige Gruppe zu verwenden.

Insgesamt kann somit festgehalten werden, dass auch die Geschichtsschreibung zu den Sachsenkriegen nur sehr selten die Bezeichnung „Westfalen" nutzt, um eine Region oder eine Gruppe innerhalb Sachsens zu konturieren. Westfalen wird wie im *Carmen de Bello Saxonico* als althergebrachter Raumbegriff aus der Gründungszeit des Fränkischen Reichs verstanden, nicht aber als Bezeichnung für eine neu entstandene Einheit. Die Passagen stimmen weiterhin darin überein, dass zur Zeit der Sachsenkriege die räumliche und personelle Integrität Sachsens nicht in Frage stand; ein Absonderungsprozess wird nicht beschrieben. Letztlich macht auch die viel zu geringe Zahl an Erwähnungen Westfalens deutlich, dass für die Zeit der Sachsenkriege eine grundlegende Veränderung der geographischen Wahrnehmung nicht anzunehmen ist.

Biographik als Quelle

Abschließend soll noch auf die bereits erwähnte Benno-Vita eingegangen werden, dem bei weitem umfangreichsten historiographischen Zeugnis der Salierzeit aus einem der Bischofssitze Minden, Münster, Osnabrück und Paderborn.[62] Die Biogra-

62 Den Gang der Forschung zur Benno-Vita skizzieren, von den Fragen der Echtheit und der Identifikation des Verfassers ausgehend über Untersuchungen unter einem rein biographischen Aspekt bis zu funktionsgeschichtlichen Studien: Karl Schmid, Der Stifter und sein Gedenken. Die Vita Bennonis als Memorialzeugnis, in: Norbert Kamp/Joachim Wollasch (Hg.), Tradition als historische Kraft. Interdisziplinäre Forschungen zur Geschichte des früheren Mittelalters. Festschrift Karl Hauck, Berlin/New York 1982, S. 297–322, hier: 310; Volker Scior, Identitäten und Perspektiven. Die Vita Bennos von Osnabrück als Ausdruck der Vorstellungen eines Iburger Mönchs, in: Osnabrücker Mitteilungen. Mitteilungen des Vereins für Geschichte und Landeskunde von Osnabrück 108 (2003), S. 33–57, hier: 33–37. Ein besonderes Interesse galt stets der Beschreibung der Bautätigkeit des Osnabrücker Bischofs; vgl. dazu: Simone Heimann, Die Ausbildung hochmittelalterlicher Bischöfe zu Architekten – Überlegungen am Beispiel Bischof Bennos II. von Osnabrück, in: Jörg Jarnut/Ansgar Köb/Matthias Wemhoff (Hg.), Bischöfliches Bauen im 11. Jahrhundert: 5. Archäologisch-Historisches Forum, München/Paderborn 2009, S. 137–152 (MittelalterStudien, 18); Manfred Balzer, Westfälische Bischöfe des 10. und 11. Jahrhunderts als Bauherren und Architekten, in: ebd., S. 109–136, hier: 132–135; Frank G. Hirschmann, Die Anfänge des Städtewesens in Mitteleuropa. Die Bischofssitze des Reiches bis ins 12. Jahrhundert, Stuttgart 2011/2012, S. 764–766 (Monographien zur Geschichte des Mittelalters, 59,1–3), alle mit weiterer Literatur. Die neueste Übersicht über die Forschungsgeschichte zur Lebensbeschreibung Bennos und zur Person des Osnabrücker Bischofs bietet: Bölling, Regnum (wie Anm. 29), S. 234f. Er spricht von einer „Vielzahl an Publikationen": ebd., S. 234; Thomas Vogtherr weist jedoch zu Recht darauf hin, „dass die wissenschaftliche Auseinandersetzung mit der Benno-Vita seit einigen Jahren stagniert": Thomas Vogtherr, Meinwerk von Paderborn und

phie des 1088 verstorbenen Osnabrücker Bischofs wurde zum Gedenken an den Stifter des Klosters Iburg wohl vom dort amtierenden Abt Norbert für die Mönche des Klosters zwischen 1090 und 1100 verfasst.[63] Zuletzt hat sich Volker Scior im

> Benno von Osnabrück. Überlegungen anlässlich einer Paderborner Ausstellung, in: Osnabrücker Mitteilungen. Mitteilungen des Vereins für Geschichte und Landeskunde von Osnabrück 115 (2010), S. 11–28, hier: 25. So ist der neueste Aufsatz zu dieser Lebensbeschreibung bereits vor 17 Jahren erschienen: Scior, Identitäten (wie Anm. 62).
>
> 63 Kurt-Ulrich Jäschke hatte mit seiner Untersuchung eine Diskussion um den Autor der *Vita Bennonis* ausgelöst, inzwischen ist die Forschung aber wieder zur Annahme zurückgekehrt, dass der Iburger Abt Norbert die Lebensbeschreibung des Klostergründers verfasst hat; vgl. Jäschke, Studien (wie Anm. 42), S. 357–379. Einen Überblick über die Forschungsdebatte um die Echtheit der Vita, die Überlieferung, die Autorschaft, die Datierung und das intendierte Publikum bieten: Lebensbeschreibungen einiger Bischöfe des 10. bis 12. Jahrhunderts (Vitae quorundam episcoporum saecolorum X, XI, XII), bearb. von Hatto Kallfelz, 2. Aufl., Darmstadt 1986, S. 365–370 (Ausgewählte Quellen zur deutschen Geschichte des Mittelalters, Freiherr vom Stein-Gedächtnisausgabe, 22); Schmid, Stifter (wie Anm. 62), S. 315; Scior, Identitäten (wie Anm. 62), S. 35–39; Stephanie Haarländer, Vitae episcoporum. Eine Quellengattung zwischen Hagiographie und Historiographie, untersucht an Lebensbeschreibungen von Bischöfen des Regnum Teutonicum im Zeitalter der Ottonen und Salier, Stuttgart 2000, S. 492–493 (Monographien zur Geschichte des Mittelalters, 47). Lange wirkte in der Forschung die Einschätzung von Wilhelm Wattenbach nach, die Vita zeichne ein „ungeschminktes, tatsachenreiches und getreues Bild" Bennos: vgl. Wilhelm Wattenbach, Deutschlands Geschichtsquellen im Mittelalter. Deutsche Kaiserzeit. Bd. 1,1–4, hg. von Robert Holtzmann, Berlin 1938–1943, S. 579. Vgl. beispielsweise die weitgehend unkritischen biographischen Darstellungen, die nach der Benno-Vita ein Charakterbild des Bischofs zu rekonstruieren versuchten: Edgar Nathaniel Johnson, Bishop Benno II of Osnabrück, in: Speculum. A Journal of Medieval Studies 16 (1941), S. 389–403; Hermann Rothert, Bischof Benno II. von Osnabrück, in: Jahrbuch des Vereins für Westfälische Kirchengeschichte 49/50 (1956/57), S. 7–24; Nicolaus Carl Heutger, Bischof Benno II. von Osnabrück und seine Stellung im Investiturstreit, in: Jahrbuch der Gesellschaft für niedersächsische Kirchengeschichte 67 (1969), S. 107–114; Werner Goez, Drei Reichsbischöfe. Benno II. von Osnabrück, in: ders., Lebensbilder aus dem Mittelalter. Die Zeit der Ottonen, Salier und Staufer, 2. Aufl., Darmstadt 1998, S. 202–214 (zuvor in: ders., Gestalten des Hochmittelalters. Personengeschichtliche Essays im allgemeinhistorischen Kontext, Darmstadt 1983, S. 149–163). Auch nach Haarländer war es das Ziel des Biographen, „ein realistisches Lebensbild des Stifters zu zeichnen"; vgl. Haarländer, Vitae episcoporum (wie Anm. 63), S. 191f. In Hinblick auf die Funktion des Textes geht die Forschung einhellig davon aus, dass der Verfasser mit der Vita keinen Heiligenkult begründen wollte, weswegen die Biographie beispielsweise auch nicht bei Stephanie Coué behandelt wird. Siehe dazu: Stephanie Coué, Acht Bischofsviten aus der Salierzeit. Neu interpretiert, in: Weinfurter, Salier und das Reich (wie Anm. 39), S. 347–414; dies., Hagiographie im Kontext. Schreibanlass und Funktion von Bischofsviten aus dem 11. und vom Anfang des 12. Jahrhunderts, Berlin/New York 1997 (Arbeiten zur Frühmittelalterforschung, 24). Bereits die ältere Forschung hatte herausgearbeitet,

Jahr 2003 eingehender mit diesem Zeugnis beschäftigt. Dabei hat er zum einen den Abfassungszeitraum überzeugend auf 1090/1093 eingegrenzt, zum anderen hat er konsequent die Perspektive des Autors Norbert ins Zentrum gerückt, anstatt, wie die ältere Forschung, lediglich die Lebensstationen des Bischofs zu rekonstruieren oder allein nach der Funktion des Textes zu fragen.[64] Sciors These, dass in dieser Vita vor allem die auf das Kloster bezogene lokale Identität zu fassen sei, nicht aber eine regionale, soll im Folgenden jedoch kritisch hinterfragt werden.[65]

Auf den ersten Blick lässt sich Benno in dieser Vita allerdings überhaupt nicht räumlich „festnageln", ist doch der kluge Bischof stets in Eile: „Er verachtete es", heißt es im Kapitel 4 der *Vita Bennonis*, „in einem geruhsamen Leben zu erlahmen, war stets von einem heilsamen Betätigungsdrang erfüllt" *(Sed vir prudentioris ingenii in ocio torpidus esse contemnens ad laborandumque salubriter sese semper extendens)*. Mit seinem – laut Kapitel 17 – „rastlosen Fleiß" *(incessabili labore)* „eilte er […] wie so oft vergebens zu einem verabredeten Termin" *(quotiens induciis*

      dass mit der Lebensbeschreibung der Iburger Konvent dazu angeregt werden sollte, für den Klostergründer Gebetshilfe zu leisten; vgl. beispielsweise: Jäschke, Studien (wie Anm. 42), S. 373; Lebensbeschreibungen einiger Bischöfe (wie Anm. 63), S. 367. Schmid hat diese Interpretationsansätze weiter plausibilisiert und in einen größeren Kontext gestellt, wie schon die beiden Kapitelüberschriften „Gebetshilfe und Gedenken als Motivation und Anliegen der Lebensbeschreibung" und „Zum Memorialcharakter der Vita" verdeutlichen; vgl. Schmid, Stifter (wie Anm. 62), S. 297. Vgl. auch die weiteren Charakterisierungen der *causa scribendi* der Benno-Vita in: ebd., S. 298f., 302, 310, 316, 319f. Die nachfolgende Forschung ist stets Karl Schmids Deutung gefolgt: vgl. Hagen Keller, Bischof Benno, Iburg und die Iburger. Überlegungen zum Iburger Bennodenkmal, in: Osnabrücker Mitteilungen. Mitteilungen des Vereins für Geschichte und Landeskunde von Osnabrück 93 (1988), S. 9–24, hier: 12; Schubert, Geschichte Niedersachsens (wie Anm. 10), S. 309; Dirk Schlochtermeyer, Heiligenviten als Exponenten eines ‚zeitlosen' Geschichtsbewußtseins?, in: Hans-Werner Goetz (Hg.), Hochmittelalterliches Geschichtsbewußtsein im Spiegel nichthistoriographischer Quellen, Berlin 1998, S. 161–177, hier: 166f.; Hans-Werner Goetz, Geschichtsschreibung und Geschichtsbewußtsein im hohen Mittelalter, 2. Aufl., Berlin 2008, S. 285, 301 (Orbis mediaevalis. Vorstellungswelten des Mittelalters, 1); Haarländer, Vitae episcoporum (wie Anm. 63), S. 124f.

64 Zur Präzisierung der Datierung der Benno-Vita: vgl. Scior, Identitäten (wie Anm. 62), S. 52–54. Mit Verweis auf einen Konflikt zwischen dem Kloster Iburg und dem Osnabrücker Bischof Markward, außerdem zur „Vorstellungswelt" und den „kollektiven Identitäten des Verfassers": vgl. ebd., S. 36.

65 Volker Scior deutet die Abfassung der Vita in erster Linie als eine Form der Selbstvergewisserung von „Identität in Krisenzeiten": vgl. Scior, Identitäten (wie Anm. 62), S. 54. Im Zentrum stehe hierbei die „Identifikation des Verfassers mit dem Kloster" bzw. die „monastische Iburger Perspektive des Verfassers"; ebd., S. 40, 45; vgl. auch Goetz, Geschichtsschreibung (wie Anm. 63), S. 378, nach welchem die Lebensbeschreibung der Ausbildung und Festigung eines „institutionenverhafteten Geschichtsbewußtseins" dient. Eine „regionale Identität", so Scior, Identitäten (wie Anm. 62), S. 54, „wird nicht greifbar"; es „fehlen solche Identifikationen", so ebd., S. 42.

positis ad locum constitutum frustra perrexerit). Mit dem Abt von Siegburg kam es (laut Kapitel 21) sogar zu einem regelrechten „Wettrennen" zum Kloster Iburg. Der Name des Siegers verwundert kaum: „Der Bischof eilte voraus, und der Abt folgte ihm wenig später nach" *(episcopum praecedentem brevi post sequitur)*.[66] Bennos Fleiß und Eifer werden also insbesondere durch die Beschreibung seiner räumlichen Mobilität abgebildet. Die Aktivität des Osnabrücker Bischofs richtet sich hierbei vor allem auf die weltliche Verwaltung der Kirchengüter und die Kooperation mit Laien. Bei der Gründung oder Reform von Klöstern zeigt er sich dagegen nur in Ansätzen erfolgreich, weswegen der Bischof in besonderer Weise der Gebetshilfe der Iburger Mönche bedurfte. Bennos Lebensweg entspricht daher nicht den Anforderungen eines monastischen oder gar kontemplativen Ideals, das in der Vita durch den Kölner Erzbischof Anno gleichsam als Gegenbild zu seinem Osnabrücker Amtsbruder verkörpert wird.[67]

Benno ist somit nicht einem einzigen Ort zuzuweisen. Seiner Vita zufolge war er stets in Bewegung, durch seine räumliche Mobilität verband er zahlreiche Orte, Menschen und Institutionen. Diese institutionellen und personalen Netzwerke sowie räumlichen Orte sind auf unterschiedlichen Ebenen zu situieren, also in differierende Raumkategorien einzuordnen: Ortschaften innerhalb der Osnabrücker Diözese werden erwähnt,[68] aber auch in den Nachbarbistümern, zudem die Bischöfe von Münster und Minden sowie der Erzbischof von Köln, ohne dass jemals das Wort „Westfalen" fiele.[69] Der Bischofssitz Osnabrück und die Iburg werden mehr-

---

66 Das zentrale Motiv der Vita, die Eile und die weit ausgreifende räumliche Mobilität des Protagonisten, wird beispielsweise auch noch in: Vita Bennonis (wie Anm. 54), Kapitel 3, 5, 6, 7, 18, 19, 22, 23, 27 oder 28, thematisiert. Auf dieses Motiv hatte am Rande auch die ältere Forschung hingewiesen, die daraus jedoch auf eine Charaktereigenschaft Bennos geschlossen hat: vgl. Johnson, Bishop Benno II (wie Anm. 63), S. 390: „the bishop's restless nature"; ebd., S. 396: Benno „possessed the *Gemütlichkeit* of the average southern German"; Rothert, Bischof Benno II. (wie Anm. 63), S. 21: Zu Bennos Eigenschaften zählten „eine hervorragende geistige Beweglichkeit, Willenskraft und zäher Fleiß"; oder Goez, Reichsbischöfe (wie Anm. 63), S. 215: Benno besaß eine „rastlose Wißbegierde"; ebd., S. 204f: er war „ehrgeizig" bzw. „leistungsmotiviert" und wollte „Karriere machen"; ebd., S. 209, 214: eben ein „Emporkömmling"; ebd., S. 204: und damit ein Beleg für die „soziale Mobilität" im Mittelalter.

67 Diese kontemplativen Ideale werden Erzbischof Anno in der Vita Bennonis (wie Anm. 54), Kapitel 10, zugeschrieben. Zur Darstellung des Kölner Erzbischofs in den Anno-Viten: vgl. Claudia Lingscheid, Erzbischof Anno II. von Köln im Spiegel seiner Viten, in: Jahrbuch des Kölnischen Geschichtsvereins 81 (2011/2012), S. 7–48, besonders S. 24.

68 Nennungen: Osnabrück, Iburg: Vita Bennonis (wie Anm. 54), mehrfache Nennungen; Herzebrock, Wittenfeld: ebd., Kapitel 12; Dissen: ebd., Kapitel 13, 14, 19; Bohmte: ebd., Kapitel 19.

69 Nennungen: Erzbischofssitz Köln: ebd., Kapitel 10, 11; das Kölner Kloster St. Pantaleon: ebd., Kapitel 19; das Kloster Siegburg: ebd., Kapitel 21; der Bischof von Müns-

fach und explizit als in Sachsen gelegen erwähnt, selbst wenn in manchen Passagen die *Saxones* als „die Anderen" oder gar als Gegner gezeichnet werden.[70] Die meisten Verweise in der Lebensbeschreibung beziehen sich auf Orte in anderen Teilen des Reiches. So war der rastlose Benno im schwäbischen Löhningen, in Straßburg, auf der Reichenau, in Speyer, in Goslar, in Hildesheim, in Köln, in Regensburg und in Mainz unterwegs.[71] Auch Italien und immer wieder Rom, wohin Benno eine ganz besondere Beziehung besaß, kommen als Reiseziele zur Sprache, ja selbst nach Jerusalem soll der Bischof gepilgert sein.[72] Schließlich weiteten sich seine Handlungsräume – laut Kapitel 17 – zum „Bund des Reiches" *(regni foedere)* und zum „Schiff der Kirche" *(navis ecclesiae)*,[73] ja bis auf jenseitige Orte aus, wenn der Schauplatz „auf Erden" *(hic)* der „künftigen Welt" *(in futuro seculo)* und dem „Ort der Strafen" *(in poenis)* gegenübergestellt wird (Kapitel 26 und 29).

Die *Vita Bennonis* legt also ein besonderes Augenmerk auf die räumliche Verortung ihres Protagonisten, nicht zufällig beginnt die Lebensbeschreibung in ihren ersten Worten mit einer geographischen Einordnung.[74] Wie die Erwähnung der *universa gens Teutonica* (Kapitel 13) belegt, war der Verfasser auch gegenüber der Verwendung von für seine Zeit neuen Raumbegriffen durchaus offen.[75] Benno wird in der Lebensbeschreibung also auf der ganzen Welt und sogar über diese hinaus situiert – nur nicht in Westfalen. Auch bei der Erwähnung von Nachbarbischöfen oder von regionalen Adeligen wird kein solcher räumlicher Bezug hergestellt, auch nicht im Kontext der Sachsenkriege. Westfalen wird folglich nicht als räumliche Einheit, als personales Netzwerk oder als Handlungsraum Bennos wahrgenommen. An keiner Stelle wird zudem ein gemeinsames Handeln mit anderen westfälischen Bischö-

ter: ebd., Kapitel 11; der Bischof von Minden: Kapitel 11, 28; Mönche aus Minden: ebd., Kapitel 19.
70 Nennungen: Iburg und Osnabrück liegen in Sachsen: ebd., Kapitel 11, 15; Hildesheim und Goslar liegen ebenfalls in Sachsen: ebd., Kapitel 5, 10; Sachsen als negativ gezeichnete Gegner: ebd., Kapitel 9, 11, 13, 15, 19, 20.
71 Nennungen: Löhningen: ebd., Kapitel 1; Straßburg: ebd., Kapitel 3; Reichenau: ebd.; Speyer: ebd., Kapitel 4, 21; Goslar: ebd., Kapitel 5, 9, 10, 11; Hildesheim: ebd., Kapitel 5, 6, 9, 10; Köln: ebd., Kapitel 10, 11, 19; Regensburg: ebd., Kapitel 16; Mainz: ebd., Kapitel 19.
72 Nennungen: die Reise der Eltern an die heiligen Stätten und Gräber der Apostel in Rom: ebd., Kapitel 1; besondere Beziehung Bennos zu Papst Klemens bei der Bischofsweihe: ebd., Kapitel 11; Weihe eines Klemens-Altars im Kloster Iburg: ebd., Kapitel 15; Benno reist persönlich nach Rom: ebd., Kapitel 17, 22; Benno hält sich in Italien auf: ebd., Kapitel 18, 22; mit dem Bischof von Straßburg pilgert Benno nach Jerusalem: ebd., Kapitel 3.
73 Außerdem werden die Welt und die Kirche Gottes als Handlungsräume genannt in: ebd., Kapitel 11.
74 Ebd., Kapitel 1: *In Sueviae partibus loco ...*
75 Zur Formulierung *universa gens Teutonica* (ebd., Kapitel 13): vgl. Wolfgang Eggert, Die ‚*gens Teutonica*' in der Vita Bennos von Osnabrück, in: Deutsches Archiv für Erforschung des Mittelalters 55 (1999), S. 193–198, insbes. S. 197.

fen erwähnt. Ihnen wird in der Benno-Vita ohnehin keine große Aufmerksamkeit gewidmet, sie tauchen lediglich bei Routinehandlungen wie der Bischofsweihe auf; der Bischof von Minden versäumt es sogar, rechtzeitig zu den Begräbnisfeierlichkeiten seines Osnabrücker Amtsbruders zu erscheinen, die er eigentlich hätte leiten sollen (Kapitel 28). Wenn der Bischofssitz Osnabrück oder das Kloster Iburg genannt werden, dann werden sie nicht Westfalen, sondern – wie erwähnt – Sachsen zugerechnet (Kapitel 11, 15).

Die Handlungsräume in der Benno-Vita bilden also ganz klassische Einheiten: die Welt, die Christenheit, das Reich, die Herzogtümer, die Erzbistümer, die Diözesen, einzelne Städte und Dörfer – Orte der Bildung wie die Reichenau, Straßburg oder Hildesheim, Orte der Macht wie Goslar oder Speyer und Orte der Kirche wie Jerusalem, Rom, die Kathedralstädte, Dörfer oder Burgen im Osnabrücker Bistum, außerdem Klöster. Insgesamt bietet die Benno-Vita somit ein sehr klassisches Tableau – vermeintlich im Investiturstreit oder den Sachsenkriegen neu entstandene Raumordnungen werden in ihr nicht abgebildet. Obwohl die Lebensbeschreibung Bennos so viele verschiedene, nebeneinander stehende, sich überlagernde, auch widersprüchliche Topographien entwirft, wird Westfalen an keiner Stelle erwähnt.

In der historiographischen und hagiographischen Überlieferung der Folgezeit spielt Westfalen als topographischer Ordnungsbegriff ebenfalls keine Rolle, zumindest bis zu den verstärkten Aktivitäten der Kölner Erzbischöfe in diesem Raum in der zweiten Hälfte des 12. Jahrhunderts. Darauf weist etwa die zwischen 1155 und 1165 verfasste Vita Bischof Meinwerks von Paderborn (1009–1036) hin, die mit 218 Kapiteln eine der umfangreichsten Heiligenviten des Mittelalters ist.[76] In der Vita wird Westfalen lediglich viermal erwähnt – und dann stets als Namensbestandteil der Grafen von Werl oder zur Lokalisierung von deren Besitz.[77] Im Gegensatz zu Bennos Lebensgeschichte werden die Bischöfe der umliegenden Bistümer in der

[76] Zu Meinwerk: Christoph Stiegemann/Martin Kroker (Hg.), Für Königtum und Himmelreich. 1000 Jahre Bischof Meinwerk von Paderborn. Katalog zur Jubiläumsausstellung im Museum in der Kaiserpfalz und im Erzbischöflichen Diözesanmuseum Paderborn 2009/10, Regensburg 2009. Darin steht allerdings das Wirken Meinwerks als Reichsbischof und in seiner Diözese im Zentrum, nicht seine Bezüge zur Region oder zu den Nachbarbistümern. Zu diesem Sammelband und der Neuedition der *Vita Meinwerci*: vgl. Vogtherr, Meinwerk (wie Anm. 62).

[77] Vita Meinwerci episcopi Patherbrunnensis. Das Leben Bischofs Meinwerk von Paderborn, bearb. von Franz Tenckhoff, Hannover 1921 (Monumenta Germaniae Historica, Scriptores rerum Germanicarum in usum scholarum separatim editi, 59). Im Folgenden wird aber aus der Neuausgabe zitiert: Vita Meinwerci episcopi Patherbrunnensis. Das Leben Bischof Meinwerks von Paderborn, bearb. von Guido M. Berndt, München 2009 (MittelalterStudien des Instituts zur Interdisziplinären Erforschung des Mittelalters und seines Nachwirkens, 21). Westfalen wird in dieser Lebensbeschreibung nur viermal erwähnt: als Namensbestandteil der Grafen von Werl-Arnsberg, so Hermann *de Westfalan* (ebd., Kapitel 192), und als Lokalisierung des Besitzes der Grafen von Werl-Arnsberg, so in *pago Saxonico Westfala* (ebd., Kapitel 165) oder in *pago Westfalon* (ebd., Kapitel 179, 185). Zur Bezeichnung dieser

Meinwerk-Vita weit häufiger genannt, doch die Amtsträger in den Bistümern Minden, Münster und Osnabrück werden nie mit Westfalen in Bezug gesetzt, nie wird ein gemeinsames Handeln beschrieben, und zu keiner Zeit werden diese Bischöfe als eine Gruppe verstanden.[78] Das Interesse des Autors der Meinwerk-Vita gilt in gleichem Maße Bischöfen aus anderen Teilen des Reichs. So wird zwar das Wirken der Amtsträger von Minden, Münster und Osnabrück explizit gelobt – doch lediglich in einer langen Reihe mit 21 weiteren Bischöfen.[79]

Bischöfe als Diözesanbischöfe

Nimmt man die hier diskutierten Quellenbefunde zusammen, dann finden sich bei den Bischöfen von Minden, Münster, Osnabrück und Paderborn keine Belege dafür, dass diese Gruppe in der Salierzeit homogen war, dass sie gemeinsame Positionen besaß, gemeinsame Interessen verfolgte oder gar gemeinsam handelte – dies wird in der bischöflichen Überlieferung der Salierzeit an keiner Stelle explizit oder implizit erwähnt. Außerdem fällt auf, dass der Begriff „Westfalen" fast nie für einen Raum oder für einen Personenverband benutzt wird – nicht in den ostsächsischen *Gesta Episcoporum*, nicht in Widos Streitschrift, nicht in der Osnabrücker Papstgeschichte und auch nicht in der Benno-Vita, in der kein einziger Westfalen-Beleg aufgefunden werden konnte. Lediglich im Komplex der Osnabrücker Urkundenfälschungen wird Westfalen genannt, aber nicht als eigenständige regionale Einheit, sondern als Teil Sachsens in der Karolingerzeit. Einen zweiten – und zugleich letzten – mit den westfälischen Diözesen in Zusammenhang stehenden Beleg verdankt man einer einzigen Stelle in den Iburger Annalen, in welcher ebenfalls Westfalen als Teil Sachsens verstanden wird. Auch in den außerhalb der westfälischen Bistümer entstandenen Chroniken zu den Sachsenkriegen wird Westfalen als Region innerhalb von Sachsen bezeichnet, so ganz explizit in Brunos „Buch vom Sachsenkrieg". Eine schriftlich fixierte zeitgenössische Wahrnehmung für das Bewusstsein eines

---

Familie als Grafen von Westfalen in Urkunden des 11. Jahrhunderts: vgl. Zunker, Adel (wie Anm. 14), S. 337.

78 Siehe erstens die Erwähnungen von Nachbarbischöfen bei Rechtsgeschäften, in welche andere Bischöfe involviert waren oder als Zeugen fungierten: u. a. Paderborn, Münster und Osnabrück (Vita Meinwerci (wie Anm. 77), Kapitel 21), u. a. Minden (ebd., Kapitel 92), Osnabrück (ebd., Kapitel 108), u. a. Münster (ebd., Kapitel 129), u. a. Münster und Osnabrück (ebd., Kapitel 130), u. a. Paderborn, Münster und Minden (ebd., Kapitel 139), u. a. Minden (ebd., Kapitel 164) und u. a. Münster (ebd., Kapitel 167); zweitens: Todesnachrichten und Ergebnisse von Bischofswahlen: Münster (ebd., Kapitel 20), Münster und Minden (ebd., Kapitel 174), Osnabrück (ebd., Kapitel 175) und Osnabrück (ebd., Appendix 2); drittens siehe die expliziten Beziehungen von Nachbarbischöfen nach Paderborn. Hier wird lediglich an einer Stelle erwähnt, dass ein Bischof von Münster in Paderborn ausgebildet wurde (ebd., Kapitel 158).

79 Ebd., Kapitel 189.

historischen Wandels, einer Absonderung Westfalens, eines Landesbewusstseins oder einer *Westfalia Sacra* ist in den Quellen der Salierzeit somit nicht nachweisbar.

Wie ist dieser Negativbefund zu deuten? Die eingangs erwähnte Forschungsposition, die eine Absonderung Westfalens in der Salierzeit postuliert hat, kann von Seiten der Geschichte der Bischöfe folglich nicht gestützt werden. Dies bedeutet aber nicht, dass es, beispielsweise aus der Perspektive der Reichs-, Papst-, Adels-, Klöster- oder Städtegeschichte, nicht doch gute Gründe für diese These geben könnte. So ist nicht auszuschließen, dass konkurrierende Handlungs- und Wahrnehmungsräume existierten, dass unterschiedliche Akteure unterschiedliche Raumkonzepte besaßen und in diesen agierten. Dies gilt es insbesondere mit Wissen um die Befunde von Caspar Ehlers zur Karolinger- und Ottonenzeit zu betonen. Doch in der Salierzeit ist keine Übereinstimmung der Raumkonzepte der Herrscher und der Kirche mehr zu erkennen.[80] Diesen Schluss legt eine Beobachtung nahe, auf die am Ende dieses Beitrags eingegangen werden soll: In der Salierzeit war nicht mehr das Reich der zentrale Bezugspunkt für das Handeln der Bischöfe, auch nicht eine Großregion wie Sachsen oder Westfalen, sondern die eigene Diözese.[81]

Hierfür können zahlreiche Belege angeführt werden: So wurden im 11. Jahrhundert die Bistumsgrenzen klarer definiert, aus zonalen Grenzsäumen wurden immer mehr lineare Grenzen.[82] Im 12. Jahrhundert ist diese Entwicklung bei den Grenzen der Hochstifte ebenso nachweisbar.[83] Um 1100 bildet sich die Archidiakonatsverfassung aus, die Aufsichtsfunktion lag nun bei Archidiakonen und nicht mehr bei Chorbischöfen.[84] Im 11. und 12. Jahrhundert ist eine engere Verknüpfung des Pfarrnetzes zu beobachten, die Personalpfarrei wurde durch die Regionalpfarrei mit festen Grenzen ersetzt.[85] Um 1100 zeigt sich zudem eine Intensivierung der bischöflichen Herrschaft insbesondere durch das Instrument der Diözesansynoden.[86] In dieser Zeit entwickelte sich überdies ein „neues Amtsverständnis"[87], in welchem die ursprünglich auch für das Bischofsbild zentralen monastischen Ideale nachrangig wurden. Nach Stefan Weinfurter setzte mit dem Investiturstreit ein „hierarchischer Umbau"[88] der Diözesen ein: „Stets war es die Spitzenposition des Bischofs, die da-

80 Ehlers, Könige (wie Anm. 16), S. 193; ders., Integration Sachsens (wie Anm. 17), S. 196, 385.
81 Die Entwicklung vom Reichsbischof zum Diözesanbischof begann bereits in der Ottonenzeit. Vgl. zu den im Folgenden angeführten Beobachtungen und zu Perspektiven der Forschung: Andreas Bihrer/Stephan Bruhn (Hg.), Jenseits des Königshofs. Bischöfe und ihre Diözesen im nachkarolingischen ostfränkisch-deutschen Reich (850–1100), Berlin/New York 2019 (Studien zur Germania Sacra, Neue Folge, 10).
82 Klueting, Bistumsgründungen (wie Anm. 20), S. 72–76, 79.
83 Schubert, Geschichte Niedersachsens (wie Anm. 10), S. 331.
84 Ebd., S. 342.
85 Ebd., S. 337–340.
86 Ebd., S. 344.
87 Ebd., S. 251.
88 Stefan Weinfurter, Bischof und Reich. Wandel der Autoritäten und Strukturen in der späten Salierzeit, in: Stiegemann/Wemhoff, Canossa 1077 (wie Anm. 29), S. 150–158,

bei gestärkt wurde."[89] Diesem Umbau dienten die Kanonikerreform, die Einrichtung von Stiftskirchen, ein verstärkter Burgenbau und die nun konsequente Einforderung des Zehnten.[90] Ein besonders signifikantes Zeichen ist das Aufkommen der bischöflichen Thronsiegel um 1100.[91] Auch an den westfälischen Bischofssitzen ist in dieser Zeit eine rege Bautätigkeit nachweisbar.[92] Die Verselbstständigung der Domkapitel ist in dieser Region jedoch erst im 12. Jahrhundert zu beobachten.[93] Diese verstärkte Konzentration der Bischöfe auf ihre Diözese wurde dann im Laufe des 12. Jahrhunderts abgelöst durch eine Fokussierung auf das Hochstift, aus den Diözesanbischöfen wurden nun geistliche Fürsten.[94]

hier: 154; vgl. auch: ders., Heinrich IV. und die Bischöfe im Jahre 1076. ‚Unheilige Neuerungen' und ‚neue Religion', in: Jarnut/Wemhoff, Vom Umbruch (wie Anm. 3), S. 403–416, hier: 413f.

89 Weinfurter, Heinrich IV. (wie Anm. 88), S. 414.
90 Ebd., S. 414.
91 Weinfurter, Bischof (wie Anm. 88), S. 154.
92 Als neueste Übersicht über die bauliche Entwicklung der Bischofsstädte Paderborn, Minden, Osnabrück und Münster bis zum Ende der Salierzeit: vgl. Hirschmann, Anfänge (wie Anm. 62), S. 710–783 (mit umfangreichen Hinweisen zur Forschungsliteratur). Während Frank G. Hirschmann von einer geringen bischöflichen Bautätigkeit im gesamten Reich während des Investiturstreits und im frühen 12. Jahrhundert ausgeht, kann die aktuelle bauhistorische Forschung zu den westfälischen Bischofsstädten für die Jahrzehnte um 1100 hingegen eine meist durchgängige und oftmals intensive Bautätigkeit nachweisen; vgl. Frank G. Hirschmann, Die Bischofssitze um 1100. Bautätigkeit, Reform und Fürsorge vor dem Hintergrund des Investiturstreits, in: Jarnut/Wemhoff, Vom Umbruch (wie Anm. 3), S. 427–452, hier: 451. Vgl. zuletzt die Überblicke bei: Claudia Dobrinski u. a., Die Siedlungsentwicklung Paderborns im 11. und frühen 12. Jahrhundert im Kontext der westfälischen Bischofsstädte, in: Stiegemann/Wemhoff, Canossa 1077 (wie Anm. 29), S. 251–264, besonders S. 259–263; Wolfgang Schlüter, Die Entwicklung westfälischer Bischofsstädte während des hohen Mittelalters unter besonderer Berücksichtigung Osnabrücks, in: Jarnut/Wemhoff, Vom Umbruch (wie Anm. 3), S. 547–593, besonders S. 551; Balzer, Westfälische Bischöfe (wie Anm. 62), S. 124; Sven Spiong, Von der bischöflichen Residenz zur mittelalterlichen Stadt – die Stadtgenese Paderborns im Spiegel neuer archäologischer Ausgrabungen, in: Jarnut/Köb/Wemhoff (Hg.), Bischöfliches Bauen im 11. Jahrhundert (wie Anm. 62), S. 173–190, besonders S. 176. Zum gegenteiligen Befund für das 10. Jahrhundert siehe: Martin Kroker, Westfalen und seine Bischofssitze im langen 10. Jahrhundert, in: Christine Kleinjung/Stefan Albrecht (Hg.), Das lange 10. Jahrhundert. Struktureller Wandel zwischen Zentralisierung und Fragmentierung, äußerem Druck und innerer Krise, Mainz 2014, S. 179–202, besonders S. 198 (Römisch-Germanisches Zentralmuseum. Tagungen, 19).
93 Schubert, Geschichte Niedersachsens (wie Anm. 10), S. 341.
94 Zur Entstehung des geistlichen Fürstentums im Hochmittelalter siehe den Überblick bei: Andreas Bihrer, Forms and Structures of Power: Ecclesiastical Lordship, in: Graham A. Loud/Jochen Schenk (Hg.), The Origins of the German Principalities, 1100–1350. Essays by German Historians, London/New York 2017, S. 83–100.

Fazit

Für die Fragestellung des Bands sind aus diesen Befunden abschließend folgende Schlüsse zu ziehen: Anders als in der Karolinger- und Ottonenzeit gab es in der Salierzeit in Sachsen kein Zusammenwirken von Königtum und Kirche in Hinblick auf eine Erschließung oder Integration eines Raums, etwa durch Eroberung, Mission und den Aufbau von Herrschaftsstrukturen. In der Salierzeit finden sich in der kirchlichen Historiographie auch keine anderen, mehr oder weniger gelehrten Formen der Reflexion von Westfalen als Raum, als Personenverband oder gar als Region mit einem gemeinsamen Landesbewusstsein. Westfalen wird von den Chronisten nur sehr selten erwähnt, und in diesen wenigen Belegen wird der damit bezeichnete Raum stets als eine von alters her zu Sachsen zugehörige Region verstanden – keineswegs als eine neu entstandene, abgesonderte geographische Einheit.

Die wichtigste räumliche Ordnungskategorie der Bischöfe bildete die Diözese, und dies insbesondere im 11. Jahrhundert, als sich die Amtsträger nicht nur als Reichsbischöfe, sondern in erster Linie als Diözesanbischöfe verstanden. Die Bistümer waren um 1100 der entscheidende Raum für das Handeln der Bischöfe, neben dem Reich, der Christenheit und den jenseitigen Orten – nicht aber Westfalen. Die westfälischen Bischöfe agierten in der Salierzeit nicht als Verbündete der Könige, der Herzöge oder des Adels bei der Raumerfassung oder gar als Instrument einer Integration Westfalens oder anderer politischer Großlandschaften, vielmehr waren sie auf ihre Diözese hin orientiert.

Aus Perspektive der Bischofsgeschichte war die Salierzeit damit keine Phase der Integration, sondern der Desintegration, der Vereinzelung, Heterogenität und Zersplitterung oder – positiv formuliert – der Vielfalt. Die räumliche und personale Integration in Großlandschaften wie Westfalen mag in der Salierzeit vielleicht das Ziel anderer, weltlicher Akteure gewesen sein. Vielleicht war die Entstehung Westfalens im ausgehenden 11. Jahrhundert aber auch nur eine Idee der modernen Geschichtswissenschaft.

Stephan Freund

Paderborn und Magdeburg

(Kirchen-)Politische Vororte in Westfalen und Ostfalen im Vergleich

799 – Karl der Große hält Hof in Paderborn und empfängt Papst Leo III., ein Jahr später wird er von diesem in Rom zum Kaiser gekrönt.[1] 805 – Diedenhofener Kapitular Karls des Großen. Anordnung, unter anderem von Magdeburg aus den Waffenhandel in die slawischen Gebiete zu unterbinden.[2]

Stellt man die beiden herausragenden, Paderborn und Magdeburg betreffenden Nachrichten von der Wende des 8. zum 9. Jahrhundert nebeneinander, dann wird deutlich, dass die historischen Situationen, denen die beiden Orte ihre berühmtesten oder ersten Erwähnungen verdanken, kaum unterschiedlicher sein könnten: Paderborn als Schauplatz eines Herrscher-Papst-Treffens – Magdeburg als einer von mehreren Grenzposten an der Elbe.

Den historisch-räumlichen Hintergrund der beiden Nachrichten bildet Sachsen zur Zeit der „Sachsenkriege" Karls des Großen (768–814).[3] Das Gebiet, in dessen

---

1 Annales regni Francorum inde ab a. 741 usque ad a. 829, qui dicuntur Annales Laurissenses maiores et Einhardi, bearb. von Friedrich Kurze, Hannover 1895, S. 108 (Monumenta Germaniae Historica, Scriptores rerum Germanicarum in usum scholarum separatim editi, 6).

2 Capitulare missorum in Theodonis villa datum secundum, generale, in: Capitularia regum Francorum, bearb. von Alfred Boretius, Hannover 1883, S. 122–126 (Nr. 44) (Monumenta Germaniae Historica, Legum Sectio, 2,1).

3 Dazu zuletzt: Matthias Becher, Der Prediger mit eiserner Zunge. Die Unterwerfung und Christianisierung der Sachsen durch Karl den Großen, in: Hermann Kamp/ Martin Kroker (Hg.), Schwertmission. Gewalt und Christianisierung im Mittelalter, Paderborn u. a. 2013, S. 23–52; und generell: Caspar Ehlers, Totam provinciam illam in parochias episcopales divisit, in: Christoph Stiegemann u. a. (Hg.), Credo. Christianisierung Europas im Mittelalter. Bd. 1: Essays, Petersberg 2013, S. 330–340. Zu den Details und den Quellennachweisen der Ereignisse im Einzelnen: Rudolf Schieffer, Die Zeit des karolingischen Großreichs 714–887, 10. Aufl., Stuttgart 2005, S. 58–61 (Gebhardt Handbuch der deutschen Geschichte, 2); Angelika Lampen, Sachsenkriege, sächsischer Widerstand und Kooperation, in: Christoph Stiegemann/Matthias Wemhoff (Hg.), 799. Kunst und Kultur der Karolingerzeit. Karl der Große und Papst Leo III. in Paderborn. Bd. 1, Mainz 1999, S. 264–272 (mit Übersichtskarte); Hans-Dieter Kahl, Karl der Große und die Sachsen. Stufen und Motive einer historischen „Eskalation", in: Herbert Ludat/Christoph Schwinges (Hg.), Politik, Gesellschaft, Geschichtsschreibung. Gießener Festgabe für Frantisek Graus, Köln 1982, S. 49–130. Zu den Folgen: Caspar Ehlers, Die Integration Sachsens in das fränkische Reich, Göttingen 2007, S. 271–279 (Veröffentlichungen des Max-Planck-Instituts für Geschichte, 231). Zur Diskussion um „Sachsen" und zur Definition des darunter ver-

später als „Westfalen" bezeichnetem Teil Paderborn liegt und in dessen ostfälischen Gefilden sich Magdeburg befindet, war seit 772 Schauplatz einer Kette blutiger Auseinandersetzungen, an deren Ende Sachsen Teil des karolingischen Frankenreichs wurde und die Sachsen zumindest dem Namen nach christianisiert. In diesem räumlichen Kontext entwickelten sich die beiden Orte und spielten bisweilen eine gänzlich unterschiedliche Rolle. Ihrem Vergleich bis ans Ende der Salierzeit gelten die folgenden Ausführungen.

Die Anfänge in Paderborn: Vom königlichen Zentralort zum bloßen Bischofssitz

Paderborn, am südöstlichen Rand der westfälischen Tieflandsbucht entlang wichtiger Straßenverbindungen gelegen, verdankt seinen Namen der hier aus zahlreichen Quellen entspringenden Pader, an denen sich vielleicht schon früh (heidnische?) Heiligtümer befanden. Die Lage war für Siedlungen ausgesprochen günstig.[4]

In der frühen Phase der Auseinandersetzungen Karls des Großen mit den Sachsen (772–802/804) spielte der Ort jedenfalls eine herausragende Rolle und wurde zwischen 776 und 804 acht Mal vom Frankenherrscher aufgesucht. Bereits 776 hatte Karl hier – in der *urbs Karoli* – eine Pfalz und einen Kirchenbau errichten lassen, die vermutlich ersten steinernen Gebäude in Sachsen überhaupt.[5] Im selben Jahr fanden hier die berühmt-berüchtigten sächsischen Massentaufen statt. Bereits ein Jahr später wurde die Pfalz zerstört,[6] aber umgehend wiedererrichtet – was zeigt, dass dem Ort symbolisch-strategische Bedeutung zukam. Ob der nun folgende Verzicht auf dessen Benennung mit Karls Namen und die Bevorzugung des altsächsischen Namens *Patrisbrunna* als erstes Anzeichen dafür zu deuten ist, dass man am fränkischen Hof verstanden hatte, wie sehr der Karls-Name den sächsischen Widerstandsgeist befeuerte, muss dahingestellt bleiben. Geholfen hat es ohnehin nichts,

standenen Raumes: Matthias Springer, Die Sachsen, Stuttgart 2004, S. 176; Joachim Ehlers, Das früh- und hochmittelalterliche Sachsen als historische Landschaft, in: Joachim Dahlhaus/Armin Kohnle (Hg.), Papstgeschichte und Landesgeschichte. Festschrift für Hermann Jakobs zum 65. Geburtstag, Köln/Weimar/Wien 1995, S. 17–36 (Archiv für Kulturgeschichte, Beihefte, 39).

4   Manfred Balzer, Paderborn im frühen Mittelalter (776–1050). Sächsische Siedlung – Karolingischer Pfalzort – ottonisch-salische Bischofsstadt, in: Frank Göttmann/Karl Hüser/Jörg Jarnut (Hg.), Paderborn: Geschichte der Stadt und ihrer Region. Bd. 1: Das Mittelalter. Bischofsherrschaft und Stadtgemeinde, Paderborn u. a. 1999, S. 3, 10f., 13ff., auch zur programmatischen Bedeutung der Namensgebung.

5   Zur Selbstdarstellung Karls: Karl Hauck, Karl als neuer Konstantin 777. Die archäologischen Entdeckungen in Paderborn in historischer Sicht. Mit einem Exkurs von Gunter Müller, Der Name Widukind, in: Frühmittelalterliche Studien 20 (1986), S. 513–540.

6   Balzer, Paderborn im frühen Mittelalter (wie Anm. 4), S. 9, 15–19.

denn auch der zweite Pfalzbau wurde zerstört. Doch auch diesmal ließ man sich auf fränkischer Seite nicht beirren, sondern schritt erneut zur Tat. Im Jahr 777 war Paderborn Schauplatz der ersten fränkischen Reichsversammlung in Sachsen überhaupt, die mit einer Synode verbunden wurde.[7] 782 wurde hier – wiederum auf einer fränkischen Reichsversammlung – die *capitulatio de partibus Saxoniae* erlassen.

Somit war das eingangs erwähnte Treffen Karls mit Leo III. einer von mehreren Aufenthalten des Frankenkönigs in Paderborn und die Wahl des Ortes kaum zufällig erfolgt:[8] Karl präsentierte sich dem Papst hier – kurz zuvor war vermutlich die neue Basilika errichtet worden[9] – als erfolgreicher Künder des Glaubens.[10] Zu einer Zeit, als zwischen Rom und dem fränkisch-karolingischen Hof auf unterschiedlichen Feldern über den Vorrang in der Christenheit gerungen wurde, setzte Karl damit ein unübersehbares Zeichen.[11] Überdies bot die Ladung des Papstes in die weit im Norden gelegene Pfalz die Chance, die lange Reisedauer für die Sammlung von Informationen über die Vorfälle in Rom nutzen zu können, um so für die anstehenden Verhandlungen über das weitere Vorgehen gewappnet zu sein.[12] Gegenstand des Paderborner Treffens war jedenfalls eine Aussprache über die Geschehnisse in Rom und den dort im April des Jahres erfolgten Überfall auf den Papst,[13] sicherlich

---

7 Ebd., S. 22–25; Karl Hauck, Paderborn, das Zentrum von Karls Sachsen-Mission 777, in: Josef Fleckenstein/Karl Schmid (Hg.), Adel und Kirche. Gerd Tellenbach zum 65. Geburtstag dargebracht von Freunden und Schülern, Freiburg/Basel/Wien 1968, S. 92–140.

8 Zum Phänomen der Ortswahl bereite ich derzeit eine kleine Untersuchung vor.

9 Zu den Baumaßnahmen in Paderborn: Balzer, Paderborn im frühen Mittelalter (wie Anm. 4), S. 30–40.

10 Ebd., S. 40–44; Achim Thomas Hack, Das Zeremoniell des Papstempfangs 799 in Paderborn, in: Stiegemann/Wemhoff, 799. Kunst und Kultur (wie Anm. 3), S. 19–33.

11 Zur Kontroverse, in deren Kontext die *Libri Carolini* entstanden sind, die Frankfurter Synode von 794 stattfand, Alkuins Briefe eine Rolle spielten und der Papst in Rom durch Mosaiken im Lateranstriklinium seine Sicht der Dinge zum Ausdruck brachte: Sebastian Scholz, Politik – Selbstverständnis – Selbstdarstellung. Die Päpste in karolingischer und ottonischer Zeit, Stuttgart 2006, S. 100–143 (Historische Forschungen, 26).

12 Matthias Becher, Die Reise Papst Leos III. zu Karl dem Großen. Überlegungen zu Chronologie, Verlauf und Inhalt der Paderborner Verhandlungen des Jahres 799, in: Peter Godman/Jörg Jarnut/Peter Johanek (Hg.), Am Vorabend der Kaiserkrönung. Das Epos „Karolus Magnus et Leo papa" und der Papstbesuch in Paderborn 799, Berlin 2002, S. 87–112.

13 Dass man im päpstlichen Umfeld die Zeit ebenfalls genutzt hatte, um die Legende von der wundersamen Genesung Leos zu lancieren, der nicht nur der fränkische Hof, sondern auch die Forschung bis ins 21. Jahrhundert hinein aufgesessen ist, ist freilich die andere Seite der Medaille. Johannes Fried, Papst Leo III. besucht Karl den Großen in Paderborn oder Einhards Schweigen, in: Historische Zeitschrift 272 (2001), S. 281–326.

auch die Kaiserkrönung Karls des Großen,[14] hingegen kaum schon die Einrichtung eines Bischofssitzes in Paderborn.[15]

Paderborn war im späten 8. Jahrhundert zweifellos „der zentrale Ort der Franken im sächsischen Eroberungsgebiet".[16] In der Mitte des 9. Jahrhunderts urteilte der *Poeta Saxo* – in der Rückprojektion auf den Reichstag von 777 – über Paderborn, es sei der am meisten durch natürlichen Adel ausgezeichnete Ort Sachsens.[17]

Weitere wichtige Entwicklungsschritte Paderborns im 9. und 10. Jahrhundert seien in aller Kürze skizziert:[18] Zur Zeit Ludwigs des Frommen (814–840) und Ludwigs des Deutschen (840–876) amtierte Badurad (815/822–862) als Paderborner Bischof. Ludwig der Fromme weilte nur einmal nachweislich in Paderborn, hielt dort aber im Juli 815 – also kurze Zeit nach seinem Herrschaftsantritt – eine allgemeine Reichsversammlung ab.[19] Badurards Verhältnis zu Karls Sohn und Nachfolger

14 Matthias Becher, Karl der Große zwischen Rom und Aachen. Die Kaiserkrönung und das Problem der Loyalität im Frankenreich, in: Lotte Kéry (Hg.), Eloquentia copiosus. Festschrift für Max Kerner zum 65. Geburtstag, Aachen 2006, S. 1–15; ders., Die Kaiserkrönung im Jahr 800. Eine Streitfrage zwischen Karl dem Großen und Papst Leo III., in: Rheinische Vierteljahrsblätter 66 (2002), S. 1–38; Rudolf Schieffer, Neues von der Kaiserkrönung Karls des Großen, München 2004 (Sitzungsberichte der Bayerischen Akademie der Wissenschaften, phil.-hist. Klasse, 2004,2).

15 Balzer, Paderborn im frühen Mittelalter (wie Anm. 4), S. 46ff. Ihm zufolge ist die Einsetzung Hathumars zum ersten Paderborner Bischof im Jahre 806 erfolgt. Nach Theo Kölzer ist die Annahme einer Gründung durch Karl den Großen und Papst Leo III. zurückzuweisen: Theo Kölzer, Die Anfänge der sächsischen Diözesen, in: Archiv für Diplomatik 61 (2015), S. 11–37, hier: 28f.; siehe dazu auch unten Anm. 20. Generell sind durch Kölzers Urkundenuntersuchungen und die Edition der Urkunden Ludwigs des Frommen zahlreiche ältere Arbeiten mittlerweile überholt bzw. in Teilen bezüglich der Einzeldatierungen widerlegt, so u. a.: Klemens Honselmann, Die Bistumsgründungen in Sachsen unter Karl dem Großen, in: Archiv für Diplomatik 30 (1984), S. 1–29.

16 Manfred Balzer, Paderborn. Zentralort der Karolinger im Sachsen des späten 8. und frühen 9. Jahrhunderts, in: Stiegemann/Wemhoff, 799. Kunst und Kultur (wie Anm. 3), S. 116–123, hier: 116. Er betont die enge Verbindung mit dem knapp acht Kilometer nordöstlich gelegenen Lippspringe als eine Art Lageplatz größerer Versammlungen. Zustimmend zur herausgehobenen Bedeutung Paderborns im Sachsen jener Zeit vgl.: Kölzer, Anfänge der sächsischen Diözesen (wie Anm. 15), S. 34. Er hält die Bezeichnung Paderborns als „sächsisches Aachen" durch Caspar Ehlers gleichwohl für „doch übertrieben"; Ehlers, Integration (wie Anm. 3), S. 117.

17 Poeta Saxo, Annalium de gestis Caroli Magni imperatoris, in: Poetae latini aevi Carolini. Bd. 4,1, bearb. von Paul von Winterfeld, Berlin 1899, S. 1–71, hier: 15 (Vers 329–336) (Monumenta Germaniae Historica, Poetae latini aevi Carolini, 4,1): *Tanto concilio locus est electus agendo quem Padarbrunnon vocitant; quo non habet ipsa gens alium naturali plus nobilitate insignem.*

18 Auf Einzelnachweise wird verzichtet. Sie finden sich bei: Balzer, Paderborn im frühen Mittelalter (wie Anm. 4), S. 46–57.

19 Zur Reichsversammlung des Jahres 815, die nochmals Paderborns wichtige Stellung zur damaligen Zeit unterstreicht: Daniel Eichler, Fränkische Reichsversammlungen

gilt in der Forschung gleichwohl als eng: Im Jahre 822 verlieh er der Paderborner Bischofskirche ein Immunitätsprivileg, der erste sichere Beleg für die Existenz eines Bischofssitzes,[20] 836 kam es zum Erwerb und zur feierlichen Translation von Liboriusreliquien.[21] Mehrere Männer- und insbesondere Frauenklöster bzw. -stifte entstanden, es erfolgte ein weiterer Aus- und Umbau der Pfalz sowie des Domes. Das Verhältnis Badurads zu Ludwig dem Deutschen war weit weniger eng, wenngleich er im Jahre 845 ebenfalls eine Reichsversammlung in Paderborn abhielt. Die weitere Entwicklung Paderborns ist aufgrund einer ungünstigen Quellenlage sowohl bezüglich der Siedlungsgeschichte als auch für die Geschichte des Bistums nur in Umrissen erkennbar, da die älteren Paderborner Urkunden im Jahre 1000 bei einem Brand vernichtet wurden.[22] Konzentriert man die Betrachtung auf die hier besonders interessierende mögliche Vorortfunktion des Ortes in jener Zeit, so ist zu konstatieren, dass sowohl unter den Bischöfen Liuthard (862–887) und Biso (887–909), die beide dem (hohen?) Adel der Region entstammten, als auch unter Theoderich (909–917), für dessen Episkopat es nahezu keine Zeugnisse gibt, keine Königsaufenthalte in Paderborn bezeugt sind. Allerdings ist dabei zu berücksichtigen, dass sich das karolingische Königtum in jener Zeit in einer schweren Krise befand, immer mehr an Integrationskraft verlor und überdies die Quellenlage für das Reich insgesamt mehr als dürftig ist.

Bischof Unwan (918–935), ein Immedinger und damit wohl ein Nachfahre Widukinds und Verwandter der Königin Mathilde, ist hingegen mehrfach im Umkreis Heinrichs I. (919–936) bezeugt.[23] Sein Nachfolger Dudo (935–959) zählte offenbar zu den Unterstützern Ottos I. (936–973) während der krisenhaften Anfangszeit.[24]

unter Ludwig dem Frommen, Hannover 2007, S. 54 (Monumenta Germaniae Historica, Studien und Texte, 45).

20 Die Urkunden Ludwigs des Frommen, bearb. von Theo Kölzer, Wiesbaden 2016, S. 511ff. (Nr. 207 vom 22. 4. 822) (Monumenta Germaniae Historica, Die Urkunden der Karolinger, 2). Kölzer zufolge ist dies der erste wirklich sichere Beleg für die Existenz eines Bistums, da er Immunitätsprivilegien generell als „Lackmustest" für die Existenz von Diözesen bezeichnet: Kölzer, Anfänge der sächsischen Diözesen (wie Anm. 15), S. 31, 34. Zum Immunitätsprivileg: Balzer, Paderborn im frühen Mittelalter (wie Anm. 4), S. 52.

21 Hedwig Röckelein, Reliquientranslationen nach Sachsen im 9. Jahrhundert. Über Kommunikation, Mobilität und Öffentlichkeit im Frühmittelalter, Stuttgart 2002, S. 155–168 (Beihefte der Francia, 48).

22 Vgl. dazu die Ausführungen sowie die Quellenbelege bei: Balzer, Paderborn im frühen Mittelalter (wie Anm. 4), S. 70f.

23 Einzelbelege bei: Balzer, Paderborn im frühen Mittelalter (wie Anm. 4), S. 62ff.; Hedwig Röckelein, Heinrichs Verhältnis zu Kirchen und Klöstern, in: Stephan Freund/Gabriele Köster (Hg.), Plötzlich König. Heinrich I. in Quedlinburg, Regensburg 2019, S. 87–103 (Schriftenreihe des Zentrums für Mittelalterforschungen Magdeburg, 5).

24 Zu Dudo: Balzer, Paderborn im frühen Mittelalter (wie Anm. 4), S. 64f.; Tina Bode, König und Bischof in ottonischer Zeit. Herrschaftspraxis – Handlungsspielräume – Interaktionen, Husum 2015, S. 203ff (Historische Studien, 506). Zu den schwierigen

Er erscheint mehrfach als Petent und Intervenient in dessen Urkunden, war 948 Teilnehmer der Synode von Ingelheim und ist mehrfach außerhalb seiner Diözese im königlichen Umfeld bezeugt. Heraus sticht zweifellos der 25. Juni 958: Nach mehr als 100 Jahren ist nun erstmals wieder ein Aufenthalt des Königshofes in Paderborn dokumentiert, womöglich im Zusammenhang mit einem Besuch Ottos I. im Stift Geseke, das 946 durch Graf Haholt gemeinsam mit seinen Brüdern gegründet und 952 durch Otto I. bestätigt worden war.[25] Da Dortmund in jener Zeit Paderborn als bevorzugter königlicher Aufenthaltsort bei Reisen entlang des Hellwegs den Rang abgelaufen hatte,[26] ist es naheliegend, in Ottos Besuch „eine besondere Ehrung des Bischofs Dudo" zu sehen.[27] Mit Folkmar (959–983) gelangte erstmals ein Mönch (aus dem Kloster Corvey) auf den Bischofsstuhl von Paderborn. Engere Beziehungen zu Otto I. und Otto II. (973–983) lassen sich aufgrund der spärlichen Überlieferung aber nicht ausmachen.[28]

Paderborn präsentierte sich demnach bis ins letzte Drittel des 10. Jahrhunderts noch immer als bedeutender und insbesondere mit einer vorzüglichen Infrastruktur ausgestatteter Ort, hatte gegenüber Dortmund aber an Gewicht verloren. Die im späten 8. und frühen 9. Jahrhundert bestehende Bedeutung für das Königtum, als Paderborn *der* (kirchen-)politische Vorort in Westfalen war, war nun offenbar weniger struktureller Art, sondern vielmehr stark von den persönlich-verwandtschaftlichen Bindungen der jeweiligen Amtsinhaber zur Königsfamilie abhängig.

Die Anfänge in Magdeburg: Vom Kontrollposten zum Sitz eines Erzbischofs

Magdeburg, gelegen am Ostrand der Magdeburger Börde an einer Furt über die mittlere Elbe, die zugleich eine wichtige Verkehrsader von Süden nach Norden

Anfängen Ottos des Großen: Stephan Freund, Herrschaftsträger des Reiches. Konflikte und Konsens unter Otto I., in: Matthias Puhle/Gabriele Köster (Hg.), Otto der Große und das Römische Reich. Kaisertum von der Antike zum Mittelalter, Regensburg 2012, S. 529–537.

25   Zur Gründung und Bestätigung Gesekes: Balzer, Paderborn im frühen Mittelalter (wie Anm. 4), S. 65; Stephan Freund, Wallhausen. Königlicher Aufenthaltsort, möglicher Geburtsort Ottos des Großen, in: Stephan Freund/Rainer Kuhn (Hg.), Mittelalterliche Königspfalzen auf dem Gebiet des heutigen Sachsen-Anhalt. Geschichte – Topographie – Forschungsstand, Regensburg 2014, S. 115–148, hier: 130f. (Palatium, Studien zur Pfalzenforschung in Sachsen-Anhalt, 1).

26   Manfred Balzer, Dortmund und Paderborn. Zwei Aufenthaltsorte der fränkischen und deutschen Könige in Westfalen (8.–13. Jahrhundert), in: Westfälische Forschungen 32 (1982), S. 1–20.

27   Bode, König und Bischof in ottonischer Zeit (wie Anm. 24), S. 205.

28   Zu Folkmar und seinem Pontifikat: Balzer, Paderborn im frühen Mittelalter (wie Anm. 4), S. 66f. Er nimmt eine Einflussnahme Ottos auf dessen Erhebung an. Demgegenüber äußert sich zurückhaltend: Bode, König und Bischof in ottonischer Zeit (wie Anm. 24), S. 206ff.

darstellte, befand sich am äußeren östlichen Rand des Frankenreichs, in der Kontakt- und bisweilen auch Konfliktzone zur slawischen Welt.[29] Nach der Ersterwähnung im Diedenhofener Kapitular 805 und einer kurzen Nachricht in der Chronik von Moissac zum Jahre 806, wonach Truppen über die Elbe verlegt worden seien,[30] verschwindet der Ort für über hundert Jahre aus der schriftlichen Überlieferung. Am 21. September 937 wird Magdeburg dann erstmals wieder genannt, als Otto I., knapp ein Jahr zuvor zum Nachfolger seines Vaters Heinrich I. erhoben, hier ein den Heiligen Innozenz, Petrus und Mauritius geweihtes Benediktinerkloster errichtete und in den folgenden Jahren und Jahrzehnten reich ausstattete.[31] Magdeburg rückte damals an die Spitze des herrscherlichen Itinerars.[32]

Die 950er Jahre läuteten für den Ort dann eine tiefgreifende Wende ein: Otto der Große tat Pläne kund, Magdeburg zum Sitz eines Erzbischofs zu machen und damit aus der Mainzer Kirchenprovinz herauszulösen. Die daraus entstandenen Verwerfungen waren beträchtlich, weshalb sich die Verwirklichung des Vorhabens

---

29   Zur Lage Magdeburgs detailliert: Pierre Fütterer, Wege und Herrschaft. Untersuchungen zu Raumerschließung und Raumerfassung in Ostsachsen und Thüringen im 10. und 11. Jahrhundert, Regensburg 2016, S. 246–252 (Palatium, Studien zur Pfalzenforschung in Sachsen-Anhalt, 2,1).

30   Das nach 818 entstandene *Chronicon Moissiacense* berichtet für 806 von einem Feldzug in diese Gegend und spricht dabei ebenfalls von Magdeburg (Magedoburg). Chronicon Moissiacense, in: Scriptores rerum Sangallensium. Annales, chronica et historiae aevi Carolini, bearb. von Georg Heinrich Pertz, Hannover 1829, S. 257–259, hier: 258 (Monumenta Germaniae Historica, Scriptores in Folio, 2). Volker Schimpff, Contra Magadaburg. Zur Lage der fränkischen/slawischen Burg an der Elbe 806, in: Burgenforschung aus Sachsen 26 (2013), S. 109–147.

31   Urkunden Ottos I., in: Die Urkunden Konrads I., Heinrichs I., und Ottos I., bearb. von Theodor Sickel, Hannover 1879–1884, S. 89–638, hier: 101f., Nr. 14 (Monumenta Germaniae Historica, Die Urkunden der deutschen Könige und Kaiser, 1). Dazu: Stephan Freund, Das Magdeburger Moritzkloster und die Mission, in: Michael Belitz/Stephan Freund/Alena Reeb (Hg.), Die Königspfalzenlandschaft Sachsen-Anhalt und der Osten, Regensburg 2019, S. 85–108 (Palatium, Studien zur Pfalzenforschung in Sachsen-Anhalt, 5); Helmut Beumann, Theutonum nova metropolis. Studien zur Geschichte des Erzbistums Magdeburg in ottonischer Zeit, Köln/Weimar/Wien 2000 (Quellen und Forschungen zur Geschichte Sachsen-Anhalts, 1). Zu Otto I. allgemein: Matthias Becher, Otto der Große. Kaiser und Reich. Eine Biographie, München 2012; Johannes Laudage, Otto der Große (912–973). Eine Biographie, Regensburg 2001; Rudolf Schieffer, Otto Imperator – In der Mitte von 2000 Jahren Kaisertum, in: Hartmut Leppin (Hg.), Kaisertum im ersten Jahrtausend, Regensburg 2012, S. 355–374; Matthias Puhle (Hg.), Otto der Große, Magdeburg und Europa. Eine Ausstellung im Kulturhistorischen Museum Magdeburg vom 27. August bis 2. Dezember 2001. Bd. 1–2, Mainz 2001.

32   Eckard Müller-Mertens, Verfassung, Reichsstruktur und Herrschaft unter Otto I., in: Puhle, Otto der Große (wie Anm. 31), Bd. 1, S. 189–198, Karten S. 190, 194, 196.

bis 968 hinzog, aber dann war es geschafft:[33] Die neu eingerichteten Bistümer Merseburg, Meißen und Zeitz sowie Havelberg und Brandenburg wurden Magdeburg als Suffragane unterstellt.[34] Riesige, vielfach noch vollends zu christianisierende Gebiete östlich der Elbe zählten zum Einflussgebiet des neuen Erzbistums. Magdeburg stand nun nominell gleichrangig neben den altehrwürdigen Erzbistümern des Reiches.

Fasst man die Entwicklungen bis hierhin zusammen, so ist zu konstatieren: Beide Orte gehörten in jener Frühphase zur Kirchenprovinz Mainz, Paderborn als fränkisch-karolingischer Zentralort in Sachsen und schon bald als Sitz eines Bischofs, für den der Bischof von Würzburg zunächst als eine Art „Missionspate" oder „Entwicklungshelfer" fungierte,[35] Magdeburg hingegen zunächst als bloßer Grenzposten ohne größere kirchenorganisatorische Bedeutung und bis 937 auch ohne näher bekannte kirchliche Institutionen – dann aber versehen mit einem durch Otto den Großen gegründeten und von ihm reich ausgestatteten Benediktinerkloster, ab 968 zudem Sitz eines Erzbischofs und damit herausgelöst aus dem Mainzer Diözesanverband. Das innerhalb Sachsens in einer durchaus zentralen Binnenlage am Hell-

---

33   Zu den Hintergründen der Gründung des Erzbistums Magdeburg zuletzt: Bode, König und Bischof in ottonischer Zeit (wie Anm. 24), S. 376–401 mit weiterer Literatur zur Forschungsdiskussion; Freund, Wallhausen (wie Anm. 25), S. 136; Wolfgang Huschner, Benevent, Capua, Magdeburg, Salerno. Neue Erzbistümer an der Peripherie des lateinischen Europa im 10. Jahrhundert, in: Andreas Ranft (Hg.), Der Hoftag in Quedlinburg 973. Von den historischen Wurzeln zum Neuen Europa, Berlin 2006, S. 37–49; Matthias Becher, Otto der Große und die Gründung des Erzbistums Magdeburg, in: Alfried Wieczorek/Hans Hinz (Hg.), Europas Mitte um 1000. Bd. 2, Stuttgart 2001, S. 689–693; Gerd Althoff, Die Gründung des Erzbistums Magdeburg, in: Puhle, Otto der Große (wie Anm. 31), Bd. 1, S. 344–352.

34   Zur Diskussion um die Gründungsdaten Brandenburgs und Havelbergs zuletzt: Clemens Bergstedt, Zur Echtheit der sogenannten Havelberger Stiftungsurkunde, in: Archiv für Diplomatik 47/48 (2001/2002), S. 9–46. Bergstedt hält die für deren Echtheit angeführten Argumente für nicht überzeugend; Wolfgang Huschner, Diplom König Ottos I. über die Gründung des Bistums Brandenburg, in: Otto der Große (wie Anm. 31), Bd. 2, S. 380–382 (mit einer Abbildung des Diploms); Thomas Ludwig, Die Gründungsurkunde für das Bistum Brandenburg. Zur Methode der Urkundenkritik, in: Jahrbuch für brandenburgische Landesgeschichte 53 (2002), S. 9–28. Er hält nach eingehender Beschäftigung mit Fragen der Urkundenkritik an der Echtheit fest. Zu den Bistümern in Brandenburg und Havelberg zuletzt: Michael Belitz, „… *quod sedes proprias non haberent* …". Die Bischöfe von Brandenburg bis zum Jahre 1138, in: Belitz/Freund/Reeb, Königspfalzenlandschaft (wie Anm. 31), S. 137–162; Götz Alper/Johanna Kleinecke, Der königliche Aufenthaltsort Havelberg aus archäologischer Sicht, in: Stephan Freund/Christian Warnke (Hg.), Eine königsferne Landschaft? Der Norden des heutigen Sachsen-Anhalt vom 9. bis ins 12. Jahrhundert, Regensburg 2019, S. 31–58 (Palatium, Studien zur Pfalzenforschung in Sachsen-Anhalt, 4).

35   Zur Begrifflichkeit und deren Hintergründen: Kölzer, Anfänge der sächsischen Diözesen (wie Anm. 15), S. 25.

weg, der wichtigsten Ost-West-Verbindung in jenem Raum, gelegene Paderborn – der Zentralort des fränkischen Königtums in der Zeit Karls des Großen – hatte gegenüber dem am äußeren östlichen Rand des ostfränkisch-ottonischen Reiches befindlichen Magdeburg eine im Vergleich zur eingangs geschilderten Situation gegenläufige Entwicklung genommen. Es war bloßer Bischofssitz geblieben, einer von mehreren in Sachsen.

Das 11. und 12. Jahrhundert in Magdeburg:
(Kirchen-)politischer Bedeutungsverlust und innerer Ausbau

Der Aufstieg Magdeburgs war rasant gewesen, aber der Niedergang war es nicht minder![36] Noch vor dem frühen Tod Ottos II. (973–983, gestorben am 7. Dezember 983) machte im Sommer des Jahres 983 ein Slawenaufstand einen Großteil des rechts der Elbe vermeintlich Erreichten zunichte; die Bischofssitze in Brandenburg und Havelberg gingen ebenso verloren wie die Oberherrschaft über jene Gebiete.[37] Das noch junge Erzbistum war dadurch in seiner Ausdehnung empfindlich geschmälert. Die Zeit der vormundschaftlichen Regierung Theophanus und Adelheids, die das Königtum Ottos III. (983–1002) erst gegen Heinrich den Zänker behaupten mussten, war ebenfalls nicht dazu angetan, die Verhältnisse zugunsten Magdeburgs zu verändern.[38] Im Jahre 995 wurden dem Bistum Meißen weitergehende Kompetenzen in der Mission nach Osten übertragen, was Magdeburgs Bedeutung ebenso weiter schmälerte[39] wie Ottos III. auf einen Ausgleich mit Polen abzielende Politik,

36 Dazu generell: Rudolf Schieffer, Das Magdeburger Erzbistum und seine Bedeutung im Reich vor 1207, in: Matthias Puhle (Hg.), Aufbruch in die Gotik. Der Magdeburger Dom und die späte Stauferzeit. Landesausstellung Sachsen-Anhalt aus Anlass des 800. Domjubiläums. Bd. 1: Essays, Mainz 2009, S. 29–37; Dietrich Claude, Geschichte des Erzbistums Magdeburg bis in das 12. Jahrhundert, Köln 1972 (Mitteldeutsche Forschungen, 67,1).

37 Hagen Keller/Gerd Althoff, Die Zeit der späten Karolinger und der Ottonen. Krisen und Konsolidierungen 888–1024, 10. Aufl., Stuttgart 2008, S. 289 (Gebhardt Handbuch der deutschen Geschichte, 3); Matthias Hardt, Kirchenorganisation oder Aufstand. Die Christianisierung von Sorben, Elb- und Ostseeslawen in Ottonen- und Salierzeit, in: Kamp/Kroker, Schwertmission (wie Anm. 3), S. 53–66; Wolfgang H. Fritze, Der slawische Aufstand von 983 – Eine Schicksalswende in der Geschichte Mitteleuropas, in: Eckart Henning/Werner Vogel (Hg.), Festschrift der Landesgeschichtlichen Vereinigung für die Mark Brandenburg zu ihrem hundertjährigen Bestehen, Berlin 1984, S. 9–55.

38 Keller/Althoff, Zeit der späten Karolinger und der Ottonen (wie Anm. 37), S. 273–279.

39 Urkunden Ottos III., in: Die Urkunden Ottos II. und Ottos III., bearb. von Theodor Sickel, Hannover 1893, S. 393–877, hier: 595f., Nr. 186 vom 6. Dezember 995 (Monumenta Germaniae Historica, Die Urkunden der deutschen Könige und Kaiser, 2); Keller/Althoff, Zeit der späten Karolinger und der Ottonen (wie Anm. 37),

die im Jahre 1000 in der Erhebung Gnesens zum Erzbistum gipfelte.[40] Magdeburg war nicht mehr länger (allein) führend in der Slawenmission, sondern hatte empfindlich an Einfluss verloren. Der wenig glückliche Versuch, den bisherigen Merseburger Bischof Giselher im Widerspruch zu den kirchenrechtlichen Bestimmungen als Erzbischof nach Magdeburg zu transferieren, tat ein Übriges. Er minderte die Möglichkeiten des Erzbistums, die Situation zu seinen Gunsten zu verändern, zudem brachte er in Form jahrelanger Streitigkeiten mit dem Papst ganz erhebliche Belastungen für die Magdeburger Kirche mit sich.[41]

Die Herrscheraufenthalte in der Stadt, die unter Otto I. an der Spitze des königlichen Itinerars gestanden hatte, gingen bereits unter Otto II. und Otto III. merklich zurück. Die Aufmerksamkeit des letzteren galt Aachen und noch mehr Rom und Italien.[42] Mit dem „bayerischen" Ottonen Heinrich II. (1002–1024) verlagerte sich der Herrschaftsschwerpunkt des Königtums endgültig Richtung Süden bzw.

    S. 296f. Zur Diskussion um die Echtheit bzw. die Umsetzung der Urkunde: Jürgen Petersohn, König Otto III. und die Slawen an Ostsee, Oder und Elbe um das Jahr 995, in: Frühmittelalterliche Studien 37 (2003), S. 99–139, hier: 113f. Nach Thomas Ludwig handelt es sich um einen nicht vollzogenen Entwurf, der eher die Ansprüche Meißens manifestiert: Thomas Ludwig, Die Urkunden der Bischöfe von Meißen. Diplomatische Untersuchungen zum 10.–13. Jahrhundert, Köln/Weimar/Wien 2008, S. 253f. (Archiv für Diplomatik, Beiheft, 10). Vgl. auch die Einschätzung durch: Walter Schlesinger, Kirchengeschichte Sachsens im Mittelalter, 2. Aufl., Köln/Wien 1983, S. 71–73 (Mitteldeutsche Forschungen, 27). Das 1962 erstmals erschienene, auf einem in den späten 1940er-Jahren verfassten Manuskript beruhende Werk ist in Stil, Gedankenführung und Wertungen noch ganz der Zeit des Nationalsozialismus verpflichtet.

40 Keller/Althoff, Zeit der späten Karolinger und der Ottonen (wie Anm. 37), S. 299f. (mit weiterer Literatur).

41 Die Hintergründe des Vorgangs sind bis heute nicht zur Gänze geklärt. Der von Thietmar Giselher gegenüber erhobene Vorwurf des Ehrgeizes dürfte zu einem Großteil Zutat des Verfassers sein. Vgl. dazu: Gerd Althoff, Magdeburg – Halberstadt – Merseburg, in: ders., Herrschaftsrepräsentation im ottonischen Sachsen, Sigmaringen 1998, S. 267–293 (Vorträge und Forschungen, 46); Ernst-Dieter Hehl, Der widerspenstige Bischof. Bischöfliche Zustimmung und bischöflicher Protest in der ottonischen Reichskirche, in: Althoff, Herrschaftsrepräsentation (wie Anm. 41), S. 295–344; ders., Merseburg – Eine Bistumsgründung unter Vorbehalt. Gelübde, Kirchenrecht und politischer Spielraum im 10. Jahrhundert, in: Frühmittelalterliche Studien 31 (1997), S. 96–119; ders., Herrscher, Kirche und Kirchenrecht im spätottonischen Reich, in: Bernd Schneidmüller/Stefan Weinfurter (Hg.), Otto III. – Heinrich II. Eine Wende?, Sigmaringen 1997, S. 169–203 (Mittelalter-Forschungen, 1). Vgl. dazu demnächst: Michael Belitz, Der Weg zur Wiedererrichtung des Bistums Merseburg – mit Thietmars Augen gesehen, in: Michael Belitz/Stephan Freund/Pierre Fütterer/Alena Reeb (Hg.): Eine vergessene Pfalz – Helfta und der Süden Sachsen-Anhalts im Früh- und Hochmittelalter, Regensburg 2020 (Palatium. Studien zur Pfalzenforschung in Sachsen-Anhalt 6).

42 Knut Görich, Otto III. Romanus Saxonicus et Italicus, Sigmaringen 1983 (Historische Forschungen, 18).

Osten[43] – Merseburg wurde nun zum häufigsten Aufenthaltsort in Ostsachsen,[44] Bamberg im Süden. Zwar hatte Heinrich II. 1004 seinen Regensburger Vertrauten Tagino (1004–1012) zum neuen Magdeburger Erzbischof bestimmt, doch die konfliktreiche Polenpolitik des neuen Königs beeinträchtigte auch Magdeburgs Stellung.[45] Erzbischof Gero (1012–1022)[46] musste den endgültigen Verzicht Magdeburgs auf Posen, nunmehr Suffraganbistum Gnesens, hinnehmen.

War bereits die Königsherrschaft Heinrichs II. eine für Magdeburg schwierige Zeit, so veränderten sich die Dinge unter Erzbischof Hunfried (1023–1051),[47] in dessen Amtszeit es 1024 zum Übergang der Königsherrschaft an die im Südwesten des Reiches beheimateten Salier kam, nicht zum Besseren.[48] Die Pfalz Goslar avancierte zum bevorzugten salischen Aufenthaltsort in Sachsen, Magdeburg hingegen trat im königlichen Itinerar zurück. Unter Konrad II. (1024–1039) sind nur noch fünf Aufenthalte bezeugt, unter Heinrich III. (1039–1056) kein einziger![49] Damit einher ging eine deutliche Abnahme der königlichen Schenkungen zugunsten des Erzbistums seit 1012. Erzbischof Hunfried hatte überdies Gebietsverluste an Halberstadt hinzunehmen.

Magdeburg war nach einer kurzen Zeitspanne, in der es eine zentrale Stellung innerhalb des ottonisch-deutschen Reichs eingenommen hatte, binnen knapp einer Generation regelrecht marginalisiert worden und hatte einen markanten Besitz- und Ansehensverlust erlitten.[50] Selbst unter Erzbischof Engelhard (1051–1063), der

43 Dazu generell: Stefan Weinfurter, Heinrich II. Herrscher am Ende der Zeiten, Darmstadt 2000. Zum durch die Forschung vielfach postulierten Wandel in Sachsen, der mit dem Königtum Heinrichs II. begonnen und sich unter Konrad II. fortgesetzt habe, verfasst Alena Reeb derzeit eine Dissertation.

44 Bernd Schneidmüller, „Eifer für Gott"? Heinrich II. und Merseburg, in: Holger Kunde/Andreas Ranft (Hg.), Zwischen Kathedrale und Welt. 1000 Jahre Domkapitel Merseburg. Aufsätze, Petershof 2005, S. 19–34 (Schriftenreihe der Vereinigten Domstifter zu Merseburg und Naumburg und des Kollegiatstifts Zeitz, 2); Caspar Ehlers, Merseburg als Ort der ostfränkisch-deutschen Könige, in: Kunde/Ranft, Zwischen Kathedrale und Welt (wie Anm. 44), S. 9–18.

45 Weinfurter, Heinrich II. (wie Anm. 43). Zu Heinrichs Polenpolitik: Knut Görich, Eine Wende im Osten. Heinrich II. und Boleslaw Chrobry, in: Schneidmüller/Weinfurter, Otto III. – Heinrich II. (wie Anm. 41), S. 95–157.

46 Claude, Erzbistum (wie Anm. 36), S. 284–301.

47 Ebd., S. 302–313.

48 Dazu generell: Stefan Weinfurter, 1024–1125. Das Jahrhundert der Salier. Kaiser oder Papst, Stuttgart 2004.

49 Eckhard Müller-Mertens/Wolfgang Huschner, Reichsintegration im Spiegel der Herrschaftspraxis Kaiser Konrads II., Weimar 1992, S. 379, 382 (Forschungen zur mittelalterlichen Geschichte, 35); Ernst Müller, Das Itinerar Heinrichs III. (1039 bis 1056). Mit besonderer Berücksichtigung seiner Urkunden, Berlin 1901, S. 25–118 (Historische Studien, 26).

50 Vgl. dazu das Urteil von: Claude, Erzbistum (wie Anm. 36), S. 322: „In der ersten Hälfte des 11. Jahrhunderts vollzog sich die Provinzialisierung des Erzbistums Magdeburg."

zuvor Mitglied der Hofkapelle und Kanoniker im Stift St. Simon und Juda in Goslar war, das sich Heinrichs III. besonderer Gunst erfreute, kam es zu keiner nachhaltigen Verbesserung der Beziehungen zum Königshof.[51]

Ab der zweiten Hälfte des 11. Jahrhunderts überschatteten dann die Auseinandersetzungen zwischen Heinrich IV. und Heinrich V. sowie dem sächsischen Adel das Verhältnis zu den Magdeburger Erzbischöfen.[52] Hinzu traten die durch die Kirchenreform und den daraus resultierenden Streit zwischen König- und Papsttum hervorgerufenen kirchenpolitischen Erschütterungen des Reiches.[53] Räumlich spielten sich diese Konflikte vielfach in der Region um den Harz ab, was zur Folge hatte, dass der König einerseits häufig „nah", andererseits aber Magdeburg und seine Erzbischöfe infolge ihrer Verwicklung in die Konflikte königs„fern" waren, wodurch die Magdeburger Kirche weiter an Einfluss, Gebieten und herrscherlicher Gunst verlor.[54] Heinrich IV. (1056–1105) hielt sich zwar 1064 und 1065, vielleicht auch 1068 hier auf und feierte 1072 in Magdeburg das Pfingstfest, doch während seiner Regierungszeit wurden Stadt und Erzbistum in die schweren Auseinandersetzungen verwickelt, die Sachsen erschütterten. Die Magdeburger Erzbischöfe waren in diese Konflikte involviert und standen mitunter sogar an der Spitze des Widerstands: Erzbischof Werner (1063–1078), der Bruder des Kölner Erzbischofs Anno, zählte zu denjenigen, die 1073 bei der Versammlung der Sachsen in Hötensleben heftige Klagen gegen Heinrich IV. vorgebracht haben sollen. Nach der Wahl Rudolfs von Rheinfelden zum Gegenkönig im Jahre 1077 stand Werner auf dessen Seite und wurde nach der Schlacht von Mellrichstadt im Jahre 1078 sogar auf der Flucht getötet.[55] Sein Nachfolger Hartwig (1079–1102), der wohl mit Unterstützung Papst Gregors VII. in sein Amt gelangt war, zählte zu den entschiedensten Widersachern Heinrichs IV., der die Stadt daraufhin 1085 einnahm. Der Erzbischof

---

51 Ebd., S. 314–322.
52 Dazu und zum Folgenden: Matthias Becher, Die Auseinandersetzung Heinrichs IV. mit den Sachsen. Freiheitskampf oder Adelsrevolte?, in: Jörg Jarnut/Matthias Wemhoff (Hg.), Vom Umbruch zur Erneuerung. Das 11. und beginnende 12. Jahrhundert – Positionen der Forschung, München 2006, S. 357–368 (MittelalterStudien des Instituts zur Interdisziplinären Erforschung des Mittelalters und seines Nachwirkens, 13); ders., Ein Reich in Unordnung. Die Minderjährigkeit Heinrichs IV. und ihre Folgen bis zum Ende des Sachsenaufstands 1075, in: Christoph Stiegemann/Matthias Wemhoff (Hg.), Canossa 1077 – Erschütterung der Welt. Geschichte, Kunst und Kultur am Aufgang der Romanik. Eine Ausstellung im Museum in der Kaiserpfalz, im Erzbischöflichen Diözesanmuseum und in der Städtischen Galerie am Abdinghof zu Paderborn vom 21. Juli – 5. November 2006. Bd. 1: Essays, München 2006, S. 62–69; Stephan Freund, Das Reich im Aufruhr. Der historische Kontext der Schlacht am Welfesholz, in: Verein Schlacht am Welfesholz e. V. (Hg.), 900 Jahre Schlacht am Welfesholz, Teutschenthal 2015, S. 15–29.
53 Stefan Weinfurter, Canossa. Die Entzauberung der Welt, München 2006.
54 Schieffer, Magdeburger Erzbistum (wie Anm. 36), S. 34f.; Claude, Erzbistum (wie Anm. 36), S. 323–416.
55 Ebd., S. 340.

war zuvor geflohen und musste sich später unterwerfen. Auch die Erzbischöfe Adelgot (1107–1119) und Rotger (1119–1124)[56] fungierten – ersterer, nachdem er zuvor durchaus mit Heinrich V. kooperiert hatte – vielfach als Häupter des Aufstands gegen den letzten salischen Herrscher.[57] Eine Wiederannäherung erfolgte erst in nachsalischer Zeit mit dem Königtum Lothars III.

(Kirchen-)politischer Rückschritt auf der einen Seite, innerer, siedlungs- und baugeschichtlicher Fortschritt auf der anderen Seite – so könnte man die Entwicklung Magdeburgs im 11. Jahrhundert charakterisieren. Bereits bis ins späte 10. Jahrhundert hatte sich in Magdeburg eine Kaufmannssiedlung mit Marktrecht etabliert, die vor allem vom Handel per Schiff profitierte. Otto I. hatte schon vorhandene Zoll- und Münzeinkünfte in den Jahren 937 und 942 dem Moritzkloster überlassen.[58] Die Einkünfte aus diesem *mercatus* bestätigte er im Jahre 965 nochmals[59] und überließ dem Moritzkloster damit zugleich seine Verfügungsgewalt über den Markt und dessen Bewohner. 968 gingen diese Rechte an den Erzbischof über, der von da an der Stadtherr war. Zusätzlich erhielt er den Königsbann sowie die *districtio* bzw. die *sententia sive regula disciplinae*, also die Rechtssprechung über die hier erstmals genannte Gruppe der *judei vel ceteri ibi manentes negotiatores*, die Juden und die übrigen hier ansässigen Kaufleute.[60] Damit lassen sich der Beginn der bischöflichen Rechtssprechung und zugleich die Ursprünge des Magdeburger Rechts greifen.

Otto II. hat die durch seinen Vater getätigten Maßnahmen im Jahre 973 bestätigt und 979 erweitert.[61] Schon zuvor – am 26. Juni 975 – hatte er den in Magdeburg lebenden Kaufleuten die Befreiung von allen städtischen Abgaben sowie von den Wege-, Brücken- und Flusszöllen gewährt.[62] Diese Gruppe, im Eintrag zum Jahre 1016 wurde sie von Thietmar von Merseburg als *optimi civitatis* genannt,[63] war

---

56 Ebd., S. 323–416.
57 Vergleiche neben der in Anm. 52 genannten Literatur auch: Lutz Fenske, Adelsopposition und kirchliche Reformbewegung im östlichen Sachsen. Entstehung und Wirkung des sächsischen Widerstandes gegen das salische Königtum während des Investiturstreits, Göttingen 1977 (Veröffentlichungen des Max-Planck-Instituts für Geschichte, 47).
58 Urkunden Ottos I. (wie Anm. 31), S. 101f., Nr. 14; 130f., Nr. 46. Dazu: Berent Schwineköper, Königtum und Städte bis zum Ende des Investiturstreites. Die Politik der Ottonen und Salier gegenüber den werdenden Städten im östlichen Sachsen und in Nordthüringen, Sigmaringen 1977, S. 61 (Vorträge und Forschungen, Sonderband 11).
59 Urkunden Ottos I. (wie Anm. 31), S. 416f., Nr. 301.
60 Schwineköper, Königtum und Städte (wie Anm. 58), S. 61.
61 Urkunden Ottos I. (wie Anm. 31), S. 123f., Nr. 38; Urkunden Ottos II., in: Die Urkunden Ottos II. und Ottos III., bearb. von Theodor Sickel, Hannover 1893, S. 10–384, hier: 225, Nr. 198 (Monumenta Germaniae Historica, Die Urkunden der deutschen Könige und Kaiser, 2).
62 *Mercatoribus Magadeburg habitantibus*, ebd., S. 126f. (Nr. 112).
63 Die Chronik des Bischofs Thietmar von Merseburg und ihre Korveier Überarbeitung, bearb. von Robert Holtzmann, Berlin 1935, S. 16f., Buch 1,12 (Monumenta

demnach bereits im späten 10. Jahrhundert rechtlich handlungsfähig. In der Erneuerung des Privilegs von Ottos II. im Jahre 1025 betonte Konrad II. ausdrücklich, dass die „Magdeburger im Reich und in den *barbaricis regionibus* Handel treiben dürften".[64] Dies hat die städtische Entwicklung nachhaltig gefördert, wenngleich dem Handelsplatz Magdeburg im 11. Jahrhundert Orte wie Braunschweig, Halberstadt, Quedlinburg, Halle und Merseburg Konkurrenz machten.[65]

Auch die weitere städtische Entwicklung Magdeburgs ist in Umrissen erkennbar: Ein Stiftsvogt versah im Rahmen der bischöflichen Stadtherrschaft die hohe Gerichtsbarkeit, also auch die Blutgerichtsbarkeit. Diese Stiftsvögte fungierten vermutlich zugleich als Burggrafen und besaßen damit die militärische Befehlsgewalt.[66] Am 5. Februar des Jahres 1100 wird für Magdeburg ein *advocatus secundus eiusdem civitatis* genannt,[67] bei dem es sich wohl um den Niedervogt des Stadtgerichts handelte, der später als Schultheiß bezeichnet wurde. In derselben Urkunde des Jahres 1100 werden auch fünf Zeugen namentlich genannt. Ebenso wie in einer Urkunde des Jahres 1108 sind damit die *cives urbis* zu greifen, die Bürger der Stadt. Neben dem Schultheißen fungierten sie später als Schöffen. Spätestens zu diesem Zeitpunkt existierte in Magdeburg eine städtische Gemeinde mit eigener Niedergerichtsbarkeit, aber in Abhängigkeit vom erzbischöflichen Stadtherrn.[68]

Dieser inneren Entwicklung entspricht auch der siedlungsgeschichtliche Verlauf.[69] Wurden im 8. Jahrhundert auf dem heutigen Domplatz – im Umfeld des späteren Kirchenbaus – zunächst größere Befestigungsgräben angelegt, so verloren diese im 10. Jahrhundert, also etwa zu jener Zeit, als Magdeburg mit Otto I. an Bedeutung gewann, offenbar ihre Funktion. Sie wurden verfüllt und es begann

Germaniae Historica, Scriptores rerum Germanicarum, Nova series, 9).

64 Die Urkunden Konrads II., bearb. von Harry Bresslau, Hannover/Leipzig 1909, S. 25f., Nr. 22 (Monumenta Germaniae Historica, Die Urkunden der deutschen Könige und Kaiser, 4); dazu Schwineköper, Königtum und Städte (wie Anm. 58), S. 64. Eine nochmalige Bestätigung erfolgte im Jahre 1136 durch Lothar von Süpplingenburg; Urkunden Lothars III., in: Die Urkunden Lothars III. und der Kaiserin Richenza, bearb. von Emil von Ottenthal/Hans Hirsch, Berlin 1927, S. 1–342, hier: 143f., Nr. 92 (Monumenta Germaniae Historica, Die Urkunden der deutschen Könige und Kaiser, 8).

65 Schwineköper, Königtum und Städte (wie Anm. 58), S. 65.

66 Ebd., S. 66.

67 Urkundenbuch des Erzstifts Magdeburg. Teil 1: (937–1192), bearb. von Friedrich Israel unter Mitwirkung von Walter Möllenberg, Magdeburg 1937, S. 236, Nr. 175 (Geschichtsquellen der Provinz Sachsen und des Freistaates Anhalt, 18).

68 Bernd Ulrich Hucker, Die stadtsässigen Dienstleute Magdeburgs. Promotoren der Stadtfreiheit im 12. und 13. Jahrhundert, in: Matthias Puhle/Peter Petsch (Hg.), Magdeburg. Die Geschichte der Stadt 805–2005, Dössel 2005, S. 85–95.

69 Dazu zuletzt: Brigitta Kunz, Siedlungsentwicklung im Umfeld des Domes. Magdeburg im 8.–14. Jahrhundert, Halle an der Saale 2017 (Veröffentlichungen des Landesamtes für Denkmalpflege und Archäologie Sachsen-Anhalt – Landesmuseum für Vorgeschichte, 71).

eine Besiedlung und Erweiterung des Areals in polyzentrischer Form vornehmlich Richtung Westen, so dass sich allmählich präurbane, zunächst vorwiegend aus Grubenhäusern mit größtenteils gewerblicher Nutzung bestehende Strukturen ausprägten. Vereinzelt wurden auch Zeugnisse für einen bereits früh entwickelten Fernhandel gefunden, was den Aussagen der schriftlichen Überlieferung entspricht. Einer kleinteiligen Bebauung, wie sie für die Zeit von 800 bis ins 11. Jahrhundert hinein charakteristisch war und auch für die Folgezeit als Ausdruck einer zunehmenden Verdichtung zu interpretieren ist, stehen zugleich größere Parzellen gegenüber. Derartige Großgrundstücke – datiert ans Ende des 11. und in den Beginn des 12. Jahrhunderts – finden sich besonders im Bereich der überbauten Befestigungsgräben und werden als Besitz geistlicher Institutionen gedeutet. Hier sind vor allem das Moritzkloster (ab 937) und das Kloster Unserer Lieben Frauen (vermutlich frühes 11. Jahrhundert) zu nennen. Im Westen folgte um 1100 zudem die Gründung des Nikolaistifts. Lage und mögliche Beschaffenheit der ottonischen Pfalz – das ist nicht neu – sind nicht bekannt.[70] Auch die Diskussion über die Kirchenbauten auf dem heutigen Domplatz, wo im 11. Jahrhundert wohl eine Nord- und eine Südkirche standen, errichtet bzw. umgebaut wurden, ist derzeit noch im Gange.[71] Die später berühmte Magdeburger Stadtsilhouette und Sakraltopographie erfuhren jedenfalls in salischer Zeit entscheidende Prägungen. Über die Schriftlichkeit in Magdeburg, über mögliche Schreibschulen und hier entstandene Handschriften lässt sich hingegen nur sehr wenig aussagen,[72] ebenso wie über damals entstande-

---

70 Caspar Ehlers, Vom karolingischen Grenzposten zum Zentralort des Ottonenreiches. Neuere Forschungen zu den frühmittelalterlichen Anfängen Magdeburgs, Magdeburg 2012, S. 14–19, 44–66 (Magdeburger Museumshefte, 24).

71 Rainer Kuhn, Die ottonische Kirche am Magdeburger Domplatz: Baubefunde und stratigraphische Verhältnisse der Grabungsergebnisse 2001–2003, in: Harald Meller (Hg.), Aufgedeckt. Bd. 1: Ein neuer ottonischer Kirchenbau am Magdeburger Domplatz, Halle an der Saale 2005, 9–49 (Archäologie in Sachsen-Anhalt, Sonderband, 3); ders., Die Vorgängerbauten unter dem Magdeburger Dom, in: Harald Meller (Hg.): Aufgedeckt. Bd. 2: Forschungsgrabungen am Magdeburger Dom 2006–2009, Halle an der Saale 2009, S. 31–86 (Archäologie in Sachsen-Anhalt, Sonderband, 13); Rainer Kuhn, Die Kirchen des Magdeburger Domhügels, in: Puhle, Aufbruch in die Gotik (wie Anm. 36), S. 38–53.

72 Den Auftakt zur mittelalterlichen Magdeburger Historiographie bildet die Fortsetzung der Chronik Reginos von Prüm durch Adalbert, den späteren ersten Magdeburger Erzbischof. Die an das 906 abgebrochene Werk Reginos anknüpfende Fortsetzung reicht von 907 bis 967: Reginonis abbatis Prumiensis Chronicon cum continuatione Treverensi, bearb. von Friedrich Kurze, Hannover 1890 (Monumenta Germaniae Historica, Scriptores rerum Germanicarum in usum scholarum separatim editi, 50). Zu Adalbert und seinem Werk: Michael Frase, Friede und Königsherrschaft. Quellenkritik und Interpretationen der *Continuatio Reginonis*, Frankfurt 1990 (Studia irenica, 35). Dem Hochmittelalter zuzurechnen sind auch: Annales Magdeburgenses, in: Annales aevi Suevici. Bd. 1, bearb. von Georg Heinrich Pertz, Berlin 1859, S. 105–196 (Monumenta Germaniae Historica, Scriptores in Folio, 16). Das Werk enthält Nachrichten von 836 bis 1188, beruht aber auf älteren Vorlagen.

ne Ausstattungsgegenstände der Kirchen – Folgen der Zerstörung Magdeburgs im Dreißigjährigen Krieg.

Das 11. und 12. Jahrhundert in Paderborn:
Konsolidierung – Blütezeiten – Verlust an Königsnähe

Die Entwicklung Paderborns war im 9. und 10. Jahrhundert in entgegengesetzter Richtung verlaufen. Der Ort hatte zunächst an Bedeutung verloren, das ausgehende 10. und insbesondere das 11. Jahrhundert gelten dann aber als Phase der Konsolidierung und des Ausbaus. Dank einer nun ungleich günstigeren Überlieferungssituation sind zahlreiche Einzelheiten der Episkopate Rethars (983–1009) und Meinwerks (1009–1036) zu erkennen.[73]

Nicht zuletzt aufgrund der neuen archäologischen Erkenntnisse konnte die Forschung aufzeigen, dass Rethars Beitrag zur Konsolidierung Paderborns weitaus größer war als lange Zeit angenommen und den späteren Wiederaufstieg vorbereitete. So wurde bereits unter Rethar mit einem weitgehenden Um- bzw. Neubau des Baduraddomes begonnen, der nach dem Brand des Jahres 1000 mit leichten Modifizierungen fortgesetzt wurde. Beim Streit um die Nachfolge Ottos III. im Jahre 1002 stand Rethar auf der Seite Heinrichs II., der ihm diese Unterstützung durch eine Reihe von Gunsterweisen in den Folgejahren dankte, vor allem aber dadurch, dass die Krönung seiner Gemahlin Kunigunde am 10. August 1002, dem Festtag des hl. Laurentius, in Paderborn stattfand, wodurch öffentlich kundgetan wurde, dass sich Rethar der königlichen Gunst erfreute. Bereits mit Rethar rückte Paderborn wieder deutlich stärker in den Fokus des Königshofes. Wohl spätestens damals entwickelte sich der Ort allmählich zu einer Bischofsstadt mit (erst später bezeugtem!) Marktrecht und verarbeitendem Gewerbe.

Nachfolger Rethars wurde der vermögende Immedinger Meinwerk (Weihe am 13. März 1009 in Goslar), der am Halberstädter Dom und später in der Domschule

---

Wohl um 1140 entstanden die *Gesta archiepiscoporum Magdeburgensium*. Vgl. dazu: Stephan Freund, Die Gesta archiepiscoporum Magdeburgensium, in: Michael Schilling (Hg.), Literatur in der Stadt. Magdeburg in Mittelalter und Früher Neuzeit, Heidelberg 2012, S. 11–32 (Beihefte zum Euphorion, 70). Zu den *Gesta archiepiscoporum Magdeburgensium* verfasst Michael Belitz derzeit eine Dissertation. Dazu auch: Paul Gerhard Schmidt, Lateinische Literatur Magdeburgs von ottonischer zu staufischer Zeit, in: Ernst Ullmann (Hg.), Der Magdeburger Dom. Ottonische Gründung und staufischer Neubau. Bericht über ein wissenschaftliches Symposion in Magdeburg vom 7.10 bis 11.10. 1986, Leipzig 1989, S. 220–225 (Schiftenreihe der Kommission für Niedersächsische Bau- und Kunstgeschichte, 5). Zuletzt: Stefan Pätzold, Magdeburg, in: Martin Schubert (Hg.), Schreiborte des deutschen Mittelalters. Skriptorien. Werke. Mäzene, Berlin/Boston 2013, S. 329–345.

73 Zur Quellenlage: Balzer, Paderborn im frühen Mittelalter (wie Anm. 4), S. 67. Für das Folgende: ebd., S. 67–108.

in Hildesheim ausgebildet worden war. Bereits unter Otto III. gehörte er der königlichen Hofkapelle an, in dieser Funktion trat er mehrfach für sächsische Urkundenempfänger als Petent und Intervenient auf, dieses Amt bekleidete er auch unter Heinrich II. bis zur Bischofserhebung. Als Bischof von Paderborn gilt Meinwerk als „zweiter Gründer des Bistums".[74] So begann er wohl bald nach Amtsantritt mit der Fortführung des unter Rethar begonnenen Dombaus, zwar in veränderter Konzeption, jedoch mit allergrößtem Prunkaufwand, was in Paderborn vermutlich zu einem deutlichen wirtschaftlichen Aufschwung und dem Zuzug zahlreicher handwerklicher Spezialisten führte. Der weitgehende Neubau der Königspfalz mitsamt der Bartholomäuskapelle geht ebenso auf Meinwerks Initiative zurück wie die Errichtung eines gesonderten Bischofspalasts. Mit all diesen Maßnahmen schuf Meinwerk einen öffentlichen „Raum für die kirchliche und herrscherliche Repräsentation".[75] Hinzuzurechnen sind die Gründung des Benediktinerklosters Abdinghof im Westen des Doms (1015/1016), in dessen Kirche Meinwerk sein Grab finden sollte, und des östlich des Doms gelegenen Kanonikerstifts Busdorf (Weihe des nach dem Vorbild der Grabeskirche in Jerusalem gestalteten Kirchenbaus am 25. Mai 1036), die um zwei weitere (nach Meinwerks Tod nicht ausgeführte) Bauten im Süden und im Norden zu einem regelrechten Kirchenkreuz hätten ergänzt werden sollen.[76] Die Ausstattung der Paderborner Kirchen mit liturgischem Gerät und Handschriften trat hinzu, wahrscheinlich auch Befestigungsmaßnahmen an der Domburg. Nicht zuletzt gelang Meinwerk der Erwerb zahlreicher Besitzungen und Hoheitsrechte für sein Bistum.

Es war eine Win-win-Situation für Paderborn: Der reich begüterte Meinwerk hatte seinem Bischofssitz neuen Glanz verliehen und war dafür zugleich reich entlohnt worden – die Könige kehrten nach Paderborn zurück.[77] Nun wurden hier wieder wichtige Kirchenfeste gefeiert: 1013 das Osterfest, 1015 das Weihnachts-

74 Balzer, Paderborn im frühen Mittelalter (wie Anm. 4), S. 82. Zu Meinwerk: ders., Zeugnisse für das Selbstverständnis Bischof Meinwerks von Paderborn, in: Manfred Balzer/Karl Heinrich Krüger/Lutz von Padberg (Hg.), Tradition als historische Kraft. Interdisziplinäre Forschungen zur Geschichte des früheren Mittelalters, Berlin/New York 1982, S. 267–296; Christoph Stiegemann/Martin Kroker (Hg.), Für Königtum und Himmelreich. 1000 Jahre Bischof Meinwerk von Paderborn. Katalog zur Jubiläumsausstellung im Museum in der Kaiserpfalz und im Erzbischöflichen Diözesanmuseum Paderborn 2009/2010, Regensburg 2009.
75 Balzer, Paderborn im frühen Mittelalter (wie Anm. 4), S. 91.
76 Volker Schimpff, Ottonische ‚Stadt'planung. Kirchenkreuz in Paderborn? Doppelkathedrale in Magdeburg?, in: Hans-Jürgen Beier u. a. (Hg.), Finden und Verstehen. Festschrift für Thomas Weber zum sechzigsten Geburtstag, Langenweissbach 2012, S. 303–331 (Beiträge zur Ur- und Frühgeschichte Mitteleuropas, 66).
77 Balzer geht davon aus, dass es durchaus zwischen 958 und 1003 eine Reihe von Königsaufenthalten – auf der Durchreise! – gegeben habe, nicht zuletzt, weil die karolingische Pfalz bis ins späte 10. Jahrhundert hinein intakt gewesen zu sein scheint: Balzer, Paderborn im frühen Mittelalter (wie Anm. 4), S. 102. Diese Einschätzung teile ich durchaus. Meine Formulierung „die Könige kehren zurück" bezieht sich

fest, ebenso 1018 und nochmals 1022. Doch auch in den Jahren dazwischen waren der König und oft auch seine Gemahlin in Paderborn anwesend. Dies war unter Konrad II. (1024–1039) ähnlich: Er weilte Neujahr 1025 in Paderborn, feierte hier 1028 Pfingsten, 1029 und 1030 das Weihnachtsfest (für 1032 war dies geplant), 1035 Ostern und 1036 Christi Himmelfahrt. Die Unterschiede zu den Jahrzehnten zuvor sind mehr als augenfällig. Beinahe überflüssig zu erwähnen, dass Meinwerk zu beiden Herrschern allerengste Kontakte pflegte und sie auf zahlreichen Reisen begleitete.

Mit dem vormaligen Hersfelder Abt Rotho von Paderborn (1036–1051) „kehrten eher wieder ‚normale' Verhältnisse" in Paderborn ein.[78] Ebenfalls mehrfach im königlichen Umfeld bezeugt, scheint sich Rotho in erster Linie um den inneren Ausbau seines Bistums und um dessen geistiges Leben gekümmert zu haben, insbesondere scheint er die Paderborner Domschule gefördert zu haben, deren Blütezeit danach einsetzte.[79] Noch immer, aber seltener als in der Zeit Meinwerks, begingen die salischen Herrscher hier kirchliche Feste: 1043 und 1051 feierte Heinrich III. hier Pfingsten, 1056 Ostern. Damals war bereits Imad Bischof von Paderborn (1051–1076). In Imads Amtszeit fällt ein Brand des Paderborner Domes im Jahre 1058 und dessen Neubau innerhalb von nur zehn Jahren (erneute Weihe 1068).[80] Dessen gewaltige Dimensionen – eines der größten Bauwerke der damaligen Zeit – verdeutlichen neben der kurzen Bauzeit die wirtschaftliche Leistungsfähigkeit des Bistums, ebenso wie die unmittelbar nach Amtsantritt in Auftrag gegebene und dem Paderborner Dom gestiftete Imad-Madonna.[81] In seine Amtszeit fällt aber vor allem der Beginn der schweren Auseinandersetzungen zwischen Heinrich IV. und weiten Teilen des sächsischen Adels. Der Rückgang königlicher Aufenthalte in Paderborn, der bereits für die Zeit Imads zu konstatieren ist, setzte sich dann unter Poppo (1076–1083) und insbesondere unter den jahrelang um den Paderborner Bischofsstuhl rivalisierenden Heinrich I. von Assel (1083–1090; von 1102–1107 Erzbischof

---

    ausschließlich auf die nunmehr wiedereinsetzenden Aufenthalte, die mit der Feier wichtiger Kirchenfeste oder größeren Versammlungen einhergingen.

78 Balzer, Paderborn im frühen Mittelalter (wie Anm. 4), S. 114. Zu Rotho generell: ebd., S. 109–114 (auch für die folgenden Ausführungen).

79 Hartmut Hoffmann, Die Paderborner Schreibschule im 11. Jahrhundert, in: Stiegemann/Wemhoff, Canossa 1077 (wie Anm. 52), S. 449–464.

80 Zum Vergleich des Imad-Baus mit anderen Kirchenbauten der Zeit: Uwe Lobbedey, Der Dombau des Paderborner Bischofs Imad (1051–1076), in: ebd., S. 371–381.

81 Klaus Endemann, Das Kultbild des Bischofs – Zur Imad-Madonna des Paderborner Doms, in: Westfalen. Hefte für Geschichte, Kunst und Volkskunde 87 (2009), S. 121–148; Manuela Beer, Ottonische und frühsalische Monumentalskulptur. Entwicklung, Gestalt und Funktion von Holzbildwerken des 10. und frühen 11. Jahrhunderts, in: Klaus Gereon Beuckers/Johannes Cramer/Michael Imhof (Hg.), Die Ottonen. Kunst. Architektur. Geschichte, Petersberg 2002, S. 129–152. Zur Kunstproduktion unter Bischof Imad: Stiegemann/Wemhoff, Canossa 1077 (wie Anm. 52), Bd. 2: Katalog, S. 317–342.

von Magdeburg!) und Heinrich II. von Werl (1084–1127) fort.[82] Der Rückgang hatte unterschiedliche Ursachen: Die Paderborner Bischöfe standen wiederholte Male auf Seiten der königlichen Opposition, ferner lag Paderborn im Einflussbereich Ottos von Northeim, des wichtigsten Gegenspielers Heinrichs IV.[83] und nicht zuletzt wurde die Konzentration des Königtums infolge der Konflikte auf die Harzregion gelenkt, wodurch Westfalen zum „Nebenland" wurde.[84] Königsaufenthalte in Paderborn sind in der Zeit Heinrichs IV. und Heinrichs V. jedenfalls nur noch für 1062 und 1107 bezeugt.[85]

---

[82] Zu den beiden Heinrichen: Matthias Becher, Zwischen Reichspolitik und regionaler Orientierung. Paderborn im Hochmittelalter (1050–1200), in: Göttmann/Hüser/Jarnut, Paderborn. Geschichte der Stadt in ihrer Region (wie Anm. 4), S. 121–196, hier: 128f.; Thomas Vogtherr, Westfälische Bischöfe im Zeitalter des Investiturstreits, in: Stiegemann/Wemhoff, Canossa 1077 (wie Anm. 52), S. 169–174, hier: 170f. Zum unter Heinrich II. geschaffenen Dom-Tragaltar: Michael Peter, Der Paderborner Dom-Tragaltar und die Anfänge der romanischen Goldschmiedekunst in Helmarshausen, in: ebd., S. 483–495.

[83] Becher, Paderborn im Hochmittelalter (wie Anm. 82), S. 126. Er weist zudem darauf hin, dass Heinrichs Interesse vermehrt der Weserregion galt, weil sich von dort aus der Zugang zu Goslar, seinem wichtigsten sächsischen Aufenthaltsort, kontrollieren ließ. Siehe dazu auch die Beiträge von Florian Hartmann und Andreas Bihrer in diesem Band.

[84] Zu den Konflikten generell siehe oben S. 152f. und die in Anm. 52 genannte Literatur. Zur Situation in Paderborn, auf die hier nicht mehr im Detail eingegangen wird: Becher, Paderborn im Hochmittelalter (wie Anm. 82), S. 125–131. Becher verweist auf die Unterschiede im Verhalten der geistlichen Institutionen und Gemeinschaften und betont, dass sich damals das Domkapitel zunehmend als eigenständige Kraft zu profilieren begann. Auch die Paderborner Bischöfe verhielten sich durchaus unterschiedlich. So stand z. B. Imad zu Beginn keineswegs auf Seiten der königlichen Opposition, wohingegen der auf Betreiben des Königs zum Nachfolger erhobene Poppo gleichwohl schon bald auf die Seite der Anhänger Gregors VII. und Rudolfs von Rheinfelden übertrat. Dazu auch: Gabriele Meier, Die Bischöfe von Paderborn und ihr Bistum im Hochmittelalter, Paderborn 1987 (Paderborner Theologische Studien, 17).

[85] Dazu künftig: Manfred Balzer, Artikel Paderborn, in: Die deutschen Königspfalzen. Repertorium der Pfalzen, Königshöfe und übrigen Aufenthaltsorte der Könige im deutschen Reich des Mittelalters, Bd. 6: Nordrhein-Westfalen, Teilbd. 3: Westfalen, hg. v. Manfred Balzer/Peter Johanek/Angelika Lampen, V.1.30 u. V.1.31, Göttingen ca. 2021; Becher führt weitere Königsaufenthalte für die Jahre 1057 (vielleicht an Pfingsten) und 1060 (Gegend um Paderborn) an; Becher, Paderborn im Hochmittelalter (wie Anm. 82). Sie wurden von Balzer aber nicht in die Regesten aufgenommen.

Schluss: Äpfel und Birnen?

Paderborn und Magdeburg, zwei (kirchen-)politische Vororte in Westfalen und Ostfalen im Vergleich – so die seitens der Herausgeber zugedachte Aufgabenstellung. Beide Orte – das sollten die Ausführungen deutlich gemacht haben – standen in keinen direkten Beziehungen zueinander. Weder verbanden sie Rivalitäten wie beispielsweise Paderborn und Dortmund oder Magdeburg und Halberstadt, noch besaßen sie ähnliche Ausgangsvoraussetzungen oder später einander entsprechende kirchenorganisatorische Strukturen. Handelt es sich somit etwa um einen wenig sinnvollen Vergleich zwischen Äpfeln und Birnen? Ich denke nein! Der Vergleich ist gerade deshalb reizvoll, weil er deutlich werden lässt, wie es an zwei Orten, deren strukturell-topographische Voraussetzungen – eine Lage an siedlungsgünstiger Stelle und an wichtigen Verkehrsverbindungen – durchaus ähnlich waren, aufgrund zunächst ganz unterschiedlicher politischer Anfangsbedingungen in Teilen zu Parallelentwicklungen kam, zugleich aber auch markante Unterschiede zutage traten. Für unser Streben danach, das so häufig bemühte früh- und hochmittelalterliche „Sachsen" in seinen räumlich und örtlich doch so unterschiedlichen Genesen zu verstehen und sichtbar werden zu lassen, bringt der Vergleich daher eine ganze Reihe neuer Erkenntnisse. Die wichtigsten seien in aller Kürze nochmals auf den Punkt gebracht.

Die Geschichte beider Orte verlief vielfach in konträr zueinander verlaufenden Wellenbewegungen. Ausgesprochenen Blütezeiten folgten tiefe Täler. Als Blütezeiten Paderborns sind die 770er Jahre bis etwa 815 anzusprechen, als der Ort herausragende Bedeutung innerhalb Sachsens besaß und die fränkisch-karolingischen Herrscher hier große Versammlungen abhielten, auf denen entscheidende Weichenstellungen im Kontext der sächsischen Kriege vorgenommen wurden. Danach wurde es für mehrere Jahrzehnte ruhig und Paderborn trat hinter Dortmund als bevorzugtem königlichen Aufenthaltsort in Westfalen zurück. Mit dem Königtum Heinrichs II. setzte dann ein erneuter Aufschwung ein. Paderborn wurde für einige Jahrzehnte wieder zu einem Zentralort in Sachsen, an dem hohe Kirchenfeste vom königlichen Hof feierlich begangen wurden. Magdeburg führte demgegenüber zunächst ein regelrechtes Schattendasein, bis es von Otto I. mit der Gründung des Moritzklosters 937 und der Etablierung eines Erzbischofssitzes 968 gewissermaßen aus dem Dornröschenschlaf geweckt und für ihn zu einer Art zweitem Aachen wurde. Dem kometenhaften Aufstieg folgte schon bald ein jäher Absturz, als ein slawischer Aufstand weite Teile des erzbischöflichen Sprengels der Magdeburger Kontrolle entzog, Heinrich II. andere Orte in Sachsen und Franken bevorzugte und schließlich die Salier, beginnend mit Konrad II. und vollends unter Heinrich III., Goslar zu ihrer zentralen Anlaufstelle in Ostfalen auserkoren. Eine Paderborn vergleichbare Blüte hat Magdeburg in salischer Zeit nicht mehr erlebt, erst die Zeit Erzbischof Wichmanns (1152/54–1192) könnte man wieder als solche bezeichnen.

Parallelen, mit freilich feinen bis markanten zeitlichen und inhaltlichen Nuancierungen, lassen sich auf anderen Gebieten ausmachen: Beide Orte gewannen kirchenorganisatorische Bedeutung als Sitz eines Bischofs (Paderborn, spätestens ab 822) bzw. Erzbischofs (Magdeburg, 968). In beiden Orten kam es im Untersuchungszeitraum zur Ausprägung einer frühstädtischen und sakralen Topographie. Doch hier sind die Unterschiede deutlich: Während die Paderborner Sakraltopographie der Initiative herausragender bischöflicher Einzelpersönlichkeiten (Meinwerk und Imad) zu verdanken war, auf planvolle Gestaltung zurückzuführen und in ihrer Genese relativ deutlich zu erkennen ist, fehlen derartige überragende Einzelpersönlichkeiten im Magdeburger Fall. Hier ist keine vergleichbare „mäzenatische" Gründungstätigkeit erkennbar, das Wissen um die Bauten der späten Ottonen- und der Salierzeit ist bis heute gering und mit vielen Unwägbarkeiten behaftet. Dies gilt ganz besonders für die innere Ausgestaltung dieser Kirchenbauten, die in Paderborn in Teilen erhalten, in Magdeburg hingegen infolge der Zerstörung im Dreißigjährigen Krieg fast vollständig ausgelöscht ist. Und auch von der Magdeburger Pfalz fehlt bis heute jede Spur, wohingegen die karolingische Pfalz Paderborns und deren weiterer Ausbau in ottonischer und salischer Zeit mittlerweile gut nachzuvollziehen ist. Die frühstädtische (Siedlungs-)Entwicklung ist in beiden Orten nur umrisshaft sichtbar, gewann aber jeweils im späten 10. und im 11. Jahrhundert deutlich an Fahrt, allerdings in unterschiedliche Richtungen. Obwohl beide Orte früh Marktrecht besaßen und mit dem Hellweg bzw. der Elbe an wichtigen Fernverbindungen gelegen waren, scheint das im Inneren Sachsens gelegene Paderborn stärker regional-handwerklich geprägt gewesen zu sein, wohingegen das am östlichen Rand Sachsens befindliche Magdeburg rasch und für lange Zeit zu einem bedeutenden Fernhandelsplatz avancierte und aus seiner Lage an der Elbe, aber auch in der Kommunikationszone zur slawischen Welt in wirtschaftlicher Hinsicht durchaus profitierte.

Zurück zum Anfang! Karl der Große und Otto der Große, die beiden großen Gründergestalten, prägen die Geschichte beider Orte bis heute, doch auch hier mit Gemeinsamkeiten und Unterschieden. Karls Treffen mit Papst Leo III. bot im Jahre 1999 den Anlass zu einer opulenten Ausstellung, deren dreibändiger Katalog ein regelrechtes Standardwerk zu „Kunst und Kultur in der Karolingerzeit" geworden ist, wie der Untertitel der damaligen Schau zurecht verheißen hat.[86] Als *urbs Karoli* wie noch zu Zeiten des Frankenherrschers bezeichnet sich die Stadt gleichwohl nicht. Otto der Große hingegen – 2001 in einer (Europarats-)Ausstellung des Kulturhistorischen Museums „Otto der Große, Magdeburg und Europa" thematisiert, deren Katalog zu einem Standardwerk der Ottonenzeit wurde[87] – prägt das Gesicht seiner Lieblingsstadt bis heute – „Ottostadt Magdeburg" lautet die allenthalben zu lesende Selbstidentifizierung der Landeshauptstadt.

---

86 Wie Anm. 3.
87 Wie Anm. 31. Zur daraus resultierenden Ausstellungstrilogie: Matthias Puhle, Die Magdeburger Ausstellungstrilogie zu Otto dem Großen, in: Gabriele Köster (Hg.), Geschichte und Kulturelles Erbe des Mittelalters. Umgang mit Geschichte in Sachsen-Anhalt und andernorts, Regensburg 2014, S. 79–91 (Schriftenreihe des Zentrums für Mittelalterausstellungen Magdeburg, 1).

Gerd Althoff

Das Kanonissenstift Borghorst im Spiegel seines Necrologs (968–1048)

Das Necrolog als Erweiterung der Quellenlage

Nicht nur die Feierlichkeiten anlässlich der 1050. Wiederkehr der Gründung des Kanonissenstifts Borghorst geben Anlass, Rechenschaft über die historische Bedeutung dieser Einrichtung abzulegen.* Auch das vor nunmehr über 40 Jahren publizierte Totenbuch des Stiftes wirft die Frage auf, inwieweit seine Veröffentlichung und Auswertung die historische Kenntnis der mittelalterlichen Geschichte des nordwestlichen Münsterlandes oder auch die Erforschung der westfälisch-sächsischen Damenstifte verändert hat.[1] Letztere erlebte in den vergangenen Jahrzehnten eine erhebliche Konzentration auf das Stift Essen, dessen Beziehungen zu Borghorst dennoch weitgehend unbekannt blieben.[2]

Mit der Veröffentlichung dieser Quelle, die bis dahin nur wenigen Kennern der Landesgeschichte im damaligen Hauptstaatsarchiv Münster als Handschrift bekannt war (heute Landesarchiv Nordrhein-Westfalen, Abteilung Westfalen, W 005 Manuskripte VII, 1322), wurde einer breiteren Fachwelt die Möglichkeit geboten, den Personenkreis zur Kenntnis zu nehmen, für den der Borghorster Nonnenkon-

---

* Der Beitrag war ursprünglich nicht für den vorliegenden Band vorgesehen, sondern wurde in Borghorst 2018 aus Anlass der 1050. Jahrfeier der Gründung des Stiftes als Vortrag gehalten. Auf Anregung von Frau Kollegin Prof. Dr. Mechthild Black-Veldtrup wurde er geringfügig verändert für diesen Band zur Verfügung gestellt, da dem Stift Borghorst im Westfalen des 10. und 11. Jahrhunderts vor allem aufgrund der Klostergründer und Klosterherren aus dem Adelsgeschlecht der Billunger eine besondere Bedeutung zukommt.

1 Zugrunde liegen diesem Beitrag die Ergebnisse meiner Dissertation: Gerd Althoff, Das Necrolog von Borghorst. Edition und Untersuchung, mit einem Beitrag von Dieter Geuenich, Münster 1978 (Veröffentlichungen der Historischen Kommission für Westfalen 40; Westfälische Gedenkbücher und Nekrologien, 1). Sie werden an einigen Stellen präzisiert.

2 Siehe dazu mehrere Bände eines Arbeitskreises zur Erforschung des Stiftes Essen: Katrinette Bodarwé/Thomas Schilp (Hg.), Herrschaft, Liturgie und Raum – Studien zur mittelalterlichen Geschichte des Frauenstifts Essen, Essen 2002 (Essener Forschungen zum Frauenstift, 1); Günter Berghaus/Thomas Schilp/Michael Schlagheck (Hg.), Herrschaft, Bildung und Gebet, Essen 2000; Jan Gerchow/Thomas Schilp (Hg.), Essen und die sächsischen Frauenstifte im Frühmittelalter, Essen 2003 (Essener Forschungen zum Frauenstift, 2); Martin Hoernes/Hedwig Röckelein (Hg.), Gandersheim und Essen – Vergleichende Untersuchungen zu sächsischen Frauenstiften, Essen 2006; Ute Küppers-Braun, Macht in Frauenhand – 1000 Jahre Herrschaft adeliger Frauen in Essen, Essen 2002.

vent das Gebetsgedenken leistete. Dies bedeutete, Einblick in den Personenkreis nehmen zu können, dem sich die Borghorster Nonnen aufgrund verwandtschaftlicher, freundschaftlicher oder auch herrschaftlicher Bindungen so stark verpflichtet fühlten, dass sie über Jahrhunderte an den jeweiligen Todestagen für diese Personen beteten und auch sozial-karitative Leistungen für sie erbrachten.[3]

Diese religiöse Praxis resultierte aus der Überzeugung, dass es, wie die Bibel bezeugt, „ein guter und heilsamer Gedanke sei, für die Verstorbenen zu beten" (2. Buch der Makkabäer 12, 43–45). Männerklöster wie Frauenstifte waren Einrichtungen, die einen beträchtlichen Teil ihrer Aktivitäten mit diesem Gebetsgedenken verbrachten und dafür von Stiftern und Wohltätern, die ihre eigenen Verpflichtungen auf diesem Gebiet an geistliche Gemeinschaften übertrugen, reich belohnt wurden.[4] Man glaubte, dass diese Gebete und karitativen Leistungen den Verstorbenen unmittelbar zugute kamen und die Last ihrer Sündenstrafen verringerten, die eine Aufnahme in den Himmel verzögerten und die Verweildauer in einem Interim oder Fegefeuer verlängerten.[5]

Solche aufwendigen Leistungen erbrachte man aber nur für Personen, mit denen man „verbrüdert" war – das waren Verwandte und Freunde der Konventsmitglieder, aber auch die Geschlechter der Gründer und Klosterherren. Es ist an verschiedenen Beispielen ersichtlich, dass gerade die Klosterherren ihre eigenen Gebetsverpflichtungen in den von ihnen gegründeten geistlichen Gemeinschaften ableisten ließen. Necrologien wie das Borghorster geben damit also auch einen Einblick in die Beziehungsfelder der Gründer und Klosterherren.[6]

Mit der Edition des Necrologs wurde die Quellenbasis für Borghorst erheblich erweitert, neue Einblicke in die Frühgeschichte des Stiftes wurden ermöglicht. Zuvor hatte man Informationen im Wesentlichen aus drei Kaiserurkunden Ottos I., Ottos II. und Ottos III. gewonnen, von denen die älteste gefälscht ist, die zweite

---

3   Zur Institution des mittelalterlichen Gebetsgedenkens, das in den 1960er- bis 1980er-Jahren an der Universität Münster vor allem im Sonderforschungsbereich 7 im Projekt B „Personen und Gemeinschaften" unter der Leitung von Karl Schmid und Joachim Wollasch erforscht wurde: vgl. die Jahresberichte in den Frühmittelalterlichen Studien ab Bd. 2 (1968); ferner: Karl Schmid/Joachim Wollasch, Societas et fraternitas. Begründung eines kommentierten Quellenwerkes zur Erforschung der Personen und Personengruppen des Mittelalters, in: Frühmittelalterliche Studien 9 (1975), S. 1–48; dies., Memoria. Der geschichtliche Zeugniswert des liturgischen Gedenkens im Mittelalter, München 1984 (Münstersche Mittelalter-Schriften, 48).
4   Arnold Angenendt u. a., Gezählte Frömmigkeit, in: Frühmittelalterliche Studien 29 (1995), S. 1–71.
5   Ders., Geschichte der Religiosität im Mittelalter, Darmstadt 1997, S. 682f.
6   Gerd Althoff, Adels- und Königsfamilien im Spiegel ihrer Memorialüberlieferung. Studien zum Totengedenken der Billunger und Ottonen, München 1984, (Münstersche Mittelalter-Schriften, 47); hier besonders S. 52ff. zum billungischen Gedenken in Lüneburg und S. 156ff. zum ottonischen Gedenken in Quedlinburg

Interpolationen aufweist, und nur die dritte unverdächtig erscheint.[7] Letztere verweist ausdrücklich darauf, dass die Unterstellung des Stiftes unter das Erzbistum Magdeburg – und damit die Exemption vom Bistum Münster – auf Wunsch der Gründerin, der Gräfin Bertha, zustande gekommen war. In kurzen annalistischen Notizen, die einige weitere Daten zu den Borghorster Gründern liefern, wird sie als Schwester des ersten Magdeburger Erzbischofs Adalbert bezeichnet.

Die Gründer wollten das Stift ausdrücklich dem Einfluss ihrer Verwandten vorbehalten. Sie gehörten erkennbar in den Umkreis der Billunger, eines sächsischen Herzogsgeschlechts des 10. und 11. Jahrhunderts, dessen Genealogie erst ab den Brüdern Wichmann (gestorben 944) und Hermann (Billung, gestorben 973) bekannt ist. Wie genau die Borghorster Gründer mit diesen Personen aus dem sächsischen Hochadel und dem engsten Umkreis der ottonischen Königsfamilie verwandt waren, ist auch unter Berücksichtigung des Necrologs nicht sicher. An der Verwandtschaft selbst zu zweifeln ist aber nicht begründet.

Die zentralen Aufgaben der Stifte

Durch die Analyse des Personenkreises, für den in Borghorst seit der Gründung des Stiftes im Jahre 968 gebetet wurde und der um 1270, soweit er noch lesbar war, in das bis heute vorliegende Necrolog übertragen worden ist, wurden Beziehungsfelder des Konvents genauer fassbar, die Einblicke in verschiedene Bereiche seiner Frühgeschichte zwischen 968 und 1048 – als die überregionalen Verbindungen des Stiftes abbrachen – zulassen.[8] Diese Bereiche seien im Folgenden knapp dargestellt, da sie zusammen gesehen einen kohärenten Einblick in die Frühgeschichte des nordwestlichen Münsterlandes im 10. und 11. Jahrhundert geben. Zuvor aber sollen an einigen Beispielen möglichst realitätsnahe Eindrücke vom Alltag und vom Innenleben eines solchen Stifts vermittelt werden, die das Necrolog selbst naturgemäß nur begrenzt geben kann.

An der Spitze der Aufgaben und Beschäftigungen all dieser Stifte standen sicher das Gotteslob und das Gebet der Nonnen: Stundengebete und die Messfeiern mit Gebeten für die Lebenden und Verstorbenen sowie Feiern an den Gräbern der

---

7   Es handelt sich um: Urkunden Ottos I., in: Die Urkunden Konrads I., Heinrichs I. und Ottos I., bearb. von Theodor Sickel, Hannover 1879–1884, S. 80–638, hier: 609–611, Nr. 450 (Monumenta Germaniae Historica, Die Urkunden der deutschen Könige und Kaiser, 1); Urkunden Ottos II., in: Die Urkunden Ottos II. und Ottos III., Hannover 1893, bearb. von Theodor Sickel, S. 10–384, hier: 101f., Nr. 86 (Monumenta Germaniae Historica, Die Urkunden der deutschen Könige und Kaiser, 2); Urkunden Ottos III., in: ebd., S. 393–877, hier: 454–456, Nr. 52.

8   Um 1270 wurden rund 1700 Namen von Personen, die vor allem im 10. und 11. Jahrhundert verstorben waren, in die neue Handschrift übertragen. Hierbei fällt auf, dass für längere Abschnitte im Juni, November und Dezember keine Übertragungen mehr möglich waren, weil die Vorlage in diesen Monaten beschädigt oder zerstört war.

Gründer, Wohltäter und verdienter Mitglieder der Gemeinschaft prägten den Alltag des Konvents.[9] Eine weitere Aufgabe dieser vom Adel gegründeten Stifte war die Erziehung und Bildung der Adelstöchter bis zu ihrer Heirat. Sie lernten unter anderem Lesen, einige sicher auch Schreiben und Latein. Die Nonne Hrotswith von Gandersheim beweist dies als Ausnahmeerscheinung nachdrücklich.[10] Eine Verpflichtung der Konvente war zudem die Aufnahme und Versorgung der Witwen aus dem Umfeld der Gründer und Klosterherren. Wenn die adligen Witwen nicht erneut heirateten, verbrachten sie die Zeit ihrer Witwenschaft zumeist in diesen Stiften. Daher ist davon auszugehen, dass die Mitglieder der Konvente schon aufgrund ihres sehr unterschiedlichen Alters durchaus unterschiedliche Interessen und Voraussetzungen mitbrachten. Ihnen wurde daher auch keine so strikte Abwendung von der Welt abverlangt, wie es bei den Mönchen der Fall war. Sie besaßen teils eigene Häuser und Wohnungen, teils wohl auch Dienerinnen; sie bekamen zudem die Erlaubnis zur Abwesenheit vom Konvent, etwa zum Besuch der eigenen Verwandten. Es ist bezeugt, dass Töchter der ottonischen Familie als Äbtissinnen mehrfach ihre königlichen Verwandten über lange Zeit auf ihren Reisen begleiteten, sogar bis nach Italien.[11] Adliges Bewusstsein, standesgemäßes Leben sowie christliche Frömmigkeit und Demut standen in diesen Konventen also durchaus in einer gewissen Spannung zueinander, was den Kanonissen in der älteren Forschung kein gutes Zeugnis beschert hat: Kanonissenstifte seien nichts anderes als ein „Zugeständnis an die menschliche Schwäche", hat Albert Hauck formuliert und damit wohl ein verbreitetes Urteil in eine prägnante Formulierung gegossen.[12]

---

9   Thomas Schilp, Norm und Wirklichkeit religiöser Frauengemeinschaften im Frühmittelalter, Göttingen 1998 (Veröffentlichungen des Max-Planck-Instituts für Geschichte, 137; Studien zur Germania Sacra, 21); Gerd Althoff, Zum Verhältnis von Norm und Realität in sächsischen Frauenklöstern der Ottonenzeit, in: Frühmittelalterliche Studien 40 (2006), S. 127–144.
10 Katrinette Bodarwé, Sanctimoniales litteratae. Schriftlichkeit und Bildung in den ottonischen Frauenkommunitäten Gandersheim, Essen und Quedlinburg, Münster 2004, S. 303ff. (Quellen und Studien. Institut für Kirchengeschichtliche Forschung des Bistums Essen, 10); Althoff, Norm und Realität (wie Anm. 9), S. 139ff.
11 Gerd Althoff, Gandersheim und Quedlinburg. Ottonische Frauenklöster als Herrschafts- und Überlieferungszentren, in: Frühmittelalterliche Studien 25 (1991), S. 123–144, hier: 132ff.
12 Albert Hauck, Kirchengeschichte Deutschlands, Bd. 2, 8. Aufl., Leipzig 1954, S. 600; dazu auch: Ulrich Andermann, Die unsittlichen und disziplinlosen Kanonissen. Ein Topos und seine Hintergründe, aufgezeigt am Beispiel der sächsischen Frauenklöster (11.–13. Jahrhundert), in: Westfälische Zeitschrift 146 (1996), S. 39–63.

Zwischen adeligen Interessen und klösterlichen Anforderungen – Beispiele

Im Folgenden soll anhand einiger Quellenbeispiele zunächst deutlich gemacht werden, wie sich diese Spannung zwischen adligen Interessen und klösterlichen Anforderungen in den Stiften konkret bemerkbar machte. Die Beispiele müssen aus anderen sächsischen Stiften genommen werden, da sich aus dem Borghorster Konventsleben keine solchen Nachrichten erhalten haben.

Als erstes Beispiel sei eine nur selten bezeugte Praxis des Adels angeführt, sich aus den jungen Nonnen bei einem Besuch im Stift eine Braut zu erwählen, wie es angeblich der spätere König Heinrich I. in Herford getan hat.[13] Nach den unbekannten Autorinnen oder Autoren der Lebensbeschreibungen der Königin Mathilde, seiner späteren Frau, wurde Heinrich von seinem Vater zusammen mit seinem Erzieher nach Herford geschickt, um Mathilde zunächst unerkannt während des Gottesdienstes begutachten zu können. Als ihm gefiel, was er sah, wurde er in Begleitung offiziell bei der Äbtissin vorstellig, die Mathildes Großmutter war, und forderte, dem Mädchen vorgestellt zu werden:

> „Sie suchten die Äbtissin auf und drangen in sie, daß die Jungfrau, um deretwillen sie gekommen seien, ihnen vorgestellt würde. Da trat sie hervor, auf den schneeigen Wangen mit der Flammen Röte übergossen; und als wären glänzende Lilien gemischt mit roten Rosen, solche Farben bot sie auf ihrem Angesicht. Als Heinrich sie erblickte und die Erscheinung frisch empfand, heftete er sein Auge auf die Jungfrau, so sehr von Liebe zu ihr entzündet, daß das Verlöbnis keinen Aufschub erlitt. Mit alleiniger Billigung der Großmutter, die daselbst Äbtissin war, ohne Wissen der übrigen Verwandten, ward sie mit Anbruch des nächsten Tages – nachdem nicht unter Glocken- und Orgelklang, sondern in aller Stille das fürstliche Gefolge sich gesammelt hatte – von dort in allen Ehren nach der Sachsen Heimat geleitet, bis das Hochzeitsmahl, ganz wie es so angesehenen und dereinst königlichen Personen ziemte, in Walehausen gefeiert wurde."[14]

Angesichts dieser Geschichte drängt sich die Frage auf, ob man sich das Berichtete als gängige Praxis vorstellen muss, ja, ob hier nicht sogar ein Brautraub aus dem Stift vorliegt, der in dieser Zeit durchaus mehrfach bezeugt ist und hier nur durch

---

13   Vita Machthildis antiquior, in: Die Lebensbeschreibungen der Königin Mathilde, bearb. von Bernd Schütte, Hannover 1994, S. 107–142, hier: 115f. (Kapitel 2) (Monumenta Germaniae Historica, Scriptores rerum Germanicarum in usum scholarum separatim editi, 66); Vita Mathildis posterior, in: ebd., S. 143–204, hier: 150–153 (Kapitel 3).

14   Vita Mathildis antiquior (wie Anm. 13), S. 115f. (Kapitel 2); Übersetzung nach: Das Leben der Königin Mathilde, übersetzt von Philipp Jaffé, 2. Aufl., Leipzig 1891 (Die Geschichtsschreiber der deutschen Vorzeit, 2. Gesamtausgabe, 31,1). Der Forschung ist schon früh aufgefallen, dass diese Begegnung von Heinrich und Mathilde weitgehend mit wörtlichen Übernahmen der Begegnung Aeneas' mit Lavinia aus Vergils Aeneis gestaltet wurde.

eine verschleiernde Art und Weise der Darstellung beschönigt worden sein könnte.[15] Andererseits wurden Texte wie diese Vita durchaus den jungen Nonnen zur Erbauung vorgelesen, so dass sich auch die Frage anschließt, was solche Geschichten oder Besuche bei den jungen Frauen bewirkten und bewirken sollten.

Dieselbe Mathilde wird in der Zeit ihrer Witwenschaft jedoch in gänzlich anderer Weise beschrieben und gewürdigt, indem etwa Widukind von Corvey, wohl ein Verwandter, ihr Leben in Quedlinburg folgendermaßen preist:

> „Wer vermöchte ihre Hingabe an den göttlichen Dienst würdig zu beschreiben? Jede Nacht erfüllte sie ihre Zelle mit dem Wohlklang himmlischer Lieder von jeglicher Art und Mannigfaltigkeit. Denn sie hatte ganz nah an der Kirche ihre Zelle, in der sie ein wenig zu ruhen pflegte. In ihr erhob sie sich jede Nacht und ging in die Kirche, während Sängerinnen und Sänger innerhalb der Zelle und vor der Tür und auf dem Wege in drei Abteilungen aufgestellt waren, um Gottes Huld zu loben und zu preisen. Sie selbst verharrte in der Kirche in Wachen und Beten und erwartete die Feier der Messe. Darauf machte sie, wo sie von Kranken in der Nachbarschaft hörte, bei diesen Besuch und reichte ihnen, was sie brauchten. Dann öffnete sie ihre Hand den Armen, auch nahm sie Gäste, an denen niemals Mangel war, mit aller Freigiebigkeit auf; niemanden entließ sie ohne ein freundliches Wort und fast keinen ohne ein kleines Geschenk. Und obgleich sie solche Werke demütig Tag und Nacht übte, vergab sie dennoch der königlichen Würde nichts […] und war immer und überall der Klagenden Trösterin."[16]

Aber nicht nur Witwen, sondern auch junge Mädchen aus der ottonischen Familie werden wegen ihres vorbildlichen Verhaltens gepriesen, wie etwa Hathemod, eine Tochter Herzog Liudolfs, die die erste Äbtissin des ottonischen Familienstifts Gandersheim war und in ihrer Vita wie folgt gerühmt wird:

> „Schon von frühester Jugend an hat sie, auf ihre künftige Bestimmung hinweisend, statt kindischen Mutwillens christlichen Ernst bewahrt. Possen und selbst unschuldige Spiele, wie sie diesem Alter eigen sind, hat sie, schon gereiften Geistes in noch zartem Körper, als eitel und zu nichts nützlich verachtet. Gold und kostbaren Schmuck, wonach Kinder als nach etwas Schönem schuldloser Weise trachten, hat sie weder verlangt noch haben wollen. Goldgestickte Gewänder, kostbare Kopfbedeckungen und Binden, Haarkämme und Ohrenringe, Halsketten und anderes Geschmeide, Armbänder und Fingerringe, Gürtel und Riechfläschchen,

15 Ein deutliches Indiz hierfür ist der heimliche und überstürzte Aufbruch am frühen Morgen ohne jede Information der Eltern des Mädchens. Zum Tatbestand des Brautraubs aus dem Stift Quedlinburg in dieser Zeit: vgl. Die Chronik des Bischofs Thietmar von Merseburg und ihre Korveier Überarbeitung, bearb. von Robert Holtzmann, Berlin 1935, S. 179f. (Buch 4,41–42) (Monumenta Germaniae Historica, Scriptores rerum Germanicarum, Nova series, 9).

16 Widukind von Corvey, Die Sachsengeschichte, bearb. von Paul Hirsch/Hans-Eberhard Lohmann, Hannover 1935, S. 150f. (Buch 3, Kapitel 74) (Monumenta Germaniae Historica, Scriptores in usum scholarum separatim editi, 60).

nach deren Besitz und Gebrauch die Eitelkeit der meisten Frauen lüstern ist, und welche ihr, wie es dem Range und dem Vermögen ihrer Eltern entsprach, dargeboten wurden, wies sie zurück. Wenn sie ihr aber wider ihren Willen aufgedrungen wurden, so seufzte sie ängstlich und weinte bitterlich."[17]

Auch diese Geschichte beschreibt wohl nicht einfach ein außergewöhnlich vorbildliches Verhalten, sondern fasst in normativer Absicht alle Dinge zusammen, die das Interesse junger Mädchen weckten, aber tunlichst gemieden oder zumindest nicht übertrieben im Mittelpunkt ihres Interesses stehen sollten. Es ist interessant zu lesen, vor wie vielen Dingen die jungen Mädchen im Stift gewarnt werden mussten. Die Skala denkbarer Schmuckstücke und Luxusgüter scheint weitgehend vollständig.

Wieder eine andere Facette klösterlicher Pädagogik eröffnet sich, wenn man die „christlichen Dramen" Hrotswiths von Gandersheim und ihre Rezeption in den sächsischen Stiftskonventen in die Überlegungen einbezieht. Sie thematisieren die Gefahr sexueller Verführbarkeit und Fehltritte in ganz überraschender, sehr unprüder und vergnüglicher Weise. Eines der Dramen Hrotswiths mit dem Titel „Abraham" führt in sein Thema eingangs wie folgt ein:

„Fall und Bekehrung der Maria, der Nichte des Einsiedlers Abraham, die, nachdem sie zwanzig Jahre lang in der Einsiedelei gelebt, ihrer jungfräulichen Reinheit beraubt wurde und sich in das Weltleben stürzte, ja, nicht davor zurückschreckte, eine Dirne zu werden; aber nach zwei Jahren, von den Ermahnungen des erwähnten Abraham, der sie als Liebhaber verkleidet aufsuchte, zur Rückkehr bewogen, mit reichen Tränenergüssen, ununterbrochenen Fastenübungen, Nachtwachen und Gebeten zwanzig Jahre lang ihre frevlerischen Sünden sühnte."[18]

In diesem Drama ist weniger das reumütige Ende der Geschichte überraschend, sondern die Offenheit und Detailfreude, mit der etwa die entscheidende Szene zwischen dem verkleideten Onkel und der Maria als Dirne geschildert wird, die in einem Nebenraum einer Spelunke ihren Onkel als Freier empfängt. Erst nachdem sie ihm auf einem Bett bereits die Schuhe ausgezogen hat, unterbricht er den bis dahin frivolen Dialog, gibt sich als ihr Onkel zu erkennen und erreicht ihre Bekehrung.

Ein ganz ähnliches Leitthema hat das Drama „Pafnutius", in dem der Titelheld und Einsiedler den Plan fasst, in der Maske eines Liebhabers zu der Prostituierten Thais zu gehen, natürlich nur in der frommen Absicht, sie von ihrem Tun abzubringen. Dieses Vorhaben bespricht Pafnutius vorab mit seinen Schülern:

---

17 Agius von Corvey, Vita Hathemodae, in: Annales, chronica et historiae aevi Carolini et Saxonici, hg. von Georg Heinrich Pertz, Hannover 1841, S. 165–189, hier: 167 (Kapitel 2) (Monumenta Germaniae Historica, Scriptores in Folio, 4).
18 Abraham, in: Hrotsvit, opera omnia, hg. von Walter Berschin, München/Leipzig 2001, S. 195–217, hier: 195 (Bibliotheca Teubneriana); Übersetzung nach: Hrotsvitha von Gandersheim, Werke in deutscher Übertragung, übers. von Helene Homeyer, München u. a. 1973, S. 225ff.

„Pafnutius: Ein schamloses Weib hält sich in unserem Lande auf.
Schüler: Für unsere Bürger gefährlich.
Pafnutius: Sie strahlt in wunderbarer Schönheit, doch schreckt sie ab durch ihre sündige Verworfenheit.
Schüler: Unselig! Wie heißt sie?
Pafnutius: Thais.
Schüler: Die Dirne?
Pafnatius: Ja.
Schüler: Ihr schlechter Ruf ist jedem bekannt.
Pafnutius: Kein Wunder, da sie sich nicht damit begnügt, mit wenigen ihren Untergang zu beschleunigen, sondern weil es ihr glückt, alle, die sie in die Reize ihrer Schönheit verstrickt, mit sich ins Verderben zu ziehen.
Schüler: Beklagenswert.
Pafnutius: Und nicht nur die Toren verschwenden ihre geringe Habe an sie, auch angesehene Männer verschleudern wertvollen Besitz, um sie zu beschenken, nicht ohne Schaden für sich selbst.
Schüler: Uns schaudert beim Hören.
Pafnutius: Scharen von Liebhabern strömen ihr zu.
Schüler: Sie richten sich zugrunde!
Pafnutius: Die Rasenden, in ihres Herzens Blindheit geraten sie um den Vortritt bei ihr in Streit.
Schüler: Ein Übel erzeugt ein zweites.
Pafnutius: Und haben sie erst begonnen die Raufereien, dann schlagen sie mit Fäusten auf Gesicht und Nasen ein und gehen mit Waffen aufeinander los, bis das Blut in Strömen fließt und sich über die Schwelle des Freudenhauses ergießt.
Schüler: Abscheulicher Frevel."[19]

Man darf annehmen, dass die jungen Nonnen diese Texte nicht nur lasen, sondern mit verteilten Rollen deklamierten, und man kann sich unschwer vorstellen, dass sich dies nicht nur in stillem Ernst abspielte.

Diese zugegebenermaßen in unterschiedliche Richtungen extremen Beispiele mögen ausreichen, um einen Eindruck vom Innenleben in diesen Konventen zu vermitteln. Zwar fehlen solche Zeugnisse aus Borghorst, doch hat es hier sicher gleichfalls das Zusammenleben junger Mädchen und Frauen, die in die profane Welt zurückkehrten, mit Nonnen und Witwen gegeben, die ihr Leben im Stift beschlossen. Auch im Borghorster Necrolog wird an vielen Stellen strikt unterschieden zwischen An- und Abwesenden; letztere sollen an den Sondergaben von Bier, Brot und auch Geld nicht beteiligt werden, die Stifterinnen und Stifter für Gebetsleistungen an ihrem Todestag vorgesehen hatten. Aus solchen Bestimmungen kann man für

---

19   Pafnutius, in: Hrotsvith, opera (wie Anm. 18), S. 218–244, hier: 225f.; Übersetzung: Hrotsvitha von Gandersheim, Werke (wie Anm. 18), S. 246.

unseren Zusammenhang daher auch schließen, dass Abwesenheit vom Konvent ein durchaus übliches Phänomen war.[20]

Damit aber kommen wir zu den historischen Feldern, auf denen mithilfe des Necrologs neue Erkenntnisse zur Geschichte des Konvents gewonnen wurden.

Die Borghorster Gründer und ihr Umfeld

Als Borghorster Gründerfamilie werden durch das Necrolog und durch die annalistischen Notizen vor allem drei Personen profiliert.[21] Zunächst ein Graf Bernhard, der lange vor der Gründung des Stiftes am 14. Dezember 935 verstorben war, der im Necrolog zu seinem Todestag dennoch als *fundator* bezeichnet und dessen Erinnerung durch das Anzünden von sieben *lumina cerea* gepflegt wurde. Seine Herkunft und politische Bedeutung blieben bisher unsicher. Die zweite Person ist seine Gattin, die Gräfin Bertha, die als die eigentliche Gründerin des Stiftes anzusehen ist und zu ihrem Todestag am 12. März im Necrolog auch als *fundatrix* bezeichnet wird. An sie wird mit 50 *lumina* erinnert. Zudem wird der Konvent für die Pflege ihrer *memoria* an ihrem Todestag mit besonderen Mählern und anderen Gaben belohnt. Nach den annalistischen Notizen ist sie im Jahre 988 verstorben. Dritte Person der Borghorster Gründerfamilie ist Hathewiga, eine Tochter Berthas und Bernhards, die die erste Äbtissin des Stiftes wurde und am 30. Juli 992 verstarb, wie das Necrolog und die annalistischen Notizen ausweisen. In der Urkunde Kaiser Ottos II. war bestimmt worden, dass die Äbtissinnenwürde im Stift den Nachkommen der Gründerfamilie vorbehalten sein sollte, so lange die Verwandtengruppe hierfür geeignete Personen namhaft machen könne. Der Magdeburger Erzbischof musste allerdings sein Einverständnis zur Wahl geben.

In derselben Urkunde wird eine weitere Tochter der Gründerin Bertha namens Bertheida erwähnt. Wie Otto II. bestimmte, sollte sie das Erbe ihres Vaters Liudbert erhalten. Bertha war also ein zweites Mal verheiratet gewesen und die Tochter aus dieser späteren Ehe hatte sich durch die Übertragung von Berthas gesamtem Besitz an das Stift übervorteilt gefühlt. So gingen also nur die Besitzungen Bernhards an das Stift über.

Dass diese Gründerfamilie zur Verwandtengruppe der hochadeligen sächsischen Billunger gehörte, ist deshalb mehr als wahrscheinlich, weil spätere Angehörige dieses Geschlechts als Vögte von Borghorst bezeugt sind.[22] Das Stift Borghorst war auch nicht die einzige geistliche Einrichtung im westlichen Münsterland, die dem herrschaftlichen Einfluss der Billunger unterstand, in gleicher Weise gilt dies auch

---

20 Siehe die Stiftungen für die nach 1270 eingetragenen Personen, die sehr häufig das Problem der Präsenz thematisieren, in: Althoff, Necrolog (wie Anm. 1), S. 189–211.
21 Siehe zum Folgenden die Nachweise bei Althoff mit den einschlägigen Belegen: Althoff, Necrolog (wie Anm. 1), S. 215–218.
22 Ebd., S. 246ff.

für die Stifte Vreden und Metelen.[23] Das bei adeligen Stiftsgründungen häufig sichtbare Prinzip, die Würde der Äbtissin und das Amt des Vogtes Nachkommen der Gründerfamilie vorzubehalten, wird bei allen drei Einrichtungen deutlich erkennbar.[24]

Dies sind aber nicht die einzigen Indizien, die auf den Charakter Borghorsts als Familienstift der Billunger verweisen. Darüber hinaus finden sich, selbst wenn man die Schwierigkeiten einer sicheren Identifizierung der Personen in einzelnen Fällen berücksichtigt, viele der in Borghorst kommemorierten Personen auch unter den Eintragungen in Necrologien anderer billungischer Familienstifte und -klöster wie St. Michael in Lüneburg, Möllenbeck, Fischbeck und Vreden. Es kann also nicht zweifelhaft sein, dass man sich in Borghorst genauso intensiv dem Gedenken an die Verstorbenen im sozialen Umfeld der Billunger verpflichtet fühlte wie in anderen Einrichtungen dieses Geschlechts.[25] Diese Eintragungen brachen erst dann abrupt ab, als das Stift Borghorst durch Kaiser Heinrich III. mit drastischen Maßnahmen aus dem Einflussbereich des Geschlechts herausgelöst wurde.[26]

Zuvor aber besaßen die Billunger im westlichen Münsterland offensichtlich ein Herrschaftszentrum, von dem die Quellen nur noch die geistlichen Einrichtungen sichtbar werden lassen, das aber bereits im 9. und frühen 10. Jahrhundert existiert haben muss, wie die Gründungen von Vreden und Metelen nachweisen. Vreden war bekanntlich eine Gründung der Nachfahren des Sachsenherzogs Widukind, was die späteren Billunger als deren Erben im Münsterland erscheinen lässt. Die schon lange als auffällig eingestufte Bemerkung Thietmars von Merseburg, dass der im Jahre 1016 getötete Billunger Graf Wichmann III., der auch Vogt von Borghorst war, in Vreden *ad patres suos* begraben worden sei, erhält hierdurch ein noch größeres Gewicht.[27]

---

23 Zu dem vor allem durch die drei Stiftsgründungen fassbaren herrschaftlichen Schwerpunkt der Billunger im westlichen Münsterland: vgl. Hans Jürgen Freytag, Die Herrschaft der Billunger in Sachsen, Göttingen 1951 (Veröffentlichungen der Historischen Kommission für Niedersachsen und Bremen, 2; Studien und Vorarbeiten zum Historischen Atlas Niedersachsens, 20); Ruth Bork, Die Billunger mit Beiträgen zur Geschichte des deutsch-wendischen Grenzraumes im 10. und 11. Jahrhundert, Greifswald 1951; neuerdings: Hans-Werner Goetz, Das Herzogtum der Billunger – Ein sächsischer Sonderweg?, in: Niedersächsisches Jahrbuch für Landesgeschichte 66 (1994), S. 167–197; Nathalie Kruppa, Die Billunger und ihre Klöster, in: Concilium Medii Aevi 16 (2009), S. 1–41.

24 Siehe dazu mit einem Überblick über den Forschungsstand: Irene Crusius (Hg.), Studien zum Kanonissenstift, Göttingen 2001, S. 12ff (Veröffentlichungen des Max-Planck-Instituts für Geschichte, 167; Studien zur Germania Sacra, 24); Althoff, Adels- und Königsfamilien (wie Anm. 6), S. 23ff. (mit Beispielen für das genannte Prinzip).

25 Dokumentation der Überschneidungen der in Borghorst kommemorierten Personen mit denen anderer billungischer Stifte: Althoff, Necrolog (wie Anm. 1), S. 255–265.

26 Siehe dazu unten den Abschnitt über das Borghorster Stiftskreuz.

27 Thietmar von Merseburg, Chronik (wie Anm. 15), S. 456f. (Buch 7, Kapitel 48).

Vor diesem Hintergrund würde ich inzwischen auch die Person des Borghorster Gründers Bernhard bestimmter zuordnen, als ich dies in meiner Dissertation getan habe, in der bestimmte Zusammenhänge zwar angesprochen wurden, ohne ihnen jedoch „zu viel Beweiskraft zuzumessen".[28] Diese Haltung scheint mir heute hyperkritisch und ist zu korrigieren, auch weil einige neue Erkenntnisse Licht auf die Identität Bernhards werfen.

Der Borghorster Graf Bernhard, der am 14. Dezember des Jahres 935 verstarb, lässt sich deutlich sicherer in den Kontext der Billunger einordnen und in seiner politischen Stellung erkennen. Inzwischen ist eine deutliche Veränderung dadurch eingetreten, dass man im Merseburger Necrolog die Gedenktradition der ottonischen Königsfamilie erkannt hat, die zunächst im Stift Quedlinburg aufgezeichnet und bewahrt worden war, dann jedoch im Jahre 1017 durch eine Stiftung Kaiser Heinrichs II. nach Merseburg übertragen und ins dortige Necrolog übernommen wurde.[29] In dieser Ergänzungsschicht taucht auch der Borghorster *Bernhardus comes* zum 14. Dezember auf.

Damit ist gesichert, dass der Graf Bernhard von Borghorst Ende 935 ins Totengedenken der ottonischen Familie aufgenommen wurde. Man darf und muss ihn daher im Umkreis der sächsischen Vertrauten König Heinrichs I. suchen. Ein Jahr später, 936, entstand aber durch eine Entscheidung des neuen Königs, Ottos I., ein tiefer Zwist im sächsischen Hochadel, der vor allem die Verwandtengruppe der Billunger in zwei feindliche Zweige auseinanderriss.[30] Otto hatte nämlich das Amt des Heerführers an der sächsischen Ostgrenze zu den heidnischen Slawen neu zu besetzen. Er entschied sich hierbei für Hermann Billung, was dessen älteren Bruder, Wichmann, so verärgerte, dass er sich aus dem Heer des Königs entfernte und einer *coniuratio* anschloss, die sich gegen den König verschworen hatte. Die Entscheidung des jungen Königs hatte lang andauernde Konsequenzen und machte die folgende Generation des Wichmann-Zweiges der Billunger zu den klassischen Rebellen des 10. Jahrhunderts, die ihre Ansprüche gewaltsam gegen Hermann Billung wie gegen den König durchzusetzen versuchten. Widukind von Corvey hat dem

---

28   Althoff, Necrolog (wie Anm. 1), S. 265.
29   Ders., Adels- und Königsfamilien (wie Anm. 6), S. 189–195.
30   Siehe dazu die Hinweise von Hans Jürgen Warnecke, der bereits betonte, dass der 935 gestorbene Graf Bernhard derjenige gewesen sei, dessen Amt als Befehlshaber an der Slawengrenze 936 neu besetzt werden musste. Hans Jürgen Warnecke, Studien zur frühen Geschichte von Borghorst, in: 1000 Jahre Borghorst 968–1968. Hg. von der Stadt Borghorst im Jahre der 1000. Wiederkehr der Gründung des Stiftes Borghorst 1968, Münster 1968, S. 21–34. Siehe dazu auch: Matthias Becher, Dux und Gens. Untersuchungen zur Entstehung des sächsischen Herzogtums im 9. und 10. Jahrhundert, Husum 1996, S. 252–254 (Historische Studien, 444); zuletzt: Hagen Keller/Gerd Althoff, Die Zeit der späten Karolinger und Ottonen. Krisen und Konsolidierung 888–1024, 10. Aufl., Stuttgart 2008, S. 157f. (Gebhardt Handbuch der Deutschen Geschichte, 3).

Schicksal vor allem des Rebellen Wichmann II. (gestorben 967) rund 20 einfühlsame Kapitel seiner Sachsengeschichte gewidmet.[31]

In der Tat war die Bevorzugung eines jüngeren Bruders vor dem älteren eine sehr ungewöhnliche Entscheidung des Königs, weil sie die Hierarchie und Struktur einer Adelssippe durcheinanderbrachte. Otto hat dies wenig später noch ein zweites Mal in gleicher Weise versucht, als er den Markgrafen Gero ähnlich bevorzugte wie Hermann Billung. Wieder erntete er massive Opposition.[32]

Bis Ende 935 hatte ein Graf Bernhard die Position des Befehlshabers an der Slawengrenze innegehabt. Es spricht sehr viel dafür, dass dies der Borghorster Graf Bernhard gewesen ist, der ja im Dezember 935 verstorben war, was 936 eine Neubesetzung des Amtes nötig gemacht hätte. Damit erklärt sich sowohl der Anspruch Wichmanns auf das Amt als auch die Tatsache, dass König Otto mit Hermann Billung einen Verwandten des vorherigen Inhabers dieses Amtes auswählte. Er trug so dem Anspruch der billungischen Verwandtengruppe Rechnung, das Amt in ihren Reihen zu behalten, wählte sich aber nicht denjenigen aus, der aus Gründen des Alters den größten Anspruch zu haben glaubte, sondern dessen jüngeren Bruder. Wie sehr dies bestehende Gewohnheiten verletzte, zeigen die Reaktionen.

Wenn der Borghorster Graf Bernhard aber vor 936 der Befehlshaber an der Slawengrenze gewesen war, dann war er auch der strahlende Sieger in der Schlacht bei Lenzen, in der im Jahre 929 ein sächsisches Heer unter dem „Legaten" Bernhard die Slawen vernichtend geschlagen hatte.[33] Widukind von Corvey berichtet über diese Schlacht in großer Ausführlichkeit und betont dabei mehrfach die herausragende Rolle des Legaten Bernhard, wie er ihn nennt, der in der ersten Reihe auftrat, seine Krieger anfeuerte und auch alle taktischen Schritte befahl, sodass der Ruhm des Sieges in erster Linie ihm gebührte:

> *Igitur legatus cum collega et aliis principibus Saxoniam victores reversi honorifice a rege sunt suscepti satisque laudati, qui parvis copiis divina favente clementia magnificam perpetraverint victoriam. Nam fuere qui dicerent barbarorum ducenti milia caesa. Captivi omnes postera die, ut promissum habebant, obtruncati.*

> „Als nun der *legatus* mit seinem *collega* und den übrigen Befehlshabern als Sieger nach Sachsen zurückkehrte, wurden sie vom Könige ehrenvoll empfangen und genügend belobt, dass sie mit geringen Streitkräften durch Gottes Huld und Gnade einen herrlichen Sieg errungen hätten. Denn manche erzählten, von den Barbaren seien zweihunderttausend Mann getötet worden. Die Gefangenen wurden am anderen Tage, wie man ihnen verheißen hatte, alle geköpft."[34]

---

31 Widukind von Corvey, Sachsengeschichte (wie Anm. 16), S. 129–148 (Buch 3, Kapitel 50–70).
32 Keller/Althoff, Zeit der späten Karolinger (wie Anm. 30), S. 159f.
33 Widukind von Corvey, Sachsengeschichte (wie Anm. 16), 51–54 (Buch 1, Kapitel 36).
34 Ebd., S. 54 (Buch 1, Kapitel 36):

Der Sieg in dieser Schlacht, fährt Widukind wenig später fort, gab König Heinrich die Zuversicht, nun auch den Kampf gegen die Ungarn zu wagen, und er schloss zu diesem Zweck ein *pactum* mit dem *populus*, gemeinsam das wilde Volk der Ungarn zu bekämpfen.[35]

Der Sieg von Lenzen und die außergewöhnliche Aufmerksamkeit, die Widukind dem Legaten Bernhard zukommen lässt, bedeutet wohl auch, dass dieser Bernhard zur engsten Führungsschicht um Heinrich I. gehört haben muss. In seiner Person dürfen wir daher den führenden Vertreter der Billunger in den ersten Jahrzehnten des 10. Jahrhunderts sehen, in einem Zeitraum also, in dem die Forschung bisher keine gesicherten Erkenntnisse über das Geschlecht der Billunger erarbeiten konnte. Wie Bernhard mit der bekannten Generation der billungischen Brüder Wichmann, Hermann und Amalung, dem Bischof von Verden, verwandt war, können wir nicht sicher bestimmen. Da der älteste Vertreter der wohl nächsten Generation dieser Sippe, Wichmann, mit einer Schwester der Königin Mathilde verheiratet war, während Mathilde wiederum von Widukind von Corvey als Nachfahrin des Sachsenherzogs Widukind gerühmt wird, deutet alles darauf hin, dass diese frühen Billunger zum Kreis der Nachfahren Widukinds gehörten und spätestens im 10. Jahrhundert enge Beziehungen zu den Ottonen knüpften.

Die Stiftsgründung in Borghorst wurde demnach also von einer Familie ins Werk gesetzt, die seit langem zum höchsten und einflussreichsten Adel in Sachsen gehörte, die wegen des offensichtlichen Fehlens eines männlichen Erben auf ihrem Erbgut ein Damenstift gründete, das sie weiterhin dem Einfluss ihrer Verwandtengruppe vorbehielt, wie die Besetzungen der Vogtei und des Amtes der Äbtissin bezeugen. Der Tod Bernhards „von Borghorst" und die außergewöhnliche Neubesetzung seiner Nachfolge als militärischer Befehlshaber an der Slawengrenze mit Hermann Billung hat dann jenen Zweig der Billunger, die ihren Mittelpunkt im Münsterland hatten, in eine langdauernde Opposition gegen die ottonischen Könige getrieben und ihr Verhältnis zu den Königen empfindlich getrübt. Die Söhne des älteren Wichmann, Wichmann II. und Egbert „der Einäugige", schlossen sich der Opposition gegen König Otto I. an, indem sie einer *coniuratio* des Königssohnes Liudolf beitraten. Wichmann II. starb 967 im Gebiet der Elbslawen, wo er Ottos Freund, den Polenherrscher Mieszko bekämpft hatte. Sein Bruder Egbert schloss sich noch den Verschwörungen Heinrichs des Zänkers gegen Otto II. an und wurde mit diesem ins Exil zum Bischof von Utrecht geschickt.

Diese Distanz der Billunger zu den Herrschern blieb in der Zeit Heinrichs II. und der Salier bestehen, wurde nun aber von den billungischen Herzögen selbst getragen, als neue Ursachen das gesamte Geschlecht in Opposition zu den regierenden Königen brachten.[36] Bevor dies genauer behandelt wird, ist die frühe Verbindung der Klostergründer zu den Ottonen zunächst noch aus einer zweiten Per-

---

35   Ebd., S. 55–57 (Buch 1, Kapitel 38).
36   Siehe dazu unten den Abschnitt über das Borghorster Stiftskreuz.

spektive darzustellen: der Besiedlung Borghorsts mit Nonnen aus dem ottonischen Stift Essen.

Die Besiedlung der Neugründung mit Nonnen aus Essen

Das Borghorster Necrolog erlaubt es, den Gründungsvorgang in einer weiteren Hinsicht zu rekonstruieren. Im Necrolog werden nämlich eine ganze Reihe von Personen aufgeführt, die bereits vor der Gründung des Stiftes verstorben waren. Natürlich könnten sie aus Vorstufen des familiären Gedenkens der Gründerfamilie stammen, doch ist ihre Größenordnung beachtlich. Bei einer näheren Analyse wurde zudem klar, dass diese Namen vielfach Bezüge zum Stift Essen aufweisen. Die einzige Person aus dem 9. Jahrhundert, die im Borghorster Necrolog identifiziert werden kann, ist der Gründer des Stiftes Essen, Bischof Altfried von Hildesheim. Zudem wird in Borghorst mehrerer Essener Äbtissinnen und Werdener Äbte aus der Zeit vor der Borghorster Gründung gedacht; ebenso auch einer ganzen Reihe von Angehörigen der ottonischen Familie, deren Tod gleichfalls bereits vor der Gründung Borghorsts eingetreten war. Obgleich aus Essen selbst nur ein spätes Necrolog und frühe Kalendare mit wenigen Namen überliefert sind, die sich zum Vergleich anbieten, lässt sich dennoch eine ganze Reihe von Nonnen feststellen, derer an beiden Orten gedacht wurde.

Die schon hierdurch sichtbaren intensiven Kontakte ließen sich durch weitere Untersuchungen aber noch besser verständlich machen. Aus dieser Zeit sind nämlich zwei Essener Konventslisten überliefert, die die Mitglieder des Konvents zu Beginn und in der Mitte des 10. Jahrhunderts namentlich festhalten. Auch wenn für diese Essener Personen nur wenige Todestage bezeugt sind, zeigt die Dichte, mit der deren Namen vor allem zu Beginn der Tageseinträge in Borghorst wiederkehren, dass das Borghorster Gedenken an Personen, die vor der eigenen Gründung bereits verstorben waren, in ganz ungewöhnlicher Weise von Essen geprägt ist. Dies lässt nur einen Schluss zu: Der erste Borghorster Konvent wurde von Nonnen aus Essen gestellt, die Gebetsverpflichtungen von Essen nach Borghorst mitnahmen, wo sie über Jahrhunderte weiter gepflegt wurden.[37]

Das Stift Essen wurde in der Zeit der Borghorster Gründung von Äbtissinnen aus dem ottonischen Königsgeschlecht geleitet; es hatte nach seiner Gründung durch den „Liudgeriden" Bischof Altfried den Charakter eines ottonischen Familienstifts wie Quedlinburg und Gandersheim bekommen.[38] Wann das genau geschah, ist nicht bekannt; es dürfte aber in die Zeit fallen, als Heinrich I. durch seine Heirat mit Mathilde Möglichkeiten zur Einflussnahme im westlichen Sachsen bekommen hatte. Was lag angesichts der engen Beziehungen der billungischen Gründer zur

---

37 Althoff, Necrolog (wie Anm. 1), S. 223–245 (mit der Dokumentation und Analyse dieser Überschneidungen).
38 Hoernes/Röckelein, Gandersheim (wie Anm. 2), S. 30.

Königsfamilie und zur Familie der Königin Mathilde näher, als personelle Anleihen aus einem benachbarten Stift zu nehmen, in dem diese Freunde und Verwandten Herrschaftsrechte ausübten. Das Bewusstsein der Verbundenheit beider Konvente hielt aber nicht sehr lange an, denn für die Zeit nach der Gründung finden sich im Borghorster Necrolog keine intensiven Spuren einer Verbindung nach Essen mehr. Dies könnte wiederum mit den schon geschilderten Konflikten der billungischen Klosterherren mit den Königen des 11. Jahrhunderts zusammenhängen.

Dass die folgenden Generationen der Borghorster Klosterherren aus dem Geschlecht der Billunger in der Tat von dem Bewusstsein geprägt wurden, sich sozusagen auf Augenhöhe mit dem ottonischen Königsgeschlecht zu befinden, verdeutlicht zu Beginn des 11. Jahrhunderts eine knappe Bemerkung Bischof Adalbolds von Utrecht. In seiner Biographie Heinrichs II. weist er darauf hin, dass der billungische Herzog Bernhard I. zu klug gewesen sei, um nach dem erbenlosen Tod Kaiser Ottos III. selbst nach dem Königsthron zu streben. Er habe eingesehen, dass Heinrich II. höhere Ansprüche auf die Königswürde hatte.[39] Immerhin macht Adelbold mit dieser Bewertung klar, dass eine solche Überlegung durchaus nicht völlig abwegig war.

Ob die Billunger den Saliern gleichfalls höhere Ansprüche auf den Thron zubilligten, ist nicht belegt. Immerhin zögerten die Sachsen lange mit der Anerkennung Konrads II., wie sie es schon bei Heinrich II. getan hatten. Mit den Saliern gerieten sie ebenso in Konflikte, wie es sich schon mit Heinrich II. angesichts der Tötung Graf Wichmanns III. angebahnt hatten.[40]

Das Borghorster Stiftskreuz

Den Beziehungen des billungischen Herzogsgeschlechts zu Borghorst und ihren Konflikten mit dem salischen Königtum verdankt wohl das außergewöhnlich kostbare Borghorster Stiftskreuz seine Entstehung, das eine Stiftung Kaiser Heinrichs III. darstellt, wie man aufgrund signifikanter Befunde des Necrologs annehmen darf. Die Stiftung des Kreuzes gehört wohl zu den Sühneleistungen in einem blutigen Konflikt, den Heinrich III. mit den Billungern geführt hatte. Am Ende dieses Konflikts entzog Kaiser Heinrich III. das Frauenstift Borghorst dem billungischen Einfluss, übereignete dem Stift selbst jedoch das kostbare Kreuz, das man

---

39 Vita Heinrici secundi imperatoris auctore Adalboldo, in: Annales, chronica et historiae (wie Anm. 17), S. 679–695, hier 685: *Benno, ut sapiens, non animabatur ad regnum, sciens, Heinricum vigere prae ceteris ad obtinendum.*

40 Siehe dazu: Wolfgang Giese, Der Stamm der Sachsen und das Reich in ottonischer und salischer Zeit. Studien zum Einfluß des Sachsenstammes auf die politische Geschichte des deutschen Reichs im 10. und 11. Jahrhundert und zu ihrer Stellung im Reichsgefüge mit einem Ausblick auf das 12. und 13. Jahrhundert, Wiesbaden 1979, S. 31f., 148f.

Abb. 1: Vorderseite des Borghorster Siftskreuzes, aufgenommen 2011 in der Pfarrkirche St. Nikomedes in Steinfurt-Borghorst. Das Kreuz wurde im Oktober 2013 bei einem spektakulären Raub entwendet. Erst im Februar 2017 konnte der Schatz sichergestellt werden.

Das Kanonissenstift Borghorst im Spiegel seines Necrologs 181

Abb. 2: Rückseite des Borghorster Siftskreuzes. Das Bild lässt die vergleichsweise einfache, beim Raub zerstörte Vitrine erkennen. Eine neue Präsentation mit neuem Sicherungskonzept ist 2020 immer noch in Vorbereitung. (Beide Fotos: Burkhard Beyer)

wohl als eine friedenstiftende Geste der Genugtuung deuten darf, mit der Heinrich vermutlich sein schroffes Verhalten im Konflikt sühnen wollte.

In diesem Konflikt spielte das Gut Lesum in der Gegend von Bremen eine wichtige Rolle, das unter dubiosen Umständen aus dem Besitz der Billungerin Emma in den Kaiser Konrads II. gekommen war, der es seiner Gemahlin Gisela weitergab. Zudem gab es eine verwerfliche, in den Quellen nur dunkel angedeutete Tat einer Billungerin namens Rikwar oder Rikquur, die das Klima zusätzlich vergiftet haben dürfte und die erst in einem Vergleich mit der Bremer Kirche im Jahre 1059 endgültig bereinigt wurde.[41] Die Billungerin wurde durch diesen Vergleich zur Aufgabe ihrer beträchtlichen Besitzungen unter anderem in Stade verpflichtet.[42]

Als jedenfalls Kaiser Heinrich III. zusammen mit dem Bremer Erzbischof Adalbert im Sommer 1047 die Güter in Lesum besuchen wollte, „um die Treue der Herzöge zu erproben"[43], wie Adam von Bremen anmerkt, soll dies den billungischen Grafen Thietmar so erregt haben, dass er den Plan fasste, den Kaiser bei diesem Besuch umzubringen. Nur durch die Wachsamkeit Erzbischof Adalberts soll dies vereitelt worden sein; verraten wurde der Plan von einem Vasallen des Billungers namens Arnold. Kaiser Heinrich III. reagierte ungewöhnlich und hart: Er verurteilte den Billunger trotz des Rangunterschiedes zu einem Zweikampf mit seinem Vasallen. Ein solcher Zweikampf zwischen einem Lehnsherrn und einem Vasallen ist im 10. und 11. Jahrhundert ein Unikum. Der Billunger ging diesen Zweikampf jedoch ein und wurde von seinem Vasallen erschlagen.[44]

---

41   Dazu zuletzt: Dieter Riemer, Die Stiftsdame Rikquur – eine Billungerin? Ein Skandal und seine Sühne im 11. Jahrhundert, in: Jahrbuch der Männer vom Morgenstern 95 (2016), S. 81–108. Ich danke Herrn Riemer herzlich für fruchtbare Diskussionen in dieser und anderen einschlägigen Fragen.

42   Ebd., S. 85f.

43   Adam von Bremen, Hamburgische Kirchengeschichte, bearb. von Bernhard Schmeidler, Leipzig 1917, S. 148, Buch 3,8 (Monumenta Germaniae Historica, Scriptores rerum Germanicarum in usum scholarum separatim editi, 2): *Post haec imperatorem ab Italia revertentem archiepiscopus noster fertur Bremam vocasse, occasione data, qui Lismonam visere deberet vel regem Danorum invitare ad colloquium, sed re vera, ut fidem exploraret ducum*; vgl. dazu zuletzt: Gerd Althoff, Kaiser Heinrich III. und die Sachsen: Konflikte und Konfliktlösungen, in: Jan Habermann (Hg.), Kaiser Heinrich III. Regierung, Reich und Rezeption, Bielefeld 2018, S. 45–55 (Beiträge zur Geschichte der Stadt Goslar, 59).

44   Adam von Bremen, Kirchengeschichte (wie Anm. 43), S. 149 (Buch 3,8): *Cesar inde Lismonam veniens mox, ut aiunt, per insidias a Thietmaro comite circumventus archiepiscopi nostri studio defensus est. Quare idem comes a cesare vocatus in ius, cum se purgare duello mallet, a satellite suo nomine Arnoldo interfectus est*. Neben Adam berichten über den Vorfall noch Lampert von Hersfeld: Lamperti monachi Hersfeldensis Opera. Accedunt Annales Weissenburgenses, bearb. von Oswald Holder-Egger, Hannover/Leipzig 1894, S. 61 (zum Jahr 1048) (Monumenta Germaniae Historica, Scriptores rerum Germanicarum in usum scholarum separatim editi, 38); Annales Altahenses Maiores, hg. von Edmund Freiherr von Oefele, Hannover 1891, S. 45

Was der Sohn des Billungers von dem Verrat des Vasallen und der Rechtmäßigkeit des Zweikampfes hielt, mag man daran ersehen, dass er den Vasallen in seine Gewalt brachte, ihn zwischen zwei Hunden an den Beinen aufhängen ließ und ihn so tötete.[45] Diese ausgesprochene Schmachstrafe veranlasste wiederum Heinrich III., den Sohn ins Exil zu verbannen und seine Güter einzuziehen.

Der erschlagene Graf Thietmar ist der letzte Billunger, dessen im Borghorster Necrolog gedacht wird.[46] Der Kontakt zur sächsischen Herzogsfamilie brach in Borghorst anscheinend abrupt ab. Auf der anderen Seite ist die Beobachtung, dass uns nun aus dem Kreis der Bischöfe, die Kaiser Heinrich III. besonders nahestanden, sehr viele im Borghorster Necrolog begegnen, als starkes Indiz dafür zu werten, dass die Borghorster Beziehungen zu Heinrich III. durchaus eng waren oder wurden. Dies muss nicht unbedingt heißen, dass es ausschließlich positive Beziehungen waren. Da auf dem Kreuz selbst ein Kaiser Heinrich *(heinricus imperator)* in einem Relief abgebildet ist und Engel seine Gabe entgegennehmen, für die anderen Kaiser dieses Namens jedoch keine engeren Beziehungen zu Borghorst erkennbar sind, liegt es nahe, das gütliche Ende des Konflikts, von dem Adam von Bremen spricht,[47] mit der Stiftung des Kreuzes zusammenzubringen.

Nach 1048 sind dann allerdings die Beziehungen des Stiftes sowohl zum hohen sächsischen Adel wie auch zum Königtum wie gekappt. Das Stift wird auf sein engeres regionales Umfeld beschränkt; wir wissen weder für die zweite Hälfte des 11. Jahrhunderts noch für das zwölfte, welche Vögte und Klosterherren an die Stelle der Billunger getreten waren.

Die Zeit des Zusammenwirkens der Borghorster Klosterherren mit dem Königsgeschlecht im 10. sowie ihre Auseinandersetzungen mit den Königen des 11. Jahrhunderts scheint ein abruptes Ende genommen zu haben. Das westliche Münsterland, das mit den Nachfahren Widukinds und den Liudgeriden sowie später mit den Billungern seit der Christianisierung der Sachsen in kirchlichen wie in weltlichen Bereichen eine hervorragende, wenn auch konfliktreiche Rolle spielte, geriet in den Schatten der Geschichte. Die Verengung des Personenkreises, dessen in Borghorst im Gebet gedacht wurde, spiegelt diese Regionalisierung überdeutlich.

(zum Jahr 1048) (Monumenta Germaniae Historica, Scriptores rerum Germanicarum in usum scholarum separatim editi, 4).

45 Adam von Bremen, Kirchengeschichte (wie Anm. 43), S. 149 (Buch 3,8): *Qui* (Arnold) *et ipse non post multos dies a filio Thietmari comprehensus et per tybiam suspensus inter duos canes efflavit, unde et ipse ab imperatore comprehensus et perpetuo est exilio damnatus.*

46 Zum 1. Oktober (1048): Althoff, Necrolog (wie Anm. 1), S. 293.

47 Adam von Bremen, Kirchengeschichte (wie Anm. 43), S. 150 (Buch 3,9): *Metropolitanus autem econtra bonis studiis certans et beneficiis redimens tempus, quoniam dies mali erant, pacem cum ducibus fecit.*

Die Autorinnen und Autoren

Prof. Dr. Gerd Althoff
Geboren 1943 in Hamburg, studierte Geschichte und Germanistik in Münster und Heidelberg, 1974 wurde er mit einer Arbeit über das Necrolog des Klosters Borghorst promoviert. Danach wechselte er als Assistent an die Universität Freiburg im Breisgau, wo er sich 1981 habilitierte. 1986 wurde er auf eine Professur für Mittelalterliche Geschichte an der Universität Münster berufen, ab 1990 hatte er einen Lehrstuhl für Mittelalterliche und Neuere Geschichte an der Universität Gießen inne und war 1991 bis 1995 Mitinitiator und Betreuer des Graduiertenkollegs „Mittelalterliche und Neuzeitliche Staatlichkeit". 1995 übernahm er einen Lehrstuhl für Mittelalterliche und Neuere Geschichte an der Universität Bonn, 1997 folgte er einem Ruf auf einen Lehrstuhl für Mittelalterliche Geschichte an der Universität Münster, hier wurde er 2011 emeritiert und übernahm bis 2018 eine Seniorprofessur. Gastprofessuren führten ihn nach Berkeley, Paris, Moskau, Reykjavik und Oslo. Von 1988 bis 1991 war er Projektleiter des Sonderforschungsbereichs 231 (SFB) „Träger, Felder, Formen pragmatischer Schriftlichkeit im Mittelalter", 1997 bis 2003 Sprecher des SFB „Symbolische Kommunikation und gesellschaftliche Wertesysteme vom Mittelalter bis zur Französischen Revolution", 2007 bis 2011 Sprecher des Exzellenzclusters „Religion und Politik in den Kulturen der Vormoderne und der Moderne". Forschungsschwerpunkte: Funktionsweisen mittelalterlicher Staatlichkeit, Konfliktführung und -beilegung im Mittelalter, Formen und Rahmenbedingungen öffentlicher Kommunikation.

Dr. Burkhard Beyer
Geboren 1968 in Bielefeld, aufgewachsen in Lippstadt, studierte ab 1990 Deutsch und Geschichte an der Universität Bielefeld, nach dem Staatsexamen Wechsel an die Ruhr-Universität Bochum, dort 2002 Promotion mit einer Arbeit zur Technik- und Sozialgeschichte der Firma Friedrich Krupp. Ab 2004 Lektor in einem Buchverlag in Münster, seit 2012 beim Landschaftsverband Westfalen-Lippe tätig als Geschäftsführer der Historischen Kommission für Westfalen. Zahlreiche Veröffentlichungen zur Industrie-, Verkehrs- und Landesgeschichte.

Prof. Dr. Andreas Bihrer
Geboren 1970 in Heilbronn, studierte Geschichte, Deutsch und Politikwissenschaft an der Universität Freiburg i. Br., dort 2003 promoviert mit einer Arbeit über den Konstanzer Bischofshof im Spätmittelalter, 2010 Habilitation über die Beziehungen zwischen England und dem ostfränkisch-deutschen Reich im Frühmittelalter. Vertretungsprofessor für Mittelalterliche Geschichte in Greifswald und Heidelberg, seit 2012 Professor für Geschichte des frühen und hohen Mittelalters sowie für Historische Grundwissenschaften am Historischen Seminar der Christian-Albrechts-

Universität zu Kiel. Er leitete das Promotionskolleg „Intersektionalität interdisziplinär", DFG-Projekte zur früh- und hochmittelalterlichen Hagiographik sowie zu lateinischen Visionsberichten. Bihrer ist Präsident der deutschen Sektion der „International Courtly Literature Society". Seine Forschungsinteressen liegen im Bereich der Kulturtransferforschung, der Kommunikationsgeschichte der Vormoderne sowie der Erforschung der religiösen und höfischen Kultur des Mittelalters und dabei insbesondere der Geschichte von Bischöfen und Heiligen.

Prof. Dr. Caspar Ehlers
Geboren 1964 in Hamburg, studierte Geschichte an den Universitäten Frankfurt am Main und Bonn, dort 1996 Promotion mit einer Arbeit zur Bedeutung Speyers für das Königstum. 1995 bis 2006 wissenschaftlicher Mitarbeiter am Max-Planck-Institut für Geschichte in Göttingen (Pfalzenrepertorium), in dieser Zeit Lehraufträge an den Universitäten Hannover, Göttingen und Würzburg. Habilitation 2005 in Würzburg zur Entstehung der Bistümer nach den Sachsenkriegen. Ehlers ist seit Anfang 2007 wissenschaftlicher Referent am Max-Planck-Institut für europäische Rechtsgeschichte in Frankfurt am Main, 2008/09 Vertretungsprofessur in Düsseldorf. 2012 zum außerplanmäßigen Professor an der Universität Würzburg ernannt. Forschungsschwerpunkte: das mittelalterliche Königtum zwischen Karolinger- und Stauferzeit, „Orte der Herrschaft", Integrationsprozesse im früheren Mittelalter, insbesondere Sachsens und seiner kirchlichen Strukturen ins früh- und hochmittelalterliche Reich.

Prof. Dr. Stephan Freund
Geboren 1963 in Landshut, studierte Geschichte und Germanistik an der Universität Regensburg, dort 1992 Promotion mit einer Arbeit zur Wirkungsgeschichte des Petrus Damiani († 1072). 1992 und 1993 wissenschaftlicher Mitarbeiter an der Universität Regensburg. 1994 bis 2010 Assistent, Oberassistent und Hochschuldozent an der Friedrich-Schiller-Universität Jena, dort 1999 Habilitation mit einer Arbeit zur Integration Bayerns ins Karolingerreich. 2009 Ruf an die Universität Innsbruck (abgelehnt). Seit 2010 Professor für mittelalterliche Geschichte an der Otto-von-Guericke-Universität Magdeburg. Forschungssschwerpunkte: Pfalzenforschung, die Zeit der Ottonen, Kommunikationsgeschichte; Reichs-, Kirchen- und vergleichende Landesgeschichte des frühen und hohen Mittelalters mit Schwerpunkten auf der Geschichte Bayerns und Sachsen-Anhalts.

Prof. Dr. Florian Hartmann
Geboren 1975 in Ratzeburg, Studium der Fächer Geschichte und Latein in Berlin und Bonn, anschließend Stipendiat im DFG Graduiertenkolleg „Europäische Geschichtsdarstellungen" in Düsseldorf, Promotion in Bonn 2006 mit einer Arbeit über Papst Hadrian I. und die Lösung Roms von Byzanz, von 2007 bis 2010 Wissenschaftlicher Mitarbeiter am Deutschen Historischen Institut in Rom, anschließend Stipendiat der Stiftung Deutsche Geisteswissenschaftliche Institute im Aus-

land (heute Max-Weber-Stiftung). 2011 bis 2017 Akademischer Rat auf Zeit an der Uni Bonn, unterbrochen durch Lehrstuhlvertretungen in Chemnitz, Aachen und Erlangen. 2012 Habilitation in Bonn mit einer Arbeit über Briefsteller und verbale Kommunikation in den italienischen Stadtkommunen des 11. bis 13. Jahrhunderts. 2016 Ruf an die Universität Mainz (abgelehnt), seit 2017 Heisenberg-Professor an der RWTH University in Aachen.

Dr. Stefan Pätzold
Geboren 1966 in Göttingen, Studium der Fächer Latein, Geschichte und Historische Hilfswissenschaften in Göttingen und Oxford, Promotion in Göttingen 1996. Archivreferendariat in Detmold und Marburg (1996–1998), anschließend Anstellungen an der Universität Magdeburg und am Stadtarchiv Pforzheim. Ab 2005 stellvertretender Leiter des Bochumer Zentrums für Stadtgeschichte, seit 2020 Leiter des Stadtarchivs in Mülheim an der Ruhr. Lehrbeauftragter für spätmittelalterliche Geschichte der Ruhr-Universität Bochum, ordentliches Mitglied der Historischen Kommission für Westfalen sowie der Gesellschaft für Rheinische Geschichtskunde, Bearbeiter des Bandes zu den Erzbischöfen von Köln (1100–1304) für die „Germania Sacra" (Göttingen). Interessenschwerpunkt: Mittelalterliche Regionalgeschichte an Rhein und Ruhr.

Prof. Dr. Felicitas Schmieder
Geboren 1961 in Frankfurt am Main, Studium der Fächer Geschichte und Latein, sowie 1991 Promotion und 2000 Habilitation ebendort. Zwischen 1987 und 2004 wissenschaftliche Mitarbeiterin und anschließend Hochschuldozentin an der Universität Frankfurt am Main. Zudem Lehrtätigkeiten in Konstanz, Gießen und Prag. Seit 1995 *recurrent visiting professor* am Department for Medieval Studies der Central European University in Budapest und seit 2004 Professorin an der Fernuniversität Hagen und dort Leiterin des Arbeitsgebietes „Geschichte und Gegenwart Alteuropas".

Alena Reeb
Geboren 1989 in Helmstedt, studierte Kulturwissenschaften und Europäische Kulturgeschichte in Magdeburg. 2016 bis 2018 wissenschaftliche Hilfskraft am Lehrstuhl für Geschichte des Mittelalters an der Otto-von-Guericke Universität Magdeburg, 2017 bis 2020 Stipendiatin der Landesgraduiertenförderung Sachsen-Anhalts, seit 2018 wissenschaftliche Mitarbeiterin am Lehrstuhl für Geschichte des Mittelalters an der OVGU Magdeburg. Dissertationsprojekt zur Frage nach Kontinuität oder Wandel in Sachsen zur Zeit Heinrichs II. und Konrads II. mit Blick auf die Handlungsspielräume sächsischer Großer und ihre Interaktionen untereinander sowie mit dem jeweiligen Herrscher in der ersten Hälfte des 11. Jahrhunderts.

Personenregister

Adalbero (Bischof von Würzburg) 131
Adalbert (Erzbischof von Bremen) 182
Adalbert (Erzbischof von Magdeburg) 157, 167
Adalbert II. (Bischof von Worms) 131
Adalbold (Bischof von Utrecht) 179
Adam von Bremen 73, 182, 183
Adelgot (Erzbischof von Magdeburg) 155
Adelheid (Ehefrau von Otto I., Vormund von Otto III.) 78, 82, 151
Adelheid von Quedlinburg (Äbtissin von Vreden) 33, 41, 85, 94
Adelheid/Eupraxia (Witwe des Udo von Stade, Ehefrau von Heinrich IV.) 112
Aeneas (Figur der griechischen/römischen Mythologie) 169
Albrecht der Bär (Herzog von Sachsen, Markgraf in Brandenburg) 74
Altfried (Bischof von Hildesheim) 178
Altmann (Bischof von Passau) 131
Amalung (Bischof von Verden) 177
Annalista Saxo (anonymer Verfasser einer Chronik) 95, 108, 109, 112–114, 129, 130
Anno (Erzbischof von Köln) 154
Ansbald (Abt von Prüm) 53
Arnold (Vasall des Grafen Thietmar) 182, 183
Arnulf von Kärnten (ostfränkischer König und römischer Kaiser) 53, 54, 128
Askanier (Geschlecht) 20

Badurad (Bischof von Paderborn) 146, 147
Benno II. (Bischof von Osnabrück) 48, 111, 127, 128, 130, 131, 133–139
Bernhard (Askanier) 74, 76
Bernhard (Graf von Borghorst) 173, 175–177
Bernhard (Graf) 72
Bernhard (Herzog von Sachsen) 86
Bernhard (Legat, wahrscheinlich identisch mit Bernhard, Graf von Borghorst) 68, 176, 177

Bernhard I. (Sohn von Hermann Billung) 68, 179
Bernhard II. (Sohn von Bernhard, Enkel von Hermann BIllung) 68, 109
Bernold von Konstanz 108
Bernward (Bischof von Hildesheim) 85
Bertha (Gräfin, Ehefrau von Bernhard, Schwester des Erzbischofs Adalbert von Magdeburg) 167, 173
Bertheida (Tochter von Bertha) 173
Berthold von der Reichenau (Chronist) 25, 110, 132
Billunger (Geschlecht) 12, 20, 22, 27, 68, 71, 64, 101–104, 106–111, 114, 115, 165, 167, 173–175, 177–179, 183
Biso (Bischof von Paderborn) 147
Boleslaw Chrobry (Herzog und König von Polen) 86
Brun (Sohn Liudolfs) 60
Bruno (Anführer der Engern) 55
Bruno von Merseburg (Chronist) 23–25, 107, 108, 132, 139
Burchard II. von Veltheim (Bischof von Halberstadt) 131

Dietrich (Herzog von Lothringen) 110
Dietrich von Kattlenburg 112
Dudo (Bischof von Paderborn) 147, 148

Eberhard von Franken (Bruder von Konrad I.) 80
Egbert vom Ambergau („Eckbert der Einäugige") 177
Eilbert (Bischof von Minden) 109–111
Ekbert II. (Markgraf von Meißen) 113
Ekkehard von Meißen 84
Emma (Billungerin) 182
Engelhard (Erzbischof von Magdeburg) 153
Erlwin (Bischof von Cambrai) 85
Erpho (Bischof von Münster) 112, 113
Eupraxia/Adelheid (Witwe des Udo von Stade, Ehefrau von Heinrich IV.) 112

Folkmar (Bischof von Minden) 111, 113
Folkmar (Bischof von Paderborn) 148
Fränkischer Annalist 15
Friedrich Graf von Werl-Arnsberg, „der Streitbare" 26, 29
Friedrich I. „Barbarossa" (König und Kaiser des HRR) 74, 76
Friedrich I. von Schwarzenburg (Erzbischof von Köln) 27

Gebhard (Bischof von Salzburg) 131
Gerhard (Kaplan) 88, 89
Gero (Erzbischof von Magdeburg) 153
Gero (Markgraf) 176
Gertrud (Mutter der Hedwig von Formbach) 110
Gisela von Schwaben (Ehefrau von Konrad II.) 94, 182
Giselher (Bischof von Merseburg) 152
Gottfried Graf von Storman 114, 115
Grafen von Werl-Arnsberg (Geschlecht) 22, 26, 68, 70, 71, 119, 138
Grafen von Westfalen (Geschlecht) 139
Gregor VII. (Papst) 154, 161

Haholt (Graf) 148
Harald Blauzahn (Dänischer König) 82
Hartwig, Graf von Spanheim (Erzbischof von Magdeburg) 132, 154
Hathemod (Tochter von Graf Liudolf) 170
Hathewiga (Tochter Berthas) 173
Hathumar (Bischof von Paderborn) 146
Hedwig von Formbach 110
Heinrich (Bruder von König Otto I.) 80
Heinrich (Slawenfürst) 114
Heinrich der Löwe (Herzog von Sachsen und Bayern) 13, 74, 76
Heinrich I. (König des ostfränkischen Reiches) 60, 64, 68, 147, 149, 169, 175, 177, 178
Heinrich I. von Assel (Bischof von Paderborn) 112, 160
Heinrich II. (Graf von Werl) 161
Heinrich II. (König und Kaiser des HRR) 11, 12, 22, 23, 64–68, 71, 77–79, 83–94, 96–98, 128, 152, 153, 158–160, 162, 175, 177, 179

Heinrich II. „der Zänker" (Herzog von Bayern) 82, 151, 177
Heinrich III. (König und Kaiser des HRR) 14, 22, 48, 72, 109, 153, 154, 160, 162, 174, 179, 182, 183
Heinrich IV. (König und Kaiser des HRR) 11, 13, 23–26, 71–73, 102–105, 108, 110–115, 128, 129, 131, 132, 154, 160, 161
Heinrich V. (König und Kaiser des HRR) 26, 73, 154, 155, 161
Heribert (Erzbischof von Köln) 85
Hermann Billung (Herzog von Sachsen) 68, 71, 102, 103, 106, 108, 167, 175–177
Hermann II. „von Westfalen" (Graf von Werl) 22, 138
Hermann von Salm 111, 129–131
Hessi (Anführer der „sächsischen Ostleute") 55
Homan, George Caspar 28
Hrotswith von Gandersheim 168, 171
Hunfried (Erzbischof von Magdeburg) 153
Huoggi (Abt von Fulda) 53

Imad (Bischof von Paderborn) 34, 48, 109, 160, 161, 163
Immedinger (Geschlecht) 147, 158

Karl der Große (fränkischer König und Kaiser) 14–16, 18, 20, 29, 51, 52, 54, 55, 59, 63, 77, 128, 129, 143–146, 151, 163
Karolinger (Geschlecht) 51, 54, 64, 67
Konrad (Graf von Werl-Arnsberg) 26
Konrad I. (König des ostfränkischen Reiches) 60
Konrad II. (Kaiser und König des HRR) 11, 14, 22, 33, 41, 48, 71, 78, 79, 93–98, 112, 153, 156, 160, 162, 179, 182
Konradiner (Geschlecht) 60
Kunigunde (Ehefrau von Heinrich II.) 77, 78, 84, 86, 88, 90, 158, 160

Lambert (Graf von Westfalen) 114
Lampert von Hersfeld 25, 103–105, 132, 182

Personenregister

Lavinia (Figur in der Aeneis von Vergil) 169
Leidinger, Paul 14, 19, 20, 23, 26, 27, 101, 106, 109, 110, 111, 118, 123
Leo III. (Papst) 143, 145, 146, 163
Liemar (Erzbischof von Hamburg-Bremen) 112, 114
Liudbert (Vater Bertheidas) 173
Liudgeriden (Geschlecht) 183
Liudolf (Herzog von Sachsen, Stammvater der Liudolfinger) 60, 170
Liudolf (Sohn von Otto I.) 80, 177
Liudolfinger (Geschlecht) 20, 60, 78, 79, 83, 93, 98
Liutgard (Tochter von Herzog Liudolf) 60
Liuthard (Bischof von Paderborn) 147
Lothar (König von Westfranken) 81
Lothar I. (König im Frankenreich) 59
Lothar III. (Lothar von Süpplingenburg, König und Kaiser des HRR) 26, 27, 155, 156
Ludwig der Deutsche 52, 53, 65, 128, 146, 147
Ludwig der Fromme 52, 59, 60, 128, 146, 147
Ludwig der Jüngere (fränkischer König) 60

Magnus Billung (Herzog von Sachsen) 102–115
Markward (Bischof von Osnabrück) 135
Mathilde (Äbtissin von Herford, Großmutter von Mathilde, der Ehefrau von Heinrich I.) 169
Mathilde (Ehefrau von Heinrich I.) 147, 169, 170, 177–179
Maximilian I. (König und Kaiser des HRR) 21
Meinwerk (Bischof von Paderborn) 33, 87–89, 93–96, 138, 139, 158–160, 163
Mieszko (polnischer Herrscher) 177

Nithard (westfränkischer Historiograph) 59
Norbert (Abt des Klosters Iburg) 134, 135
Notker (Bischof von Lüttich) 85

Ordulf (Vater von Magnus Billung) 104
Otto (Herzog von Sachsen, Sohn Liudolfs) 60
Otto I. (König und Kaiser des HRR) 20, 64, 65, 68, 78–80, 83, 84, 147–150, 152, 155, 156, 162, 163, 166, 169, 175–177
Otto II. (König und Kaiser des HRR) 20, 33, 65, 79, 80–83, 148, 151, 152, 155, 156, 166, 173, 177
Otto III. (König und Kaiser des HRR) 19, 20, 65, 77, 79, 82, 83, 151, 152, 158, 159, 166, 179,
Otto von Northeim 102–108, 161
Ottonen (Geschlecht) 12, 14, 51, 60, 64, 71, 77, 79, 81, 83, 89, 134, 167, 168, 170, 175, 177–179

Philipp I. von Heinsberg (Erzbischof von Köln und Herzog von Sachsen) 20, 74
Poeta Saxo (anonymer Geschichtsschreiber) 6, 56, 57, 62, 146
Poppo (Bischof von Paderborn) 160, 161

Reginhard (Abt von Siegburg) 136
Reginos von Prüm (Chronist) 157
Reinward (Bischof von Minden) 112, 138
Rethar (Bischof von Paderborn) 84, 87, 158, 159
Rikwar/Rikquur (Billungerin) 182
Rolevinck, Werner (Kartäusermönch) 20, 29
Rotger (Erzbischof von Magdeburg) 155
Rotho (Abt von Paderborn) 160
Rudolf von Rheinfelden (Herzog von Schwaben) 106–108, 110, 111, 129, 130–132, 154, 161

Salier (Geschlecht) 12, 14, 51, 71, 73, 77, 79, 83, 93, 98, 111, 118, 123, 134, 153, 160, 162, 177, 179,
Schubert, Ernst 11, 13, 16, 18, 19, 24–26, 118, 119, 121, 123
Siegfried I. (Bischof von Mainz) 131
Sigebert von Gembloux (Benediktiner) 25, 26

Sigewin von Are (Erzbischof von Köln) 112
Sophia (Äbtissin von Gandersheim und Essen) 33, 41, 78, 85, 94

Tacitus (römischer Dichter) 63
Tagino (Erzbischof von Magdeburg) 153
Thankmar (Halbruder von Otto I.) 80
Theoderich (Bischof von Paderborn) 147
Theophanu (Ehefrau von Otto II.) 33, 78, 82, 151
Thietmar (Bischof von Merseburg, Geschichtsschreiber) 68, 78, 86, 89, 90, 155, 174
Thietmar (Graf aus dem Geschlecht der Billunger) 182, 183
Thietmar (Sohn von Graf Thietmar) 183

Udo (Bischof von Hildesheim) 111, 112
Udo von Stade (Graf) 112
Unwan (Bischof von Paderborn) 147

Vergil (römischer Dichter) 169

Welfen (Geschlecht) 115
Wenskus, Reinhard 15
Werner (Bischof von Merseburg) 132
Werner von Steußlingen (Erzbischof von Magdeburg) 131, 154
Wettiner (Geschlecht) 20
Wichmann (Brüder) 167, 177
Wichmann I. (Graf aus dem Geschlecht der Billunger) 175–177
Wichmann II. (Graf aus dem Geschlecht der Billunger) 176–177
Wichmann III. (Graf aus dem Geschlecht der Billunger) 174, 179
Wichmann von Seeburg (Erzbischof von Magdeburg) 162
Wido (Bischof von Osnabrück) 127
Widukind (Herzog der Sachsen) 29, 30, 147, 174, 177, 183
Widukind von Corvey (Geschichtsschreiber) 16, 60, 67, 68, 170, 175–177
Wilhelm von Holland (Graf von Holland, römisch-deutscher Gegenkönig/ König) 48
Willigis (Erzbischof von Mainz) 78, 85, 87

Ortsregister

Aachen 52, 54, 65, 81, 89, 112, 152, 162
Allstedt (Landkreis Mansfeld-Südharz) 64, 92, 97
Arneburg (Landkreis Stendal) 65
Augsburg 98

Bad Driburg 43
Bad Driburg-Neuenheerse 43
Bad Gandersheim 85, 170, 178
Bad Harzburg *siehe Harzburg*
Bad Hersfeld 113
Bad Iburg 130, 134–136, 138
Bad Karlshafen-Helmarshausen 65
Bad Lippspringe 146
Bad Sassendorf-Lohne 82
Bamberg 90, 153
Bayern 74
Bersenbrück 80
Bersenbrück-Drehle 80
Böhmen 73
Bonn 92
Borghorst *siehe Steinfurt-Borghorst*
Borken (Kreis) 41
Brandenburg (Bistum) 150, 151
Braunschweig 156
Bremen 59, 62, 65, 182
Bremen-Lesum 182
Brüggen 65
Bukki-Gau 55
Bursfelde *siehe Hannoversch Münden-Bursfelde*

Cambrai (Bistum) 89
Corvey *siehe Höxter-Corvey*

Dänemark 82
Dortmund 11, 80–83, 86–88, 90, 93–95, 98, 148, 162
Drehle *siehe Bersenbrück-Drehle*
Driburg *siehe Bad Driburg*
Duisburg 85, 86, 88, 92

Enger 29, 30, 52
Engern 11, 13, 16, 18, 19, 26, 51, 54, 57, 62, 74, 76, 77, 107, 119, 121

Erfurt 64, 74
Erwitte 82, 85, 88, 93
Essen 64, 80, 82, 165, 178, 179
Essen-Steele 80

Fischbeck *siehe Hessisch Oldendorf-Fischbeck*
Forchheim (Oberfranken) 53
Franken 162
Frankenreich/Fränkisches Reich 18, 122, 133, 144, 149, 151
Frankfurt a. M. 53, 54, 90
Freckenhorst *siehe Warendorf-Freckenhorst*
Friesland 26, 73, 121
Fritzlar 110
Fulda 53, 64

Gandersheim *siehe Bad Gandersheim*
Gelnhausen 74, 76
Geseke 148
Gnesen 152, 153
Goslar 14, 34, 48, 71–73, 87, 88, 97, 137, 138, 153, 154, 161, 162
Göttingen (Landkreis) 33, 87
Grafschaft *siehe Schmallenberg-Grafschaft*

Halberstadt 55, 58, 126, 131, 153, 156, 158, 162
Halle (Saale) 156
Hamburg 59, 73
Hamburg-Bremen (Erzbistum) 72, 82
Hannover 109
Hannoversch Münden 33, 39
Hannoversch Münden-Bursfelde 33, 39
Harz 20, 55, 73, 78, 154, 161
Harzburg (bei Bad Harzburg) 102, 105
Hausberge *siehe Porta Westfalica-Hausberge*
Havelberg 150, 151
Heiningen (Landkreis Wolfenbüttel) 67
Hellweg 8, 19, 82, 85, 86, 92, 93, 98, 99, 148, 150, 151, 163

Helmarshausen *siehe* Bad Karlshafen-Helmarshausen
Herford 52, 53, 64, 65, 76, 169
Hersfeld *siehe* Bad Hersfeld
Herzberg am Harz 86
Herzberg am Harz-Pöhlde 65, 86, 87, 92
Hessen 93, 110
Hessisch Oldendorf-Fischbeck 65, 174
Hettstedt (Landkreis Mansfeld-Südharz) 92
Hettstett-Walbeck 92
Hildesheim 19, 37, 55, 58, 62, 65, 66, 67, 72, 76, 77, 126, 137, 138, 159
Hochsauerlandkreis 132
Hötensleben (Landkreis Börde) 154
Höxter 122
Höxter-Corvey 52, 72, 90, 129, 148

Iburg *siehe* Bad Iburg
Ingelheim am Rhein 52, 148
Iserlohn 82
Italien 90, 96, 111, 114, 137, 152, 168

Jerusalem 137, 138, 159

Kaiserpfalz-Memleben (Gemeinde im Burgenlandkreis) 64
Kamba *siehe* Riedstadt
Karlshafen *siehe* Bad Karlshafen
Kaufungen (Landkreis Kassel) 66
Köln 20, 34, 58, 59, 62, 66, 74, 81, 92, 97, 121, 137
Köln-Worringen 76

Laer (Burg bei Meschede) 80
Lenzen (Landkreis Prignitz) 176, 177
Lesum *siehe* Bremen-Lesum
Lingen an der Ems 81
Lippe (Land) 122
Lippspringe *siehe* Bad Lippspringe
Lohne *siehe* Bad Sassendorf-Lohne
Löhningen (Kanton Schaffhausen) 137
Loneam 82
Lothringen 90
Lübbecke 55
Lüneburg 101, 103, 114, 174
Lünen 82
Lüttich 21, 26

Magdeburg 12, 64, 65, 73, 90, 92, 126, 131, 143, 144, 148–152, 154–158, 162, 163, 167
Magdeburger Börde 148
Mainz 53, 58, 83, 84, 93, 121, 137, 149, 150
Meißen 25, 132, 150, 151
Mellrichstadt 154
Memleben *siehe* Kaiserpfalz-Memleben
Merseburg 77, 84, 85, 92, 106, 107, 126, 150, 153, 156, 175
Meschede 65, 80
Metelen 174
Mihiel *siehe* Saint-Mihiel
Minden 19, 22, 33, 37, 55, 58, 62, 71, 77, 92, 94, 97, 98, 109, 111, 121, 122, 125, 126, 131, 133, 139, 141
Möllenbeck *siehe* Rinteln-Möllenbeck
Mörfelden *siehe* Mörfelden-Walldorf
Mörfelden-Walldorf 90
Mühlhausen/Thüringen 66
Münster (Westfalen) 21, 22, 33, 34, 37, 58, 62, 111, 114, 120–122, 125, 133, 139, 141, 167
Münsterland 19, 165, 167, 173, 174, 177, 183

Naumburg (Saale) 34
Neunheerse *siehe* Bad Driburg-Neuenheerse
Niederrhein 73
Niederrheinisch-Westfälischer Reichskreis 21
Niedersächsisches Bergland 77
Nijmegen (Nimwegen) 92, 93, 97, 98
Nordhausen 66, 97

Oldenburger Land 19
Oldendorf *siehe* Hessisch Oldendorf
Oschersleben 72
Osnabrück (Landkreis) 80
Osnabrück 21, 22, 33, 52–54, 58, 62, 76, 121, 122, 125, 127, 128, 132, 133, 136, 138, 139, 141
Osnabrücker Land 19
Ostfalen 11–13, 18, 54, 57, 66, 72, 76, 77, 144, 162
Ostfränkisches Reich 78

Ostsachsen 13, 14, 16, 26, 27, 55, 57, 60, 71–74, 78, 79, 82, 88–90, 101, 106, 107, 113, 114, 126, 139, 153, 163
Ostwestfalen 77

Paderborn 11, 12, 20–22, 34, 38, 48, 58, 62, 63, 66, 71–74, 77, 80, 84–90, 93–97, 111, 120–122, 125, 126, 131, 133, 139, 141, 143–148, 150, 151, 158–163
Pöhlde *siehe Herzberg am Harz-Pöhlde*
Porta Westfalica-Hausberge 92
Posen 153
Prüm 53

Quedlinburg 89, 156, 170, 175, 178

Ratzeburg 114
Regensburg 53, 72, 98, 137
Reichenau (Insel, Landkreis Konstanz) 137, 138
Rheda-Wiesenbrück 82
Rheinland 8, 22, 79
Riedstadt (Pfalz Kamba) 93
Rinteln-Möllenbeck 174
Rom 71, 137, 138, 143, 145, 152
Ronnenberg (Stadt in der Region Hannover) 109
Ruhrgebiet 7–9

Sachsen 9, 11–17, 19, 20, 22–26, 51, 56, 57, 59, 62, 63, 68, 69, 71, 73–79, 84, 90, 93, 94, 98, 102–113, 119, 121, 122, 128, 129, 131–133, 137–140, 142–144, 146, 150, 151, 153, 154, 162, 163, 169, 176, 177
Saint-Mihiel (Lothringen) 97, 98
Schladen-Werla (Landkreis Wolfenbüttel, Pfalz Werla) 65, 66, 67, 85, 86, 89, 94
Schmallenberg 132
Schmallenberg-Grafschaft 132
Skandinavien 59
Soest 62, 82
Soester Börde 98

Speyer 112, 113, 137, 138, 34
Stade 182
Steele *siehe Essen-Steele*
Steinfurt-Borghorst 12, 165–167, 169, 172, 173, 175–180, 183
Straßburg (Elsass) 137, 138

Thüringen 80, 84, 93
Thüringer Wald 73
Trele *siehe Drehle*

Utrecht 62

Verden 58, 62
Vest 121
Vreden 33, 41, 93, 94, 98, 174

Walbeck *siehe Hettstett-Walbeck*
Walehausen *siehe Wallhausen*
Wallhausen („Walehausen", Landkreis Mansfeld-Südharz) 169
Warendorf 45
Warendorf-Freckenhorst 45
Werl 19, 62
Werla *siehe Schladen-Werla*
Westfalen (Herzogtum) 11
Westfalen 8, 9, 11–16, 18–22, 24, 26–28, 30, 33, 34, 51–54, 57, 60, 63, 65, 68, 71–74, 76–88, 90, 92–99, 101, 102, 107, 109–113, 115, 117–133, 136–142, 144, 148, 161, 162, 165
Westfälische Tieflandbucht 77, 144
Westmünsterland 12
Westsachsen 15, 178
Wiedenbrück *siehe Rheda-Wiedenbrück*
Wiehengebirge 55
Wildeshausen 82
Wolfenbüttel (Landkreis) 86
Wolmirstedt 58
Worms 34, 53, 72, 97
Worringen *siehe Köln-Worringen*
Würzburg 66, 150

Zeitz 150

Veröffentlichungen
der Historischen Kommission für Westfalen (VHK)
Neue Folge

Die traditionelle Einteilung der Publikationen der Historischen Kommission in zuletzt mehr als 45 Reihen wurde zum Jahresende 2010 aufgehoben. Seither erscheinen alle Bände in der „Neuen Folge", die nicht weiter nach Themen unterteilt wird. Hinzu kommen die Bände der 2013 begonnenen Reihe „Materialien der Historischen Kommission für Westfalen", die ausschließlich elektronisch publiziert wird. Bisher erschienen in der „Neuen Folge" der VHK:

Band 1 – Der Jülich-Klevische Erbstreit 1609. Seine Voraussetzungen und Folgen. Vortragsband. Hg. von Manfred Groten, Clemens von Looz-Corswarem und Wilfried Reininghaus, Redaktion Manuel Hagemann. Düsseldorf 2011, IX und 359 Seiten, Festeinband (VHK, Neue Folge 1; Publikationen der Gesellschaft für Rheinische Geschichtskunde, Vorträge 36; Veröffentlichungen des Arbeitskreises Niederrheinischer Kommunalarchivare). Droste, ISBN 978-3-7700-7636-9 (vergriffen).

Band 2 – Die Tagebücher des Ludwig Freiherrn Vincke. Band 2: 1792–1793. Bearb. von Wilfried Reininghaus unter Mitarbeit von Hertha Sagebiel, Tobias Meyer-Zurwelle und Tobias Schenk. Münster 2011, VI und 471 Seiten, Festeinband (VHK, Neue Folge 2; Veröffentlichungen des Vereins für Geschichte und Altertumskunde Westfalen, Abteilung Münster 2; Veröffentlichungen des Landesarchivs Nordrhein-Westfalen 37). Aschendorff, ISBN 978-3-402-15741-1.

Band 3 – Franz von Fürstenberg (1729–1810). Aufklärer und Reformer im Fürstbistum Münster. Beiträge der Tagung am 16. und 17. September 2010 in Münster. Hg. von Thomas Flammer, Werner Freitag und Alwin Hanschmidt. Münster 2012, 244 Seiten, kartoniert (VHK, Neue Folge 3; Westfalen in der Vormoderne 11). Aschendorff, ISBN 978-3-402-15051-1 (vergriffen).

Band 4 – Burgen in Westfalen. Wehranlagen, Herrschaftssitze, Wirtschaftskerne (12.–14. Jahrhundert). Beiträge der Tagung am 10. und 11. September 2010 in Hemer. Hg. von Werner Freitag und Wilfried Reininghaus. Münster 2012. 254 Seiten, kartoniert (VHK, Neue Folge 4; Westfalen in der Vormoderne 12). Aschendorff, ISBN 978-3-402-15052–8 (vergriffen).

Band 5 – Visitationen im Herzogtum Westfalen in der Frühen Neuzeit. Bearb. von Manfred Wolf, Paderborn 2012, 284 Seinen, Festeinband (VHK, Neue Folge 5; Veröffentlichungen zur Geschichte der mitteldeutschen Kirchenprovinz, Band 22). Bonifatius, ISBN 978-3-89710-526-3.

Band 6 – Arnold Schwede: Das Münzwesen in der Reichsgrafschaft Rietberg. Mit einem Beitrag von Manfred Beine. Paderborn 2012, XII und 301 Seiten, Festeinband, zahlreiche Abb., Karten (VHK, Neue Folge 6; Studien und Quellen zur westfälischen Geschichte, Band 70). Bonifatius, ISBN 978-3-89710-517-1.

Band 7 – Die Kirchenvisitationsprotokolle des Fürstentums Minden von 1650. Mit einer Untersuchung zur Entstehung der mittelalterlichen Pfarrkirchen und zur Entwicklung der Evangelisch-Lutherischen Landeskirche Minden. Bearb. von Hans Nordsiek, Münster 2013, 597 Seiten, Festeinband, drei Karten in Tasche (VHK, Neue Folge 7). Aschendorff, ISBN 978-3-402-15113-6 (vergriffen). *Online verfügbar unter: http://www.lwl.org/hiko-download/HiKo_Neue_Folge_007_(2018).pdf (9,6 MB); siehe auch http://nbn-resolving.de/urn:nbn:de:hbz:6:2-90374.*

Band 8 – Europäische Stadtgeschichte. Ausgewählte Beiträge von Peter Johanek, Hg. von Werner Freitag und Mechthild Siekmann, Köln 2012, 458 Seiten, Festeinband, Abb. (VHK, Neue Folge 8; Veröffentlichungen des Instituts für vergleichende Städtegeschichte in Münster, Reihe A: Darstellungen 86). Böhlau, ISBN 978-3-412-20984-1.

Band 9 – Räume – Grenzen – Identitäten. Westfalen als Gegenstand landes- und regionalgeschichtlicher Forschung. Tagungsband. Hg. von Bernd Walter und Wilfried Reininghaus. Paderborn 2013, 304 Seiten, Festeinband (VHK, Neue Folge 9; Forschungen zur Regionalgeschichte 71). Schöningh, ISBN 978-3-506-77771-3.

Band 10 – Historisches Handbuch der jüdischen Gemeinschaften in Westfalen und Lippe. Die Ortschaften und Territorien im heutigen Regierungsbezirk Detmold. Hg. von Karl Hengt in Zusammenarbeit mit Ursula Olschewski, Redaktion Anna-Therese Grabkowsky, Franz-Josef Jakobi und Rita Schlautmann-Overmeyer in Kooperation mit Bernd-Wilhelm Linnemeier. Münster 2013, 832 Seiten, Festeinband, 2 Karten und Gliederungsschema in Tasche (VHK, Neue Folge 10). Ardey, ISBN 978-3-87023-283-2.

Band 11 – Historisches Handbuch der jüdischen Gemeinschaften in Westfalen und Lippe. Grundlagen – Erträge – Perspektiven. Hg. von Susanne Freund, Redaktion Anna-Therese Grabkowsky, Franz-Josef Jakobi und Rita Schlautmann-Overmeyer. Münster 2013, 415 Seiten, Festeinband, 2 Karten in Tasche (VHK, Neue Folge 11). Ardey, ISBN 978-3-87023-285-6.

Band 12 – Historisches Handbuch der jüdischen Gemeinschaften in Westfalen und Lippe. Die Ortschaften und Territorien im heutigen Regierungsbezirk Arnsberg. Hg. von Frank Göttmann, Redaktion Wilfried Reininghaus, Burkhard Beyer und Rita Schlautmann-Overmeyer. Münster 2016, 860 Seiten, Festeinband, Karten (VHK, Neue Folge 12). Ardey, ISBN 978-3-87023-284-9.

Band 13 – Rechte, Güter und Lehen der Kölner Erzbischöfe in Westfalen. Liber iurium et feudorum Westphaliae, Arnsberg et Recklinghausen, congestus sub Theoderico de Mörsa, archiepiscopo Coloniensi (um 1438). Bearb. von Manfred Wolf, mit einer Einleitung von Wilfried Reininghaus. Münster 2014, 456 Seiten, Festeinband, Faksimiles (VHK, Neue Folge 13). Aschendorff, ISBN 978-3-402-15114-3.

Band 14 – Das Tafelgutverzeichnis des Bischofs von Münster 1573/74. Band 1: Das Amt Rheine-Bevergern. Bearb. von Leopold Schütte. Münster 2014, 347 Seiten, Festeinband, Faksimiles (VHK, Neue Folge 14). Aschendorff, ISBN 978-3-402-15115-0.

Band 15 – Wilfried Reininghaus: Friedrich Philippi. Historiker und Archivar in Wilhelminischer Zeit – eine Biographie. Münster 2014, 352 Seiten, Festeinband, zahlreiche Abbildungen. (Veröffentlichungen der Historischen Kommission für Westfalen, Neue Folge 15). Aschendorff, ISBN 978-3-402-15116-7.

Band 16 – Westfälische Lebensbilder, Band 19. Hg. von Friedrich Gerhard Hohmann, Münster 2015, 281 Seiten, Festeinband, Abbildungen (VHK, Neue Folge 16). Aschendorff, ISBN 978-3-402-15117-4.

Band 17 – Historischer Atlas westfälischer Städte, Band 1: Eversberg. Bearb. von Wilfried Ehbrecht, Münster 2014, 16 Seiten und 6 lose Karten in Mappe (25,2 x 35,2 cm), zahlreiche Karten und Abbildungen (VHK, Neue Folge 17). Ardey, ISBN 978-3-87023-367-9.

Band 18 – Historischer Atlas westfälischer Städte, Band 2: Grevenstein. Bearb. von Wilfried Ehbrecht, Münster 2014, 16 Seiten und 5 lose Karten in Mappe (25,2 x 35,2 cm), zahlreiche Karten und Abbildungen (VHK, Neue Folge 18). Ardey, ISBN 978-3-87023-368-6.

Band 19 – Historischer Atlas westfälischer Städte, Band 3: Olfen. Bearb. von Peter Ilisch, Münster 2014, 16 Seiten und 5 lose Karten in Mappe (25,2 x 35,2 cm), zahlreiche Karten und Abbildungen (VHK, Neue Folge 19). Ardey, ISBN 978-3-87023-369-3.

Band 20 – Historischer Atlas westfälischer Städte, Band 4: Westerholt. Bearb. von Cornelia Kneppe, Münster 2014, 16 Seiten und 4 lose Karten in Mappe (25,2 x 35,2 cm), zahlreiche Karten und Abbildungen (VHK, Neue Folge 20). Ardey, ISBN 978–3–87023–370–9.

Band 21 – Westfälische Geschichtsbaumeister. Landesgeschichtsforschung und Landesgeschichtsschreibung im 19. und 20. Jahrhundert. Beiträge der Tagung am 10. und 11. Oktober 2013 in Herne. Hg. von Werner Freitag und Wilfried Reininghaus, Münster 2015, 335 Seiten, Festeinband (VHK, Neue Folge 21). Aschendorff, ISBN 978-3-402-15118-1.

Band 22 – Die Tagebücher des Ludwig Freiherrn Vincke 1789–1844. Band 8: 1819–1824. Bearb. von Hans-Joachim Behr, Münster 2015, 632 Seiten, Festeinband, Abbildungen (VHK, Neue Folge 22; Veröffentlichungen des Vereins für Geschichte und Altertumskunde Westfalens, Abteilung Münster 8; Veröffentlichungen des Landesarchivs Nordrhein-Westfalen 48). Aschendorff, ISBN 978-3-402-15119-8.

Band 23 – Die Tagebücher des Ludwig Freiherrn Vincke 1789–1844. Band 9: 1825–1829. Bearb. von Hans-Joachim Behr. Münster 2015, 508 Seiten, Festeinband, Abbildungen (VHK, Neue Folge 23; Veröffentlichungen des Vereins für Geschichte und Altertumskunde Westfalens, Abteilung Münster 9; Veröffentlichungen des Landesarchivs Nordrhein-Westfalen 49). Aschendorff, ISBN 978-3-402-15120-4.

Band 24 – Historischer Atlas westfälischer Städte, Band 5: Gütersloh. Bearb. von Friedrich Bernward Fahlbusch, Münster 2014, 16 Seiten und 5 lose Karten in Mappe (25,2 x 35,2 cm), zahlreiche Karten und Abbildungen (VHK, Neue Folge 24). Ardey, ISBN 978-3-87023-374-7.

Band 25 – Historischer Atlas westfälischer Städte, Band 6: Ramsdorf. Bearb. von Volker Tschuschke, Münster 2014, 16 Seiten und 5 lose Karten in Mappe (25,2 x 35,2 cm), zahlreiche Karten und Abbildungen (VHK, Neue Folge 25). Ardey, ISBN 978-3-87023-375-4.

Band 26 – Das Tafelgutverzeichnis des Bischofs von Münster 1573/74. Band 2: Das Amt Wolbeck. Bearb. von Leopold Schütte. Münster 2015, 315 Seiten, Festeinband, Faksimiles (VHK, Neue Folge 26). Aschendorff, ISBN 978-3-402-15121-1.

Band 27 – Hermann Ihl und Arnold Schwede: Das Münzwesen der Grafen und Fürsten zur Lippe 1528–1913. Bd. 1: Arnold Schwede, Münz- und Geldgeschichte nach den schriftlichen Quellen, XVI+466 Seiten, Bd. 2: Heinrich Ihl, Die Münzen, VII+679 Seiten, Paderborn 2016, Festeinband, durchgehend s/w bebildert (VHK, Neue Folge 27; Studien und Quellen zur westfälischen Geschichte, Band 79). Bonifatius, ISBN 978-3-89710-641-3.

Band 28 – Unternehmer in der Region Aachen – zwischen Maas und Rhein. Hg. von Paul Thomes und Peter M. Quadflieg, Münster 2015, VIII+235 Seiten, Festeinband, Abbildungen (VHK, Neue Folge 28; Rheinisch-Westfälische Wirtschaftsbiographien, Bd. 19). Aschendorff, ISBN 978-3-402-13107-7.

Band 29 – Arnold Schwede: Das Marsberger Münzwesen in der Neuzeit (1605–1650). Paderborn 2015, 150 Seiten, Festeinband, durchgehend s/w bebildert (VHK,

Neue Folge 29; Studien und Quellen zur westfälischen Geschichte, Band 78). Bonifatius, ISBN 978-3-89710-640-6.

Band 30 – Historischer Atlas westfälischer Städte, Band 7: Soest. Bearb. von Wilfried Ehbrecht, Mechthild Siekmann und Thomas Tippach, Münster 2016, 32 Seiten und 11 lose Karten in Mappe (25,2 x 35,2 cm), zahlreiche Karten und Abbildungen (VHK, Neue Folge 30), Ardey, ISBN 978-3-87023-382-2.

Band 31 – Die Externsteine. Zwischen wissenschaftlicher Forschung und völkischer Deutung. Beiträge der Tagung am 6. und 7. März 2015 in Detmold. Hg. von Larissa Eikermann, Stefanie Haupt, Roland Linde und Michael Zelle. Münster 2018, 608 Seiten, Festeinband, Abbildungen (VHK, Neue Folge 31; Schriftenreihe des Lippischen Landesmuseums Detmold, Band X, Sonderveröffentlichungen des Naturwissenschaftlichen und Historischen Vereins für das Land Lippe, Band 92). Aschendorff, ISBN 978-3-402-15122-8.

Band 32 – Wilfried Reininghaus: Die vorindustrielle Wirtschaft in Westfalen. Ihre Geschichte vom Beginn des Mittelalters bis zum Ende des Alten Reiches. Münster 2018, 3 Bde, zusammen 1536 Seiten, Festeinband, zahlreiche Abbildungen (VHK, Neue Folge 32). Aschendorff, ISBN 978-3-402-15123-5.

Band 33 – Wilfried Reininghaus: Die Revolution 1918/19 in Westfalen und Lippe als Forschungsproblem. Quellen und offene Fragen. Mit einer Dokumentation zu den Arbeiter-, Soldaten- und Bauernräten. Münster 2016, 392 Seiten, Festeinband, Abbildungen (VHK, Neue Folge 33). Aschendorff, ISBN 978-3-402-15124-2.

Band 34 – Andreas Müller: Die Ritterschaft im Herzogtum Westfalen 1651–1803. Aufschwörung, innere Struktur und Prosopographie. Münster 2017, 744 Seiten, Festeinband, zahlreiche farbige Abbildungen (VHK, Neue Folge 34). Aschendorff, ISBN 978-3-402-15125-9.

Band 35 – Beiträge zur Geschichte der Reformation in Westfalen. Band 1: „Langes" 15. Jahrhundert, Übergänge und Zäsuren. Beiträge der Tagung am 30. und 31. Oktober 2015 in Lippstadt, Hg. von Werner Freitag und Wilfried Reininghaus. Münster 2017, 352 Seiten, Festeinband, zahlreiche Abbildungen (VHK, Neue Folge 35). Aschendorff, ISBN 978-3-402-15126-6.

Band 36 – Johannes Probus: Cronica monasterii beati Meynulphi in Bodeken. Aufzeichnungen aus dem Kloster Böddeken 1409 bis 1457, hg. und übersetzt von Heinrich Rüthing. Gütersloh 2016, 506 Seiten, Festeinband, Abbildungen (VHK, Neue Folge 36). Verlag für Regionalgeschichte, ISBN 978-3-7395-1036-1.

Band 37 – Historischer Atlas westfälischer Städte, Band 8: Menden. Bearb. von Wilfried Reininghaus, Münster 2017, 28 Seiten und 6 lose Karten in Mappe (25,2 x 35,2 cm), zahlreiche Karten und Abbildungen (VHK, Neue Folge 37). Ardey, ISBN 978-3-87023-390-7.

Band 38 – Historischer Atlas westfälischer Städte, Band 9: Metelen. Bearb. von Peter Ilisch, Münster 2017, 20 Seiten und 8 lose Karten in Mappe (25,2 x 35,2 cm), zahlreiche Karten und Abbildungen (VHK, Neue Folge 38). Ardey, ISBN 978-3-87023-391-4.

Band 39 – Das Tafelgutverzeichnis des Bischofs von Münster 1573/74. Band 3: Die Ämter Sassenberg und Stromberg. Bearb. von Leopold Schütte. Münster 2017, 272 Seiten, Festeinband, Faksimiles (VHK, Neue Folge 39; Quellen und Forschungen zur Geschichte des Kreises Warendorf, Band 56). Aschendorff, ISBN 978-3-402-15127-3.

Band 40 – Das Tauf- und Trauregister der evangelischen Kirchengemeinde Weslarn 1654 bis 1716. Edition und sozialgeschichtliche Auswertung. Bearb. von Renate Prochno-Schinkel. Münster 2019, 301 Seiten, Festeinband, Abbildungen (VHK, Neue Folge 40). Aschendorff, ISBN 978-3-402-15137-2.

Band 41 – Die Grafen von der Mark. Neue Forschungen zur Sozial-, Mentalitäts- und Kulturgeschichte. Beiträge der Tagung am 22. April 2016 in Hagen, Hg. von Stefan Pätzold und Felicitas Schmieder. Münster 2018, 2., unveränderte Auflage Münster 2020, 171 Seiten, Festeinband, zahlreiche Abbildungen (VHK, Neue Folge 41). Aschendorff, ISBN 978-3-402-15128-0.

Band 42 – Historischer Atlas westfälischer Städte, Band 10: Gronau. Bearb. von Hartmut Klein, Münster 2018, 36 Seiten und 6 lose Karten in Mappe (25,2 x 35,2 cm), zahlreiche Karten und Abbildungen (VHK, Neue Folge 37). Ardey, ISBN 978-3-87023-390-7.

Band 43 – Historischer Atlas westfälischer Städte, Band 11: Lengerich. Bearb. von Christof Spannhoff, Münster 2018, 36 Seiten und 12 lose Karten in Mappe (25,2 x 35,2 cm), zahlreiche Karten und Abbildungen (VHK, Neue Folge 43). Ardey, ISBN 978-3-87023-408-9.

Band 44 – Historischer Atlas westfälischer Städte, Band 12: Versmold. Bearb. von Rolf Westheider, Münster 2019, 28 Seiten und 11 lose Karten in Mappe (25,2 x 35,2 cm), zahlreiche Karten und Abbildungen (VHK, Neue Folge 44). Ardey, ISBN 978-3-87023-435-5.

Band 45 – Die Tagebücher des Ludwig Freiherrn Vincke 1789–1844. Band 10: 1830–1839. Bearb. von Heide Barmeyer-Hartlieb. Münster 2018, 949 Seiten, Festeinband, Abbildungen (VHK, Neue Folge 45; Veröffentlichungen des Vereins für Geschichte und Altertumskunde Westfalens, Abteilung Münster 10; Veröffentlichungen des Landesarchivs Nordrhein-Westfalen 69). Aschendorff, ISBN 978-3-402-15749-7.

Band 46 – Das Tafelgutverzeichnis des Bischofs von Münster 1573/74. Band 4: Das Amt Dülmen. Bearb. von Peter Ilisch. Münster 2020, 217 Seiten, Festeinband, Faksimiles (VHK, Neue Folge 46). Aschendorff, ISBN 978-3-402-15131-0.

Band 47 – Beiträge zur Geschichte der Reformation in Westfalen. Band 2: Langzeitreformation, Konfessionskultur und Ambiguität in der zweiten Hälfte des 16. Jahrhunderts. Beiträge der Tagung am 27. und 28. Oktober 2017 in Lemgo, Hg. von Werner Freitag und Wilfried Reininghaus. Münster 2019, 391 Seiten, Festeinband, zahlreiche Abbildungen, beigefügte CD (VHK, Neue Folge 47). Aschendorff, ISBN 978-3-402-15132-7.

Band 51 – Aufbruch in die Demokratie. Die Revolution 1918/19 im Rheinland und in Westfalen. Beiträge der Tagung am 8. und 9. November 2018 in Düsseldorf, Hg. von Frank M. Bischoff, Guido Hitze und Wilfried Reininghaus. Münster 2020, 680 Seiten, Festeinband (VHK, Neue Folge 51; Publikationen der Gesellschaft für Rheinische Geschichtskunde, Vorträge 37). Aschendorff, ISBN 978-3-402-15135-8.

Band 52 – Westfälisch-lippische Kandidaten der Januarwahlen 1919. Eine biographische Dokumentation. Bearbeitet von Katrin Jaspers und Wilfried Reininghaus. Münster 2020, 272 Seiten, Festeinband (VHK, Neue Folge 52). Aschendorff, ISBN 978-3-402-15136-5.

Band 53 – Der Arbeiteraufstand im Ruhrgebiet 1920. Quellenkritik und Edition der zeitgenössischen Darstellungen von Carl Brenner, Josef Ernst, Arthur Zickler, Gerhard Colm, Willi Cuno und Siegfried Schulz. Bearbeitet von Wilfried Reininghaus. Münster 2020, 459 Seiten, Festeinband (VHK, Neue Folge 53). Aschendorff, ISBN 978-3-402-15138-9.

Band 55 – Die Tagebücher des Ludwig Freiherrn Vincke 1789–1844. Band 11: 1840–1844. Bearb. von Hans-Joachim Behr. Münster 2019, 516 Seiten, Festeinband, Abbildungen (VHK, Neue Folge 55; Veröffentlichungen des Vereins für Geschichte und Altertumskunde Westfalens, Abteilung Münster 11; Veröffentlichungen des Landesarchivs Nordrhein-Westfalen 74), Aschendorff, ISBN 978-3-402-15750-3.

Band 56 – Historischer Atlas westfälischer Städte, Band 13: Horstmar. Bearb. von Peter Ilisch, Münster 2020, 36 Seiten und 9 lose Karten in Mappe (25,2 x 35,2 cm), zahlreiche Karten und Abbildungen (VHK, Neue Folge 56). Ardey, ISBN 978-3-87023-446-1

Band 57 – Akzisestädte im preußischen Westfalen. Die Stadtrechtsverleihungen von 1719 und die Steuerpolitik König Friedrich Wilhelms I. Beiträge der Tagung am 23. März 2019 in Bielefeld, hg. von Johannes Altenberend und Burkhard Beyer, Bielefeld 2020, 360 Seiten, Festeinband (VHK, Neue Folge 57; 22. Sonderveröffentlichung des Historischen Vereins für die Grafschaft Ravensberg). Verlag für Regionalgeschichte, ISBN 978-3-7395-1222-8.

Band 58 – Die Tagebücher des Oberpräsidenten Ludwig Freiherrn Vincke 1789–1844. Band 7: 1813–1818. Bearb. von Ludger Graf von Westphalen, Münster 2019, 779 Seiten + Bildanhang, Festeinband, Abbildungen (VHK, Neue Folge 58; Veröffentlichungen des Vereins für Geschichte und Altertumskunde Westfalens, Abteilung Münster 7; Veröffentlichungen des Landesarchivs Nordrhein-Westfalen 76). Aschendorff, ISBN 978-3-402-15746-6 *[Nachdruck der Ausgabe Münster 1980, Veröffentlichungen der Historischen Kommission für Westfalen XIX, Westfälische Briefwechsel und Denkwürdigkeiten, Band VII.]*